新优质学校
成长路径

汤林春　冯　明◎主编

新优质学校丛书
丛书主编　汤林春

华东师范大学出版社
·上海·

图书在版编目(CIP)数据

新优质学校成长路径/汤林春,冯明主编.—上海:
华东师范大学出版社,2023
(新优质学校丛书)
ISBN 978-7-5760-4153-8

Ⅰ.①新… Ⅱ.①汤…②冯… Ⅲ.①中小学-学校
管理-研究-上海 Ⅳ.①G637

中国国家版本馆 CIP 数据核字(2023)第 173773 号

新优质学校丛书

新优质学校成长路径

主　　编　汤林春　冯　明
责任编辑　彭呈军
特约审读　王莲华
责任校对　刘伟敏
装帧设计　卢晓红

出版发行　华东师范大学出版社
社　　址　上海市中山北路 3663 号　邮编 200062
网　　址　www.ecnupress.com.cn
电　　话　021-60821666　行政传真 021-62572105
客服电话　021-62865537　门市(邮购)电话 021-62869887
地　　址　上海市中山北路 3663 号华东师范大学校内先锋路口
网　　店　http://hdsdcbs.tmall.com

印 刷 者　上海龙腾印务有限公司
开　　本　787 毫米×1092 毫米　1/16
印　　张　18
字　　数　324 千字
版　　次　2023 年 10 月第 1 版
印　　次　2023 年 10 月第 1 次
书　　号　ISBN 978-7-5760-4153-8
定　　价　68.00 元

出 版 人　王　焰

《新优质学校丛书》总序

什么是优质教育？什么是优质学校？这大概是教育领域的灵魂之问。不同的人，不同的流派，会给出不同的答案。

在一部分人的脑海里，学生考试分数高、升学率高，拥有优势教育资源的学校，就是好学校，这样的学校提供的教育就是优质教育。在这种唯分数、唯升学率的教育价值观、教育质量观影响下，一些学校为了争抢分数排名，不惜抢生源；为了争抢分数排名，不惜超越政府公共资源分配的基本公平和均衡的原则聚集资源；为了争抢分数排名，不惜加重学生的课业负担。这种教育价值观与教育质量观，一方面大大窄化了教育的功能，另一方面也使教育偏离了育人本原，导致教育功利主义泛滥，滋生了教育短视行为，助推了教育"内卷"，破坏了教育生态，最终不利于学生的全面发展与健康成长，进而妨碍"为党育人，为国育才"的教育使命。为此，必须重新定义优质学校。

2011年3月，上海市召开基础教育工作会议，上海市委市政府站在新的历史方位，判断上海基础教育的主要矛盾转变为人民群众日益增长的对优质教育的需求与优质教育资源相对不足的矛盾，提出基础教育：在教育价值上，要突破对功利价值的过度追求，更加关注教育对"人"本身的价值；在教育质量观上，要突破以学科知识传授为主的单一质量追求，更加关注以人的全面而多样发展为特征的全面质量；在培养模式上，要突破高度统一的标准化培养模式，更加注重需求导向的个性化、多样化的培养；在教师专业成长上，要突破单纯强调掌握学科知识和教学技能，更加注重教育境界和专业能力的提升；在教育管理上，要突破以行政手段为主推动教育发展的方式，更加注重思想领导和专业引领。为了贯彻落实上海市基础教育工作会议精神，上海市教委委托上海市教育科学研究院普通教育研究所实施"'新优质学校推进'项目"，其后又成立了"上海市新优质学校研究所"，专门负责新优质学校的研究与实践。

通过10多年的探索，经过概念建构、要素建设、路径探索等阶段，新优质学校对什么是优质教育，什么是优质学校，提出了自己的答案。研究组及一线学校对新优质学校的内涵与特征，新优质学校的价值追求与建设路径等方面进行了较为系统的阐释与演绎。

从内涵特征看，"新优质学校"是以育人为本的教育，是回归教育本原，坚持主动发展、内涵发展的学校,具有有教无类、回归本原、积极探索、百姓满意等特征。在办学条件上,新优质学校不挑选生源、不超常规聚集资源,这与集中优势资源办少数优质学校的路径不同,而是解决常态条件下所有的学校如何走向优质的问题,是面向每一所学校的;在育人过程上,新优质学校坚持育人为本、科学探索,这与功利主义教育和应试教育划清了界限,要求回归育人本原,真正以学生身心健康发展为追求,以学生的精神、品格成长为重点,通过主动探索,按知识发展规律、学生认知规律、教育教学规律办事,体现学校的办学品质;在教育结果上,新优质学校追求持续进步、百姓满意,这就与以往分层发展不同,以往优质学校属于顶层学校,只有少数人才能进入,而新优质学校是跟自己比每天有进步的学校,是面向绝大多数人的学校,是老百姓满意的学校。

价值追求是新优质学校的办学底色,不会随着教育发展的阶段性任务变化而变化。新优质学校的价值追求,主要有:坚持回归教育本原,促进学生全面发展、素养培育及精神品格成长;坚持提升学生学习生活质量,办学生喜欢的学校,丰富学生的学习生活经历,促进学生主动发展;强调学校主动发展,坚持在常态条件下,学校主动探索,走内涵发展之路;强调为人民办学,坚持有教无类、因材施教,办好群众家门口的每一所学校。这些都是我们始终要遵循的。

新优质学校建设路径是学校走向新优质的路线或策略。新优质学校建设路径是各项目校与研究组共同探索的结果。在前期阶段,大致形成了寻找—发现,确立"新优质"的内涵要素;定位—发展,提取"新优质"的关键经验;创建—分享,建立"新优质"专业学习共同体;动态—激励,实现"新优质"过程性推介模式;示范—辐射,创造"新优质"区域推进新局面等路径。当前阶段,新优质学校研究组根据学校生命周期理论与实践经验,形成了理念引领路径、问题突破路径、优势带动路径与评估促进路径四条基本路径。

经过教育行政部门、专业机构、一线学校和媒体单位的协力推进,上海市推出了一批新优质学校的办学样例,涌现出一批有思想、有智慧、有声誉的校长与老师。新优质学校办学惠及十多万学生,其理念和经验得到上海乃至全国同仁的认可,并在多地推广应用,产生了广泛影响。

在"十四五"乃至更长一段时期里,构建高质量教育体系,促进教育高质量发展,建设教育强国,全面实现教育现代化,充分发挥教育对经济社会发展的基础性、支撑性作用,将会是教育领域的重要任务。2023年6月,中共中央办公厅、国务院办公厅印发《关于构建优质均衡的基本公共教育服务体系的意见》,明确提出"促进新优质学校成长,办好群众'家门口'的学校"的要求。新优质学校如何在坚守底色的基础上,直面教育改革中的实践问题,继续推进新优质学校的理论研究与实践探索,任务仍然十分艰巨。当此之际,上海市新优质学校研究所推出《新优质学校丛书》,一方面会促进新优质学校的研究人员与一线实践者提炼新优质学校的办学经验,深化对新优质学校的理论研究;另一方面会强化新优质学校在教育高质量发展中的示范引领作用,因为新优质学校的办学理念与发展路径和教育高质量发展有着内在的契合性,有效总结新优质学校的理念与经验,形成样例,必将为其他学校高质量发展提供榜样示范。这样就为不同人员提供了一个交流互鉴的平台,为理论与实践相结合提供了一个载体。

新优质学校是一座富矿,值得大家去挖掘。而且新优质学校还有许多问题需要解决,如:如何处理坚守新优质学校底色与抓住改革发展新要求、解决新问题的关系,如何处理满足学校贴地需要与宏观教育改革发展需要的关系,如何处理当下中国教育改革发展需要与国际教育改革发展趋势的关系,等等。这些都有待我们去研究与探索。新优质学校建设项目,我是倡导者,也是实践者与研究者,深知这一项目的价值与意义,它是一个具有世界价值的项目。世界上的基础教育里大部分学校都是普通学校,如果把普通学校如何解决普遍的问题弄清楚了,就具有世界价值,这对讲好上海教育故事、中国教育故事,极具意义。期待着在未来的时光里,通过《新优质学校丛书》这个平台能看到更多的理论成果和更多的鲜活经验与实践案例,为擦亮上海的新优质学校品牌,讲好中国的新优质学校故事,提供更为厚实的基础。

是为序。

中国教育学会副会长、上海教育学会会长:尹后庆

目 录

导　言

　　每过一段时间,回望来时的路,捡拾散落在路上的珍珠,并小心地用一根线把它们串起来,也许并不漂亮,但因为它融入了同行者的智慧与汗水,就显得特别珍贵。新优质学校项目经过12年多的探索,我们就是这样,一边行走,一边捡拾,有了点滴的体会,有了点滴的发现。

一、优质均衡发展的独特价值

　　教育公平是社会公平正义的基石,义务教育均衡发展是基本教育公共服务的重要内容。促进义务教育均衡发展一直是党和国家教育政策的重点。

　　经过艰苦卓绝的努力,我国义务教育2000年初步实现"两基"战略目标,2011年全面完成"两基"攻坚任务,全面实现了普及目标,解决了"有学上"的问题。

　　随着普及目标的逐步实现,义务教育均衡发展问题渐受关注。2005年,教育部印发《关于进一步推进义务教育均衡发展的若干意见》,第一次将"均衡"作为义务教育发展的指导思想和发展方向。2006年,新修订的《义务教育法》提出,"国务院和县级以上地方人民政府应当合理配置教育资源,促进义务教育均衡发展",第一次把促进义务教育均衡发展上升为各级政府的法定义务。2007年,党的十七大报告提出,"促进社会公平正义,努力使全体人民学有所教","促进义务教育均衡发展"。这是党在政治报告中第一次提出"义务教育均衡发展"思想。短短3年,义务教育均衡发展就从部门决策上升为国家意志。截至2021年底,全国2 895个县全部实现义务教育基本均衡。[①]

　　随着县域内基本均衡的目标逐步达成,优质均衡成为义务教育发展的新一轮目标。2019年10月12日,国务院教育督导委员会在浙江海盐召开全国县域义务教育优质均衡发展督导评估认定启动现场会,标志着全国义务教育进入优质均衡发展的新阶段。优质均衡成为新时代我国义务教育改革发展的重要历史使命。优质均衡意味着"努力让每个孩子都能享有公平而有质量的教育"。"更高水平、更加均衡、更有质量"成为新时代义务教育均衡

---

① 杨银付.把教育强国建设作为人口高质量发展的战略工程[N].光明日报,2023 - 05 - 22.

发展的新诉求。

发展新优质学校显然成为国家推进义务教育优质均衡的重要举措。2019 年,中共中央、国务院发布《关于深化教育教学改革全面提高义务教育质量的意见》明确要求:"发挥优质学校示范辐射作用,完善强校带弱校、城乡对口支援等办学机制,促进新优质学校成长。"

上海在新优质学校建设上已经探索了 12 年,针对教育中存在的功利主义现象,提出"回归教育本原"的核心理念,聚焦学生全面发展、素养提升及精神品格的养成,强调内涵发展、内生发展,通过理念引领、问题突破、优势带动和评估促进,坚持在常态的学校里解决常见的问题,努力办好老百姓家门口的每一所学校,育好每一个学生,这就与以往建设优质学校的路径存在区别。

一是在办学条件上。坚持不挑选生源、不超常规聚集资源。这与在教育普及程度不高、教育资源相对匮乏的年代,集中优势资源办少数优质学校不同,它旨在解决常态条件下学校如何走向优质的问题,面向每一所学校。

二是在育人过程上。强调育人为本、科学探索。这就与功利主义教育和应试教育划清了界限,坚持全面质量观,不片面追求考试分数、升学率和成绩排名,不以增加学生过重课业负担、牺牲学生身心健康为代价,而是回归育人本原,真正以学生身心健康发展为追求,以学生的精神品格成长为重点,通过主动探索,按知识发展规律、学生认知规律、教育教学规律办事,体现学校的办学品质。

三是在教育结果上。追求持续进步、百姓满意。这与以往分层发展不同,以往优质学校属于顶层学校,只有少数学校,只为少数人服务,而新优质学校是跟自己比每天有进步的学校,覆盖绝大部分学校,是为大多数人服务的学校,是让老百姓满意的学校。①

所以,新优质学校对优质学校内涵有着独特的理解,对优质学校建设路径有着独特的理解,是广大普通学校都可以尝试的一种发展范式,更有助于推进义务教育优质均衡发展。

二、回归教育本原的探索之路

2009 年和 2012 年,上海市连续两次参加经济合作与发展组织(OECD)开展的国际学生评估(PISA 测试),结果显示:在阅读、数学、科学三项测评及总分上均居 65 个参与国家

---

① 汤林春.破解上海"新优质学校"的密码[J].上海教育,2021(21):32—33.

和地区的首位,且均衡程度较高,表明上海基础教育的"托底"工作做得比较成功。尽管上海基础教育质量及均衡程度达到了一定水平,但择校问题、课业负担问题、应试教育现象仍然令人担忧。2011 年 3 月,上海市召开基础教育工作会议,提出基础教育"五个转型",即:教育价值要从片面重视分数到全面重视育人,教育评价要从唯分数论到学生综合素质评价,课程教学要从以教为中心到强调以学为中心,教师发展要从重视专业发展到重视境界提升,教育管理要从重视行政领导到重视专业引领等。为了回归教育本原,贯彻内涵建设、转型发展的要求,上海市教委委托上海市教育科学研究院普通教育研究所实施"'新优质学校推进'项目",于是拉开了探索新优质学校建设的序幕,至今大致经历了以下发展阶段:

(一)理论建构阶段(2011.4—2014.10):2011 年初,上海市正式启动"'新优质学校推进'项目"。项目设立之初,即明确该项目不同于一般的理论研究,而是旨在解决实践问题,依靠学校实践推动应用性研究,其推进路线是:总结提炼学校的办学经验,再将经验回馈到办学实践中去,解决学校发展中的瓶颈问题,推动学校不断发展与提升。

项目组根据"不挑选生源、不聚集资源、不争抢排名"的"三不"原则确定了 43 所项目校,组织市、区专家进行地毯式调研走访。与此同时,项目组在比较"薄弱学校改进""名不见经传的学校""蓝带学校"等名称后,经反复讨论,正式提出"新优质学校"的概念,认为这一概念既符合项目的价值追求,也符合老百姓的理解习惯。在调研的基础上,项目组提炼了"走向新优质"的四条共性经验:第一,具有鲜明的"平民教育"意识,强调让教育关怀公平地惠及来自不同社群的所有学生;尊重学生的差异,重视其原有基础上的良好发展;个性的发展与人格健全远比考试分数重要。第二,对内外需求积极适应,不抱怨客观上的不利条件;看清形势、抓住机会、主动行动;以适应社会、教育、学生长远发展的需求为目标,定位学校发展方向。第三,提升学校课程领导力,在新课程实施中谋求新发展。具有通过课程变革发展每一个师生的强烈意识;通过校本研修促进教师对课改理念的内化,提高课程执行力;从课堂教学实际改进着手,提高教育效能。第四,以特色建设带动全面提升。在学校发展策略上,以重点突破带动各项工作的改进;让学校教师切实感受到变革与发展的可能性,提振信心和期望;深化实践探索,在全面提高办学水平的基础上,形成教育创新的实践研究成果。①

---

① 胡兴宏主编.走向新优质——"新优质学校推进"项目指导手册[M].上海:上海教育出版社,2014:25—26.

与此同时,项目组开始着手对研究与实践的梳理提炼,逐步产生一些成果。如项目成果《进步为"公":上海市"新优质学校推进"项目的样本意义》在《上海教育》2012 年 4 月刊上进行专题报道,初步产生影响。2013 年 3 月前后,项目成果《让优质学校产生"链式效应"》等 8 篇论文连续在《人民教育》《上海教育科研》上发表。2014 年,《走向新优质——"新优质学校推进"项目指导手册》著作经上海教育丛书出版,系统地阐述了新优质学校的办学理念、课程架构、教学改革、教师发展、学生发展、管理文化、学校改进、未来展望等内容,全面梳理了这一时期人们对新优质学校的理解与实践经验。

这一时期,项目组总结了"新优质学校"的四个主要特征:

1. 有教无类:公平、公正地对待每个孩子,关爱每一个学生,尽量减少由于家庭经济条件和文化水准差异给学生发展带来的不利影响。

2. 回归本原:不追求分数排名,而要追求尽可能满足学生的发展需求,适应学生差异,促进每个孩子的健康快乐成长;遵循教育教学及办学规律,促进学生全面而个性地发展,促进学校可持续发展。

3. 积极探索:有强烈的提升与变革意愿,积极从校情、学情出发,开展课程教学变革,家校合作,建立良好师生关系,主动探索提升学校办学水平的有效策略,建立学校内在的主动的发展机制。

4. 百姓满意:在政府均衡配置教育资源的前提下,办学水平明显提高,学校和社区积极互动,成为周边百姓满意的好学校,成为家长和学生愿意选择的好学校。①

同时,项目组提出了推进"新优质学校"建设的五大策略:

第一是寻找——发现,确立"新优质"的内涵要素。认为现代意义上的优质学校应该具有以下要素:校长的道德使命是不挑选生源;学校的教育信念是面向全体;持续变革的能力是聚焦课改。

第二是定位——发展,提取"新优质"的关键经验。通过初态调研、能力建设、整体优化阶段,寻找到走向新优质学校的四条关键经验。认为新优质学校创建是优质标准的规定性与达到优质标准能力的有效整合,并最终实现学校"整体优化"的过程。

第三是创建——分享,建立"新优质"专业学习共同体。通过分析探讨形成共识,并转化成共同愿景;组织项目专题展示活动,突破性地将展示作为重要的培训手段;核心组专家深

① 胡兴宏主编. 走向新优质——"新优质学校推进"项目指导手册[M]. 上海. 上海教育出版社,2014:10.

度介入许多项目学校的教育改革实践研究过程,在平等研讨中获得各自发展;支持项目学校内部的学习型组织建设,助推和支持学校找到发展的生长点;开展校际交流与合作研究,自发组织"需求相近"的学习研讨;利用新媒体、新介质传播学校经验,形成凝聚力等,建立学校内部、校际之间和跨角色边界的专业学习共同体。

第四是动态—激励,实现"新优质"过程性推介模式。项目组动态发现和提炼一些学校走向新优质的经验,及时向社会推介;召开动态进展发布会,及时向媒体提供线索;通过微博、微信和博客等方式及时传递项目组动态等,既促使"新优质学校"不断反思,理解自身,也逐渐在社会上树立起"新优质"学校形象和价值取向。

第五是示范—辐射,创造"新优质"区域推进新局面。在提炼"新优质学校"建设经验的基础上,为了把这些经验推广辐射到其他学校,项目组及相关实验创造了许多有效的经验,如闵行区的"智慧传递",通过凝聚、传送、辐射、共享,使得"新优质学校"经验为更多的学校共享。

同时,为了提升学校的发展能力,项目组开展寻找学校"最近发展区"的活动,通过展示交流、研讨培训等形式,利用已有经验对学校发展进行分类指导,切实提升新优质学校项目校的发展能力。①

2014 年,新优质学校推进项目被上海市社会建设委员会办公室认定为"第二届上海社会建设优秀项目",新优质学校项目的社会影响逐步扩大。

(二)要素建构阶段(2014.11—2020.12):2014 年,上海市颁布《上海市教育综合改革方案(2014—2020 年)》,将"新优质学校集群发展"纳入上海市教育综合改革重点项目,作为新时期推进基础教育优质均衡发展"双引擎"之一。2015 年,上海市教委发布《上海市新优质学校集群发展三年行动计划(2015—2017 年)》。此时,市级新优质学校项目校增至 94 所。项目组与项目校采取"智慧传递"和"预见未来"两种策略,一方面继续梳理项目校办学经验,另一方面带领学校面向未来,针对瓶颈问题,设计学校不断发展的路径。针对新优质学校内涵发展、转型发展过程中面临的共性瓶颈问题,形成了课程建设、学与教变革、教师队伍发展、管理与文化四个集群,着重探索了"不靠生源靠师资、不靠政策靠创新、不靠负担靠科学"的办学经验,为新优质学校发展指明了方向,即:师资是学校的第一资源,新优质学

---

① 胡兴宏主编.走向新优质——"新优质学校推进"项目指导手册[M].上海.上海教育出版社,2014:20—26.

校自然要重点建设与培育；创新是学校的发展之源，只有创新，新优质学校才会获得不竭的动力；科学就是要求学校根据学生和学校发展规律、学生认知规律进行办学及开展教育教学活动，只有这样学校发展才是健康而可持续的。既指出了学校发展的关键要素，也明确了学校主动发展是新优质学校的关键特征。其中参与课程建设的项目校有 85 所，参与学与教变革的项目校有 28 所（两者可以交叉），他们中有的参加"智慧传递"，有的参加"学校设计"，不断总结办学经验，持续促进学校发展。

在此期间项目组提出了"新优质教育"的概念。上海市教委于 2015 年颁布了《上海市新优质学校集群发展三年行动计划（2015—2017 年）》（沪教委基〔2015〕77 号），明确提出新优质学校集群发展"坚持'回归教育本原''育人为本''促进公平'的价值追求，积极回应社会与时代对教育需求的挑战，以'新优质教育'实践为着力点，以内涵发展项目实践为载体，以集群创新为途径，扩大优质教育资源辐射面，让越来越多的义务教育阶段公办学校成为'家门口的好学校'，努力办人民满意的教育"，并明确界定了"新优质教育"的内涵。认为"新优质教育"主要是在育人观念上，回归教育本原，关注每一个学生的差异发展；在课程建设上，根据学生发展需求建立丰富、可选择的课程体系；在课堂教学上，满足每一个学生的学习需求，特别关注学有困难学生的成长支持；在质量评价上，突破单一的分数指标，实施以学业质量绿色指标为基础的教育质量综合评价。[①]

与此同时，经上海市教委批准，由上海市普陀区教育局和上海市教育科学研究院普通教育研究所联合成立上海市新优质学校研究所。上海市新优质学校研究所以回归教育本原、关注学生学习生活质量、强调学校主动发展、坚持办好老百姓家门口学校为价值追求，以义务教育公办普通学校为研究对象，通过理念引领、问题突破、优势带动和评估促进，培育新优质学校，具有研究功能、指导功能、咨询功能、开发功能、培训功能和资料出版六大功能。

在提炼前期研究与实践成果的基础上，项目组在上海教育丛书出版第二本著作《新优质学校设计》，推出了新优质学校 2.0 版。明确指出"新优质学校"之"新"不是相对于过去已经存在的"优质学校"或"传统名校"而言，一方面它是表明新时代对学校发展和教育发展的新要求，所以"新优质学校"是回应新时代要求和引领新时代教育发展的学校；另一方面，它是针对当前功利主义教育的问题而提出来的，所以"新优质学校"在本质上是以育人

---

① 胡兴宏，汤林春主编. 新优质学校设计[M]. 上海：上海教育出版社，2018：7—8.

为本的教育,是回归教育本原,坚持主动发展、内涵发展的学校。它具有办学理念彰显公平性、课程建设以"育人"为本、学与教重视学生主动学习、教师发展着重于品质提升、学校领导重在价值领导等特征。在发展策略与方式上,推进集群创新发展,逐步形成指向"智慧传递"与"预见未来"两个方向的学与教的变革、学校课程建设、教师发展和领导、管理与文化变革4个学校集群;利用设计驱动发展,在"新优质学校"理念指引下,洞察学生和时代发展需求,分析校内外相关条件,因地制宜且有创意地制定学校发展的内容、方法与路径。①

2017年,第二届上海市基础教育优秀教学成果奖评选中,项目组总结提炼的"探索新时代义务教育阶段公办学校发展之路——上海市优质学校推进项目"获得特等奖。2018年,第二届国家级基础教育优秀教学成果奖评选中,项目组以"'新优质学校'课程教学变革及支持系统"的成果参评,获得一等奖。新优质学校的理念与经验进一步得到广泛认同,社会影响力进一步扩大。

(三) 路径探索阶段(2021.1—2023):2021年1月,上海市新优质学校研究所,在原集群发展的基础上,根据新的形势,研制了《关于实施新优质学校"成长营"的计划》,明确成长营是对前期探索与实践有效经验的进一步发展,是进一步打造新优质学校学习共同体的重要举措,是促进新优质学校持续进步的重要切入点。成长营涵盖了优势成长营、创新突破营、擘画未来营。优势成长营聚焦学校发展过程中形成的优势领域、优势项目,进行重点优化、转化与提炼,逐步形成学校品牌,重点在把优势做强、做优,做出品牌;创新突破营聚焦影响学校发展的瓶颈问题,设计针对性项目,进行重点突破,起到牵一发而动全身的作用,重点在以点带面,通过支点项目撬动整个学校的发展;擘画未来营根据对新优质学校与教育未来的思考,全面策划学校的发展蓝图,系统思考、整体布局、重点突破,重点在形成学校的内在发展机制,提升学校的内在生长力。尽管受到百年一遇的新冠疫情影响,但各营还是以线上研讨和工作坊等方式,根据实际灵活开展了一系列活动。

早在2019年,上海市新优质学校研究所就着手开展新优质学校成长认证的研制工作,通过文献研究、专家咨询,逐步形成新优质学校认证方案。在此基础上,与普陀区教育局合作,以"普陀区2019年新优质项目校成长认证"为载体,试行学校认证。当年率先在普陀区对华东师范大学第四附属中学、普陀区洵阳路小学等7所市级新优质学校项目校进行试运

① 胡兴宏,汤林春主编.新优质学校设计[M].上海:上海教育出版社,2018:9—14.

行,进一步完善了认证方案和工具箱。2020 年 9 月,经市教委同意,新优质学校成长认证在全市试行。同年,对普陀区余下的 9 所市级新优质学校项目校进行认证。2021 年,上海市新优质学校研究所完成对上海市敬业初级中学、上海市园南中学、静安区实验中学、上海市天山初级中学、上海市虹口实验学校、上海市三门中学、上海市实验学校东校、上海中医药大学附属闵行蔷薇小学、奉贤区教育学院附属实验小学、奉贤区明德外国语小学 10 所市级项目校的认证。2022 年,因受疫情影响,将 2022 年和 2023 年认证工作进行统整设计,分三期共对嘉定区迎园中学、奉贤区弘文学校、徐汇区教育学院附属实验中学、金汇实验学校、市八初级中学等 18 所学校进行认证。

新优质学校成长认证是在认可新优质学校办学理念的基础上,由义务教育公办学校自愿参加,学校自评与同行考察相结合,判断学校的行动和成长是否符合新优质学校的价值追求和核心特征,促使学校不断向新优质学校迈进的过程。认证内容主要涵盖:学生的全面可持续发展、适切的课程、有效而差异化的教学、积极向上的教师队伍、聚焦学习的领导力、优质成长力 6 个领域 18 个价值导向和 40 个典型办学行为。学校可结合发展实际,增加个性化标准。上海市新优质学校研究所负责认证活动的设计、组织和实施。认证过程由自主申请、认证辅导、学校自评、先期访问、实地认证、结果反馈、回访跟进七个环节组成,参与的人员有研究专家、校长和媒体代表,还有同伴观察员,突显自主性、成长性、多元性和交互性。

根据中国教育学会有关基础教育国家级优秀教学成果推广运用的要求,《新优质学校课程教学变革及支持系统》的成果持有方——上海市教育科学研究院普通教育研究所、上海市新优质学校研究所与成果运用方——福建省泉州南安市教育局、贵州省贵阳市云岩区教育局、重庆市江津区教育局于 2021 年 6 月 23 日签订了"推广行动合作框架",就合作目标、合作内容、合作保障等方面达成共识。成果持有方成立由上海市教育学会、上海市教委基教处、上海市教育科学研究院普通教育研究所、上海市新优质学校研究所及部分上海市新优质学校校长等领导和专家组成的成果推广专家组。成果持有方代表上海市新优质学校研究所与合作方共同组成成果推广工作组。成果运用方基于本地教育基础和发展规划,拟定成果推广的计划。因疫情影响,双方根据合作框架内容,采用线上线下相结合的方式,开展了专家线下指导、运用方通过组团来沪考察、专题培训、种子学校培育、结对跟岗等方式,对新优质学校的发展规划、教师专业发展、课程建设、课堂教学、家校社互动等方面进行指导,并通过相关媒介进行宣传辐射,进一步推广了研究成果,促进了运用方的新优质学校建设。

在这一阶段,项目研究系列成果在《中国教育学刊》《教育发展研究》《全球教育展望》和《上海教育》上刊登,系统梳理了新优质学校的发展逻辑、价值追求与发展路径,总结了一批办学典型。

项目组认为,价值追求是区分新优质学校与其他学校的根本点。新优质学校在综合时代要求和自身理想的基础上,凝练了核心价值追求,那就是:坚持回归教育本原,促进学生全面发展、素养培育及精神品格成长;坚持提升学生学习生活质量,办学生喜欢的学校,丰富学生的学习生活经历,促进学生主动发展;强调学校主动发展,坚持在常态条件下,学校主动探索,走内涵发展之路;强调为人民办学,坚持有教无类、因材施教,办好老百姓家门口的每一所学校。[1]

上海经过十多年探索,提出新优质学校是新时代义务教育公办学校的价值标杆,以"回归教育本原"为核心理念,强调在常态办学条件中,学校主动探索,根据学生身心发展规律、学校发展规律,促进学生健康快乐成长,让学生获得全面而有个性的发展,精神品格得到培育,让每一所家门口的学校都优质。[2] 这些教育理念无论是教育质量观,还是学校发展策略都与以往有很大的不同,但它不是凭空想象的,而是有其历史逻辑、现实逻辑和实践逻辑。[3]

新优质学校建设路径是指学校走向新优质的路线或策略与办法。在坚持外导发展与内引发展相结合、学校改革与学校变革相结合、问题改进与优势带动相结合的前提下,新优质学校建设主要采用理念引领路径、问题突破路径、优势带动路径与评估促进路径等[4],引导学校持续走向新优质。

理念引领路径属于外导式发展路径。通过理念引领路径,使新优质学校理念为学校师生所理解,并融入学校办学实践,才能使学校走向新优质,并真正与其他学校区别开来。一般而言,理念引领路径要经历思想理念学习、办学理念建构、办学理念具体化、办学理念实践化、学校文化蜕变等阶段。

问题突破路径是学校变革的重要路径,属于学校改进路径。问题突破路径往往要聚焦

① 汤林春.试论新优质学校的价值追求[J].中国教育学刊,2023(4):43—47.
② 尹后庆.让每一所家门口学校都优质[J].中国教育学刊,2012(1):13—15.
③ 汤林春.新优质学校的发展逻辑[J].教育发展研究,2022(18):9—15.
④ 汤林春.试论新优质学校的建设路径[J].全球教育展望,2022(12):22—31.

问题、集中资源，往往导致利益重组，也需要打破已有的平衡，常常会遇到个人或组织等方面的阻力，所以一定要处理好改革动力与阻力的平衡问题。从一般情况来看，问题突破路径采用行动研究的范式比较有效：明确问题、制订计划、实施计划、分析效果、提炼经验、形成常规。

优势带动路径是学校变革的重要路径，属于欣赏路径。这个方法从某些方面来看有点像行动研究，但从研究的视角来看，行动研究强调问题解决，而欣赏型探究强调优势发挥。①从新优质学校的实践来看，通过总结提炼新优质学校的优势，一方面可以进一步做大做强优势，逐步使之成为特色项目、办学品牌，进而促进学校特色形成；另一方面是通过优势经验提炼，形成本土化理论，通过推广与辐射，促进学校其他方面的发展，或带动其他学校发展，发挥优势经验的示范带动效应。

评估促进路径是一种综合路径，既是外导式路径和内引式路径的结合、改进路径和欣赏路径的结合，也是学校改革路径和变革路径的结合。评估促进路径从总体上来说可以有外部评估转化、内部评估内生和内外评估协同促进三条路径。外部评估转化路径一般由外部评估、分析外部评估结果、内部改进计划、实施改进计划、总结改进效果等环节构成，主要是在关键节点进行，大多是综合性终结性评估。内部评估内生路径一般由内部评估、结果反馈、优化行动等环节构成，重在形成和健全学校内在自主发展机制，相对于外部评估转化路径而言，方便、快捷、频繁，更容易与学校日常工作相结合。外部评估更客观、权威，内部评估贴近实际、简便易行，但两者也存在不足，如外部评估不一定能全面深入地反映学校情况，内部评估不一定能客观系统反映学校实情，所以需要内外协调，以发挥两者的优势，避免两者的不足。内外评估协同促进路径，既可以是外部发起内部配合、内部发起外部配合，也可以是内外共同发起、协同推进，但总体来看，学校主体性、主动性都要得到体现，重点是激发学校的内生动力，优化学校的内生机制，促进学校主动发展。②

《新优质学校成长路径》一书全面系统、具体深入地阐述了新优质学校的成长路径，有理论阐述，有实践案例，既是对新优质学校十几年探索的系统总结，更是从新优质学校成长路径的角度对这一阶段的具体梳理。

① D. 赫尔雷格尔,J. W. 斯洛克姆,R. W. 伍德曼著. 组织行为学[M]. 俞文钊,等,译. 上海:华东师范大学出版社,2001:894.
② 汤林春. 试论新优质学校的建设路径[J]. 全球教育展望,2022(12):22—31.

三、融入高质量发展之路

新优质学校在研究和实践上有了较多的积累,不仅发表了论文、撰写了著作、获得了奖项,还培育了一批校长、发展了一批学校,使数以万计的学生受益,其理念与经验已经得到越来越多人的认可。随着党的十八大、十九大和二十大的召开,党的教育方针明确回答了"培养什么人、怎么培养人、为谁培养人"的问题。中共中央、国务院《关于深化教育教学改革全面提高义务教育质量的意见》,为培养担当民族复兴大任的时代新人进行了整体谋划。《义务教育课程方案(2022年版)》基于培养"有理想、有本领、有担当"的时代新人的要求,基于素养导向,在课程教学上作出了新的规定。有关思想政治、教学研究、教育科研、教育评价、学校活力等方面的文件对相关方面作了具体规定。教育发展的四梁八柱基本构成,既为新优质学校的发展指明了方向,也向新优质学校发展提出了新的要求。

当此历史关口,上海市委市政府将"上海市新优质学校高质量发展引领计划"列为重大项目。教委主任周亚明在民生访谈中明确提出:实施新优质学校高质量发展引领计划,树立起新时代"家门口的好学校"的价值标杆,创新学校发展方式,形成普通学校走向优质的办学之路。如何在新时代里,使普通公办学校走向新优质,是摆在我们面前的时代课题。为此,我们要守正创新。

要坚守新优质学校的办学理念。经过十多年的探索与实践,新优质学校形成了自己的"教育认识""教育观念"与"教育理念",凝练了在实践中直面问题,解决问题的策略、办法与路径。这些都是新优质学校发展的底色,不会随着阶段性的任务变化而变化。

要融入高质量发展要求。党的二十大把高质量发展作为全面建设社会主义现代化国家的首要任务,要求加快建设高质量教育体系。高质量发展是解决人民日益增长的对优质教育的需求与优质教育资源相对不足且分布不均的矛盾的根本办法,是今后一段时期教育发展的重要任务。学校高质量发展是学校发展的一种理想状态,也是一定阶段的学校发展方式。它是在经过规模发展、数量发展,解决"有学上"这一艰巨问题后,人民期望享受更加优质的教育,期待"上好学"的背景下提出来的,一方面要求更优质的教育,另一方面要求发展这种教育的方式是高质量的。新优质学校高质量发展要体现育人为本、创新驱动、提质增效、百姓满意等特征。育人质量是质量变革、改革创新是动力变革、提质增效是效益变革、百姓满意是公平体现。既坚守新优质学校的价值追求,也融入高质量发展要求;既是质量水平要求，也是发展方式变革。

　　新优质学校建设是在"回归教育本原"思想指引下，以提高育人质量为核心，聚焦内涵建设，强调内生发展，使普通公办学校走向优质的一种策略，与高质量发展理论相通、方法相融，具有内在一致性。让我们一起努力，使新优质学校借高质量发展东风再上台阶。

　　　　　　　　　　　上海市教科院普教所研究员、上海市新优质学校研究所所长：汤林春

第一章

新优质学校成长概说

　　成长一般指人或事物走向成熟的过程。发展是事物不断由小到大、由简到繁、由低级到高级的变化过程。在本书,这两个词可以通用。但为什么在书名里用"成长"这个词呢?因为我们想把新优质学校看作是具有生命活力的有机体,强调其主体性、能动性、内生性、开放性与成长性等。新优质学校推进项目设立 12 年来,尽管受到政府重视,专家支持,但学校要走向新优质,最终还是需要依靠自身力量,主动将外在资源转化成自身的教育教学及管理行为,生成滋养学生健康成长的养分。

一、新优质学校的发展逻辑

　　建设高质量教育体系,推进教育高质量发展,是"十四五"时期教育发展的主题。在义务教育阶段,推动学校高质量发展,建设新优质学校,扩大优质教育资源,自然是其重要内涵。中共中央、国务院《关于深化教育教学改革全面提高义务教育质量的意见》,教育部等八部门《关于进一步激发中小学办学活力的若干意见》就先后提出,要促进新优质学校成长。但什么是新优质学校?一种理解是"新的优质学校",优质学校的内涵与过去没有区别,只是在数量上的增加;另一种理解是"新优质学校",意味着不仅是增加数量,更重要的是重构优质学校的内涵。上海经过十多年探索,提出新优质学校是新时代义务教育公办学校的价值标杆,以"回归教育本原"为核心理念,强调在常态办学条件中,学校主动探索,根据学生身心发展规律、学校发展规律,促进学生健康快乐成长,让学生获得全面而有个性的发展,精神品格得到培育,让每一所家门口的学校都优质。① 这一诠释无论是教育质量观,还是学校发展策略都与以往有很大的不同,但它不是凭空想象的,而是有其内在的发展逻辑。

学校作为一种有目的、有计划地培育人的专业组织,一方面有其育人的本质属性及内在发展规律,另一方面也要受到宏观经济社会文化与技术大背景的制约,从而体现出其独特的发展逻辑。新优质学校自然不例外,也有其发展的历史逻辑、现实逻辑与实践逻辑。

(一) 新优质学校发展的历史逻辑

新优质学校不是今天才突然产生的,而是有其演变的历史。如英美等西方发达国家的优质学校创建大致经历了标准研制阶段、能力建设阶段和整体优化阶段。② 在我国,自中华人民共和国成立以来,优质学校的建设大致经历了重点学校建设、示范性学校和新兴学校出现、优质学校建设三个阶段。在这一演变过程中,新优质学校的内涵及发展策略逐步形成。从历史逻辑而言,新优质学校是对重点学校和优质学校的扬弃与创新。

1. 加强重点学校建设阶段

1953 年中共中央政治局会议决定"办重点中学",其后教育部决定"有重点地办好一些中学与师范"。同年 6 月教育部召开全国第二次教育工作会议,确定了全国首批重点中学194 所。③ 同年 11 月政务院颁布《关于整顿和改进小学教育的指示》,强调"今后应首先着重办好城市小学、工矿区小学、乡村完全小学和中心小学"。④ 这一政策在"文革"期间被停止。在改革开放时期得到恢复,并进一步发展,全国重点中小学形成"小金字塔"结构,在经费投入、办学条件、师资队伍、学生来源等方面向重点学校优先倾斜,形成了国家级、省级、地级、县级的重点学校"层层重点"的格局。⑤

2. 示范校、新兴校出现阶段

随着教育普及程度的提高,社会对教育公平的期待急剧增加,人们逐步意识到重点学

---

① 尹后庆. 让每一所家门口学校都优质[J]. 中国教育学刊,2012(1):13—15.

② 周峰,贾汇亮. 英、美优质学校创建的基本趋势及启示[J]. 中国教育学刊,2009(3):51—54.

③ 王爱云. 中华人民共和国历史视野中的重点学校——兼及邓小平建设重点学校的思想[C]. 中国特色社会主义:道路与制度——第十四届国史学术年会论文集,2014,9.

④ 《中国教育年鉴》编辑部. 中国教育年鉴(1949—1981)[M]. 北京:中国大百科全书出版社,1984:732.

⑤ 徐菁菁. 重点学校政策的嬗变及其启示[J]. 教育研究与实验,2014(4):74—78.

校建设的弊端,有关取消重点学校建设的政策逐步推出。1986 年,当时的国家教委下发《关于在普及初中的地方改革初中招生办法的通知》,同年《中华人民共和国义务教育法》颁布,规定义务教育"就近入学",重点学校制度开始松动。① 2006 年第十届全国人民代表大会常务委员会第 22 次会议修订《中华人民共和国义务教育法》,首次以法律形式"取消重点学校"。2013 年 11 月中国共产党第十八届三中全会再次强调"不设重点学校重点班"。至此,重点学校在政策层面彻底取消。

在这一阶段,我国社会主义市场经济逐步发展,一批社会资源涌入办学领域。人们对教育公平愈益重视,重点学校模式逐步退出。素质教育成为政策重点,探索素质教育的实验成为热点。在此背景下,其他类型的优质学校开始涌现。1995 年 7 月,当时的国家教委发出《关于评估验收 1 000 所左右示范性普通高级中学的通知》,要求评定 1 000 所示范性高中、2 000 所重点职业学校。其后国家级、省(市)级示范性高中不断出现。尽管示范性高中有重点学校之嫌,但总体而言示范性高中更多的是示素质教育之范。② 而一批薄弱学校和素质教育实验校通过走内涵发展、集团办学或公办转制等方式,着重促进理念转变、课程建设、教学改革、文化重建和资源整合等,使学校内部整体优化,办学质量逐步提升,获得社会认可,成为新兴优质学校,打破了重点学校是发展优质学校唯一路径的局面。

3. 优质学校建设阶段

随着重点学校政策逐步取消,义务教育基本均衡逐步实现,优质均衡发展成为时代课题,人们渴望更加公平地享受优质教育资源。这样,扩大优质教育资源、更公平地分配优质教育资源就成为政策焦点。"优质学校"这一名称最早出现在我国香港地区。20 世纪 90 年代香港地区实施了"优质学校教育计划",并于 1997 年 9 月发表了《优质学校教育》报告书。2001 年,全国基础教育工作会议发布《关于基础教育改革与发展的决定》,标志着我国基础教育从追求数量规模的发展进入了追求质量提升的新阶段。有关介绍优质学校建设经验与理论的文章逐步出现。2004 年之后,研讨优质学校的中文文献明显增多。③ 撰写者既有理论工作者,也有实践一线的校长老师,内容涉及国内外相关的理论与经验。2010 年 7 月,我国颁布《国家中长期教育改革和发展规划纲要(2010—2020 年)》,提出"努力办好每一所

① 徐菁菁.重点学校政策的嬗变及其启示[J].教育研究与实验,2014(4):74—78.
② 周彤,高慎英.优质学校成因及其创建路径[J].教育科学研究,2009(4):28—31.
③ 张新平,陈粤秀.何谓优质学校——基于 40 位教管人员的访谈研究[J].教育发展研究,2011(10):20—29.

学校,教好每一个学生"。2019 年 7 月中共中央、国务院《关于深化教育教学改革全面提高义务教育质量的意见》和 2020 年教育部等八部门《关于进一步激发中小学办学活力的若干意见》先后提出,要促进新优质学校成长。

人们对优质学校的理解经历了一个发展过程。起初,人们评价一所学校质量的高低,主要看其升学率。升学率高的学校就是高质量的学校。[1] 其后,人们意识到仅有升学率是不够的。学校还必须重视学生全面素质的提高,能让每一个学生的潜能都得到全面、和谐、自由、充分与持续地发展,使他们有更好的学业成就、更健全的心理品质、更和谐的人际关系、更强健的体魄、更高尚的道德情操、更开放的思想观念、更高的创新精神与实践能力。[2] 后来,人们认识到,优质学校不只在于结果方面的"质的规定性",更在于过程方面的"质的成长与提升"。优质学校就是能够不断获得和合理运用自身能力,改善学校文化、提升学校管理和教师能量,最终促进学生全面持续发展的学校。有人认为优质学校应包含以下基本内涵:共享的文化、鼓励学习的机制、智慧凝聚过程、兼容差异、关注每一个学生、追求卓越、坚持变革创新、系统内外协调、有一套整体改进策略、保障自主办学、全员参与和成长等。[3] 也有人认为优质学校是在"人员、财物、事务、气质"等方面达到了相应的办学标准,能全面促进学生生动活泼地发展和健康自由成长的学校。[4]

由上可见,优质学校是国内外的共同话题。我国优质学校发展大致经过了三个阶段。虽然这三个阶段的划分不是绝对的,阶段之间存在交叉重叠的情况,但还是清楚呈现了从集中优势资源办好少数学校,到均衡配置资源,着重内涵发展、质量提升,办好每一所学校的政策变迁。同时,人们对优质学校的理解也在发生着变化,从只重考试分数、升学率到重视学生全面健康发展,从只重结果质量到结果与过程并重,且内涵逐步丰富。这无疑为新优质学校建设提供了丰富的思想积累。

(二)新优质学校发展的现实逻辑

从新优质学校发展的历史逻辑,可以发现新优质学校发展具有开放性与时代性,现时

[1] 周峰,苏鸿,郑向荣.论优质学校的内涵及特征[J].教育发展研究,2009(12):11—15.
[2] 邬志辉,陈学军,王海英.优质学校的概念、建设过程与指标框架研究[J].东北师大学报(哲学社会科学版),2004(3):113—120.
[3] 谢翌,马云鹏.优质学校建设的背景、理念与维度[J].教育发展研究,2007(10):34—38.
[4] 张新平,陈粤秀.何谓优质学校——基于 40 位教管人员的访谈研究[J].教育发展研究,2011,10.

代的经济社会技术文化发展既对学校发展提供支撑,也会对学校发展提出新的要求,并凝结成为学校必须承担的时代使命。正所谓"学校是社会生产发展的产物,它的变迁与时代的发展有着甚为紧密的关系"①。目前,我国正处在世界百年未有之大变局、中华民族伟大复兴战略全局的历史关口,在实现全面建成小康社会第一个百年奋斗目标之后,正向全面建成社会主义现代化强国、实现第二个百年奋斗目标迈进。在这一背景下,建设与经济社会发展相适应的高质量教育体系成为时代主题,教育大变革随之出现,而所有的改革意图与改革举措必须通过学校落地,学校自然要作出相应的调整与改变。作为要成为新时代办学价值标杆的新优质学校,自然要在教育大变革中,勇立潮头,引领前沿,要主动将新时代经济社会的发展要求及教育改革的新设想融入自身的发展理念及发展策略之中,这就是新优质学校发展的现实逻辑。

1. 保障学生公平接受优质教育的权利

让人们接受更加公平、更有质量的教育,是当前教育改革与发展的重要追求。作为义务教育阶段的新优质学校,则是这份责任与使命的直接践行者。

义务教育是国家统一实施的所有适龄儿童、少年必须接受的教育。凡具有中华人民共和国国籍的适龄儿童、少年,不分性别、民族、种族、家庭财产状况、宗教信仰等,依法享有平等接受义务教育的权利。普及义务教育为提升国民整体素质奠定基础,保证义务教育公平性为社会公平正义奠定基础。

我国义务教育机会公平已经得到较好保障。据 2021 年教育部统计公报,2020 年全国小学学龄儿童净入学率 99.96%,初中阶段毛入学率 102.5%,九年义务教育巩固率95.2%。② 据 2022 年教育督导局宣布,到 2021 年底,31 个省(区、市)和新疆生产建设兵团的 2 895 个县都实现了县域义务教育基本均衡发展。③ 这意味着我国九年义务教育普及程度及基本均衡程度已经达到较高水平。

公平与质量仍然是义务教育发展的时代主题。"十四五"时期,高质量教育发展成为主题,但"均衡"依然是基础教育发展的重中之重,均衡发展是建设高质量基础教育体系的根

---

① 曹仲岗.学校发展的历史沿革及未来趋势[J].山西广播电视大学学报,2006(4):19—20.
② 中华人民共和国教育部.2020 年全国教育事业发展统计公报. http://www.moe.gov.cn/jyb_sjzl/sjzl_fztjgb/202108/t20210827_555004.html
③ 中华人民共和国教育部教育督导局.全国县域义务教育基本均衡发展国家督导评估认定收官. http://www.moe.gov.cn/s78/A11/s8393/s7657/202205/t20220505_624731.html

本取向。① 当义务教育达到较高普及程度,且全面实现县域内基本均衡后,"有学上"的问题就得到了较好解决,大致均等的受教育机会得到了较好保障,但我们要清醒地意识到城乡之间、区域之间的教育差距依然存在,校际之间的办学质量和校内学生的发展差异客观存在。因此,着眼于办学内涵与质量,办好每一所学校,育好每一名学生,实现人人平等享受优质教育的权利,就成为更为实质的公平追求。2021 年 11 月联合国教科文组织发布《共同重新构想我们的未来——一种新的教育社会契约》的报告,把"确保人们终身接受优质的教育权利"作为两条原则之一。② 这就是说,每一个学生不但要有均等的入学机会,还要得到符合其潜能的发展,在入口要有教无类,实现全纳教育;在校内要开展适性教育,实现因材施教;在出口要人人都有发展,实现每个学生都有人生出彩的机会。

共同富裕为新优质学校发展指明了方向。共同富裕是社会主义本质的要求,是邓小平建设有中国特色社会主义理论的重要内容。"国民经济和社会发展第十四个五年规划和2035 年远景目标纲要"把"共同富裕"作为这一阶段的重要目标之一,明确提出到 2035 年"全体人民共同富裕取得更为明显的实质性进展"。共同富裕既要物质生活水平提高,也要精神文化生活丰富,最终促进人的全面发展和社会全面进步。每个人都是共同富裕的主体,既是受益者又是贡献者,只有人人参与、人人尽力,才能实现人人享有。③ 义务教育学校作为社会基本公共服务基地,是人民福祉的重要内容,它对人的全面发展与精神文化生活起着重要的作用,让每一个公民都享受到大致均等的优质义务教育应是题中之义。而要实现这一理想,就需每个教育工作者、每所学校都行动起来,办好老百姓家门口的每一所学校。

2. 培养担当民族复兴大任的时代新人

培养担当民族复兴大任的时代新人,是党的教育方针的重要内涵,也是党和国家在新时代对教育发展提出的明确要求,自然也是新优质学校的重要使命。

党的教育方针为培养时代新人提出了新要求。培养什么人,是教育的首要问题。十八大以来,党站在实现"两个一百年"奋斗目标节点上,面对"两个大局",将教育放在"国之大

---

① 姚晓丹,杨飒."五大任务"并举 推进基础教育高质量发展[N].光明日报,2020 - 12 - 14(4).
② 中国常驻联合国教科文组织代表团编译.共同重新构想我们的未来[N].中国教育报,2021 - 11 - 11(9).
③ 本报评论部.共同富裕要靠共同奋斗(人民论坛)——在高质量发展中促进共同富裕[N].人民日报,2021 - 10 - 29(4).

计、党之大计"的地位,明确提出"为党育人,为国育才"的要求。在 2018 年全国教育大会上,习近平总书记发表"坚持中国特色社会主义教育发展道路 培养德智体美劳全面发展的社会主义建设者和接班人"的重要讲话,指出:"我们的教育必须把培养社会主义建设者和接班人作为根本任务,培养一代又一代拥护中国共产党领导和我国社会主义制度、立志为中国特色社会主义奋斗终身的有用人才。这是教育工作的根本任务,也是教育现代化的方向目标。"①明确回答了培养什么人、怎么培养人、为谁培养人的问题。将党的十六大以来的"德智体美"四育并举,扩展到"德智体美劳"五育并举。2021 年新修订的《中华人民共和国教育法》将新时期党的教育方针明确表述为:"教育必须为社会主义现代化建设服务、为人民服务,必须与生产劳动和社会实践相结合,培养德智体美劳全面发展的社会主义建设者和接班人。"

建设高质量教育体系,落实时代新人的培养。在 2018 年全国教育工作会议上,李克强总理就明确提出:"推动教育从规模增长向质量提升转变。"2019 年 6 月中共中央、国务院颁布《关于深化教育教学改革全面提高义务教育质量的意见》,明确要求坚持立德树人,着力培养担当民族复兴大任的时代新人。2021 年 3 月,《中华人民共和国国民经济和社会发展第十四个五年规划和 2035 年远景目标纲要》颁布,明确提出建设高质量教育体系的任务,要求全面贯彻党的教育方针,增强学生文明素养、社会责任意识、实践本领。一方面对各阶段教育提出了具体发展要求,另一方面重申了对学生全面发展的要求,强调了学生爱国情怀、创新精神和健康人格的培养。

新的课程方案进一步具体化时代新人的内涵与要求。2022 年颁布新版《义务教育课程方案》,具体落实培育时代新人的要求,明确培养目标是"使学生有理想、有本领、有担当,培养德智体美劳全面发展的社会主义建设者和接班人"。并对有理想、有本领、有担当作了具体解释。

改革评价方案形成培养时代新人的导向机制。2020 年 10 月,中共中央、国务院印发《深化新时代教育评价改革总体方案》,引导全党全社会树立科学的教育发展观、人才成长观、选人用人观,培养德智体美劳全面发展的社会主义建设者和接班人,努力培养担当民族复兴大任的时代新人。2021 年 9 月教育部修订《国家义务教育质量监测方案》,细化了学生

---

① 本报评论员.坚持党对教育事业的全面领导——论学习贯彻习近平总书记全国教育大会重要讲话[N].人民日报,2018 - 09 - 18(4).

德智体美劳全面发展的质量指标，涵盖了学科领域的课程或教育活动、学生学业负担、教师配备等影响因素，落实立德树人根本任务，突出"五育并举"，监测学生各学科领域的发展水平及核心素养。

3. 为适应未来社会而主动求变

当今世界正经历百年未有之大变局，中华民族正处在伟大复兴的关键时期，新技术新产业扑面而来，大数据、云计算、人工智能正在改变人类生存状态与社会面貌，作为立足现实面向未来的教育事业，面临着巨大的挑战与机遇，既要在适应中发展，又要在创新中引领，不变没有出路，只有主动识变、应变和求变才有机会。

世界百年未有之大变局对教育提出了新要求。当前世界风谲云诡，第二次世界大战后形成的世界秩序正遭受西方霸权主义、单极主义的破坏，新兴国家和发展中国家在世界上的发言权及影响力逐步增加。尽管和平与发展仍是世界发展的主题，但不安定、不和谐因素正逐步增加。中国作为最大的社会主义国家，随着经济社会的长期稳定快速发展，正在走向世界舞台中央，但以美国为首的西方国家，不会拱手让出其霸权地位，而会竭尽所能进行阻挠打压。而综合国力竞争说到底是人才的竞争。所以，"我们比历史上任何时期都更加接近实现中华民族伟大复兴的宏伟目标，也比历史上任何时期都更加渴求人才"。在此背景下，我国要坚持面向世界科技前沿、面向经济主战场、面向国家重大需求、面向人民生命健康，大力培养使用战略科学家，打造大批一流科技领军人才和创新团队，造就规模宏大的青年科技人才队伍，培育大批卓越工程师。满足这样庞大的人才需求必须主要依靠自己培养，提高人才供给自主可控能力。[①] 为此，教育领域要大力培养政治方向正确、具有家国情怀的科技创新拔尖人才。而义务教育是科技创新拔尖人才成长的奠基阶段，也必须努力培养学生的创新精神与实践能力，要形成发现和培育科技创新拔尖人才的体制机制及育人模式。

人工智能、大数据、物联网等信息技术为教育发展带来挑战与机遇。新的信息技术既为人才培养提出了新要求，也为教育理念、育人方式、教育教学技术与方法改革提供技术支撑。人工智能通过机器进行深度学习，可以大量地识别和记忆已有知识，完全可以替代甚至超越那些通过死记硬背、大量做题而掌握知识的人脑。未来的人工智能会让我们的知识

① 习近平.深入实施新时代人才强国战略 加快建设世界重要人才中心和创新高地[J].求是,2021,24.

型教育优势荡然无存。① 随着人类社会整体迈入信息社会,大规模标准化的教育体系已经不能满足社会需求,个性化教育成为信息社会教育的新方向。② 大数据与人工智能相结合,将更好地实现智能化应用,对教育教学各个环节可能产生变革性影响。"懂得大数据,用好大数据",将是数字经济时代对人的基本素养和能力需求。③ 可见,信息社会的到来将会要求人才有更高的信息素养,也会产生新的教育教学理念和新的教育教学方式方法,今天的智慧校园、智慧教育、自适应学习,等等,已经渐露未来教育的雏形。新优质学校,要积极响应教育部《教育信息化2.0行动计划》的要求,促进教育信息化从融合应用向创新发展的高阶演进。全面提升师生信息素养,推动从技术应用向能力素质拓展。以教育信息化推动学校教育质量提升。

世界教育改革为学校发展提供滋养,也需要中国智慧。当前,国际上的人才竞争日趋激烈,教育改革力度也日益加强。在政策上,各国纷纷推进教育优先发展、努力促进教育公平、多重举措确保质量。④ 在人才培养上,为了培养时代所需的人才并使其具备终身学习的能力和素养,许多国际组织与国家都积极研究推出21世纪学生发展核心素养框架。如美国"21世纪技能联盟"制定了《21世纪技能框架》,强调的关键技能和素养包括:学习与创新技能,信息、媒体与技术技能,以及生活与职业技能。⑤ 联合国教科文组织(UNESCO)发布《走向终身学习——每位儿童应该学什么》的报告,认为在基础教育阶段要重视身体健康、社会情绪、文化艺术、文字沟通、学习方法与认知、数字与数学、科学与技术七个维度的核心素养。⑥ 我国教育部和中国教育学会于2016年9月发布的《中国学生发展核心素养(征求意见稿)》,提出了文化基础、自主发展、社会参与三个方面,人文底蕴、科学精神、学会学习、健康生活、责任担当、实践创新六大素养。当前,我国基于核心素养导向的义务教育课程改革和普通高中课程改革正如火如荼。可见,国际社会普遍认为人的核心素养是应对未来变动不居的社会及人的终身发展所必备的品格与关键能力。显然这为学校改革发展提供了

① 钱颖一. 人工智能,让中国知识型教育的优势荡然无存. 据2020年作者在《参事讲堂》上的主题演讲"创新人才教育"整理。

② 鞠光宇. 世界教育的七大趋势[N]. 中国教师报,2021-12-21(4).

③ 沈阳,田浩,曾海军. 大数据时代的教育:若干认识与思考——访中国科学院院士梅宏教授[J]. 电化教育研究,2020(7):5—10.

④ 教育部教育发展研究中心专题组. 近年来世界各国教育政策的趋势及特点[J]. 教育研究,2011(1):15—26,77.

⑤ 桑国元. 国外21世纪学生发展核心素养的讨论及启示[J]. 教育科学研究,2016(12):60—64.

⑥ 褚宏启,张咏梅,田一. 我国学生的核心素养及其培育[J]. 中小学管理,2015(9):4—7.

方向：聚焦人的发展，培育学生带得走的能力与品格。

新优质学校是新时代义务教育学校的办学标杆，应处在办学的前沿，引领办学的方向，必须敏锐地感知社会发展，及时回应现实需求。从以上分析看，贯彻新时代党的教育方针，办人民满意的教育，落实立德树人根本任务，以新课程教学改革为抓手，改革育人方式、提升育人能力，培养学生全面素养，使学生成为担负起中华民族伟大复兴重任的时代新人，是新优质学校必须承担的时代使命。

（三）新优质学校发展的实践逻辑

新优质学校在上海已经探索了十几年，培育了一批校长，涌现了一批典型学校，其经验逐步向安徽合肥、江苏无锡、四川成都、重庆江津、福建南安、贵州云岩等地辐射，使十几万学生受益，其成果获得了2018年基础教育国家级教学成果一等奖，对各地基础教育发展产生了较好影响。在实践中提炼的办学理念、形成的办学策略与方法，无疑深化了人们对新优质学校的理解，强化了人们对新优质学校的理性认识，实践智慧也就成了新优质学校发展的源头活水，这就是新优质学校发展的实践逻辑。

1. 直面功利主义教育问题

新优质学校的产生要从上海参加 PISA 测试说起。2009 年上海市首次参加经合组织（OECD）举办的 PISA 测试，在 65 个参与国家和地区里，阅读、数学、科学和解决问题等分项成绩及总成绩都名列前茅。且高分段比较多，低分段比较少，处在"优质均衡"水平里。说明上海基础教育"托底"工作做得好，有一批名不见经传的好学校。尽管上海基础教育取得了令人瞩目的成就，但教育功利主义还是一个比较棘手的问题。如过于强化对几门"主科"教学效果的"质量监测"，应试教育、按分数排名等现象还在相当一部分区县、学校中存在，并全面渗透在教育价值取向、评价标准、教育教学工作及管理的方方面面。为了提高排名，不惜争抢生源；为了提高排名，不惜增加课业负担；为了提高排名，不惜集中优势资源等现象还比较有市场。为了扭转这一趋势，推动基础教育内涵发展、转型发展，促进孩子健康快乐成长，2011 年 3 月上海市召开基础教育工作会议，提出五个转型：在教育价值取向上，突破过度追求现实功利，转向促进学生全面发展；在教育质量评价上，从过度注重学科成绩，转向全面多样综合评价；在学生培养模式上，从标准化同质化教育，转向需求导向个性化培养；在教师专业发展上，从强调学科知识教学技能，转向注重专业素养和教育境界；在教育管理模式上,从单纯依靠行政命令,转向强调思想和专业引领。

在此背景下,有必要重新定义优质学校,亟需寻找和培育在先进理念引领下,践行内涵发展、转型发展的新学校。为此,上海市教委委托上海市教科院普教所进行专门的项目研究。在初态调研阶段,项目组就旗帜鲜明地提出新优质学校"不挑选生源、不聚集资源、不争抢排名"的"三不"原则,针对的就是当时功利主义教育的弊端。在研究实践中,逐步总结提炼出"回归教育本原"等核心理念,明确提出"通过推进新优质学校项目,我们要促进教育价值取向从高度追求现实功利,转向追求教育对人发展的价值,通过教育系统和社会来树立科学的教育质量观"①。在此基础上,形成了适切的课程、有效而差异化的教学、积极向上的教师队伍和育人为本的管理等新优质学校办学特征。这是对质量观、教育观的全面探索。

2. 探索常态条件下的发展之路

在重点学校建设阶段,为了办好少数重点学校,政府往往要集中优势资源确保重点学校的发展。而新优质学校寻求的是一种有别于传统重点学校发展的新路径,那就是不靠优势物力、财力、师资和生源来办学,而是在按国家标准配置教育资源的前提下,在常态办学条件下,学校通过解决发展中的常态问题,不断走向新优质。这就是尹后庆先生讲的"坚持在最常见的学校解决最常见的问题"。他认为中国作为一个有 14 亿人口的发展中国家,在如此大规模地普及义务教育之后,学校如能解决好最常见学校的最常见问题,不仅具有中国意义,而且具有世界意义,因为全世界最多的都是最常见的学校,全世界也都在研究这个问题。②

上海新优质学校项目组,在第一个阶段提出"不挑选生源、不聚集资源、不争抢排名"的"三不"原则,在第二个阶段提出"不靠生源、靠师资,不靠政策、靠创新,不靠负担、靠科学"的"三不三靠"原则,强调的就是常态办学条件。在常态办学条件下,就要直面常见的问题,立足常识,形成常规。所谓常见的问题,就是为了让学生健康快乐成长,学校、老师和家长究竟该怎么做?需要创设什么条件?所谓常识,就是要遵循学生身心发展规律、教育教学规律和学校发展规律。而形成常规,就是要把学校探索出的有利于学生身心健康成长的有效经验与做法,形成制度,使之成为师生共同践行的规范。

3. 强调内引式发展

内引式发展主要是学校敏锐地洞察自身内在发展的需求或矛盾,抓住机会优化学校内

---

① 尹后庆.新优质学校的价值追求与现实关照[J].上海教育,2021(7):28—29.
② 尹后庆.新优质学校的价值追求与现实关照[J].上海教育,2021(7):28—29.

部各要素及运作机制,主动求变、主动发展的过程。新优质学校不超常规聚集资源,在资源上也就没有优势,为了发展,它必须向内用力,注重内涵发展,内部提升,要敏锐地感知校内外的变化,并立足校情,抓住课程、教学、教师、管理与文化等关键要素,探索促进学生全面发展、个性发展的有效机制。

新优质学校抓关键领域的能力建设。项目在建立初期进行了地毯式调研,提炼了"走向新优质"的共性经验。为了提升学校自主发展能力,设计了寻找学校"最近发展区"的活动,将已有经验对学校进行分类指导。① 针对学校发展的瓶颈问题,设计了"新优质学校集群发展"项目,围绕课程建设、学与教变革、教师队伍建设、管理与文化四个方面形成四个集群,着重从这些关键要素上进行突破,以带动学校全面发展。

新优质学校项目组强调学校主动发展。在选择项目校时就要求学校要有主动发展的愿望,要真正想在新时代探索出一条回归教育本原的办学之路。而且这些参与学校没有额外的资源,不挂牌、不命名,要以教育情怀,为办真教育而来。为此,学校要构建主动发展机制,以新优质学校理念为指导,形成自我诊断、自我计划、自主实施、自我评估、自我改进的能力。为了使新优质学校的教育理想与学校的自主探索有机融合,新优质学校项目组从整体上探索了行动研究、项目推进、智慧传递、设计驱动、学习共同体、过程性推介和新优质学校成长认证等策略与方法,形成了多层面多种类的操作路径,真正激发项目校的创造性,形成新优质学校发展的生动局面。

4. 重视持续发展、百姓满意

优质学校在一般人心里是一个分层的概念,是相对于其他学校而言,办学环境优美、教育教学高效、师生发展良好、学校美誉度高的学校,属于顶层少数好学校。但新优质学校是跟自己比每天有进步的持续发展的学校,是老百姓满意的学校。② 正因为这样,新优质的概念是面向所有学校的,每一所学校都可以走向新优质,成为真正为人民办学的学校。

重视学校的持续发展。新优质学校建设永远在路上,没有完成时,只有进行时。它是在新优质学校理念指引下,朝着理想的方向,逐步逼近的过程。所以,凡是参与新优质学校项目的学校,不管起点如何,不论现状怎样,只要想探索、肯努力,小步走、不停步,就可以。

---

① 胡兴宏主编.走向新优质——"新优质学校推进"项目指导手册[M].上海:上海教育出版社,2014:20—26.
② 汤林春.破解上海"新优质学校"的密码[J].上海教育,2021(21):32—33.

新优质学校正在探索成长认证，与其他认证不同的是，它不是拿一套指标去框死学校，而是以新优质学校的价值追求与理想特征，引导激发学校，回归育人本原，让学校教育变得更公平、更温暖、更智慧、更绿色、更主动。它关注新优质学校办学过程的成长与变化，以其成长情况作为认证依据，同时认证是为了寻找学校进一步发展的切入点与突破点，形成学校的成长力，引领学校持续走向新优质，是基于成长、为了成长的认证。

坚持办好老百姓家门口的学校。新优质学校项目旗帜鲜明地提出"让每一所家门口的学校都优质"，这是对义务教育优质均衡发展的深刻理解与忠实践行，是对教育公平正义的生动写照。新优质学校是常态学校，就在老百姓家门口，是为广大普通老百姓服务的学校，把这些学校办好，就是践行"为人民服务"的宗旨，就是"办人民满意的教育"。在新优质学校建设过程中，项目组设定的唯一的一个定量指标是社区居民对学校办学的满意度，要求满意度在85％以上，以此强化学校为人民办学的意识。

总之，促进新优质学校发展，不仅仅是增加一些优质学校，而应该在历史和现实的碰撞中、在理论与实践的关照中，生发出新的内涵。显然，上海基于历史逻辑、现实逻辑和实践逻辑，对优质学校的质量观、发展策略及其发展样态做出了新的解释，提出了自己的理解。优质学校的概念本来就是一个历史概念，具有开放性与发展性，不同时期、不同地域、不同主体都可能提出不同的解释。

二、新优质学校的价值追求

随着义务教育的全面普及，我国适龄儿童"有学上"的问题已经得到彻底解决，"上好学"的问题逐步显现，人们日益增加的接受优质教育的需求与优质教育资源相对不足且分布不均的矛盾日益突显。正因为如此，中共中央、国务院《关于深化教育教学改革全面提高义务教育质量的意见》，教育部等八部门《关于进一步激发中小学办学活力的若干意见》先后提出要促进新优质学校成长，不断扩大优质教育资源。党的二十大明确指出，要加快建设高质量教育体系，发展素质教育，促进教育公平，办好人民满意的教育。这是新时代对教育发展提出的新要求。就基础教育而言，一方面要推动各级各类教育协调发展，促进城乡间、区域间基础教育均衡发展；另一方面要提升育人质量，在党的教育方针指引下，落实立德树人根本任务，促进学生全面而个性地成长。为此，就需要办好每一所学校，育好每一个学生，使老百姓获得实实在在的教育改革红利。

上海市在新优质学校建设方面率先探索,经过经验提炼、能力建构、成果总结、集群发展、成长营推进等阶段,认为新优质学校是以"回归教育本原"为核心理念,根据学生身心发展规律、学校发展规律,促进学生健康快乐成长,让学生获得全面而有个性的发展,精神品格得到培育的学校。其基本特征有学生全面可持续的发展、适切的课程、有效而差异化的教学、积极向上的师资队伍、聚焦学生发展的管理与文化。其基本建设路径有理念引领、问题突破、优势带动和评估促进等方面。经过十多年探索,上海涌现了一批老百姓家门口的好学校,成就了一批校长与老师,为上海基础教育优质均衡发展作出了应有贡献。

上海新优质学校建设取得了一定成绩,形成了一定经验,但是它的"新"在哪里呢？新优质学校与老优质学校、普通学校有什么区别呢？其实,新优质学校并不是针对老优质学校、普通学校而讲的,而是指"办成新时代教育的价值标杆"。① 可见,新优质学校的"新",不在于任务、策略、方法与技术有多新,而关键在于价值理念的"新"。

价值是指客体能够满足主体需要的效益关系,是表示客体的属性和功能与主体需要间的一种效用、效益或效应关系。学校教育活动具有多种功能与价值。不同的人或不同机构,出于自身的需要与理解可能会作出不同的选择,表现为重视某些功能,轻视另外一些功能,这就体现为价值追求。

新优质学校的价值追求,是新优质学校对教育活动产生的功能进行的选择与探索,强调将党、政府的教育价值追求与广大人民群众的教育价值追求联结起来,将理想的教育价值追求与学校师生的现实教育价值追求衔接起来,回归育人本原,体现教育的时代性。首先要贯彻党的二十大精神,执行党的教育方针,落实立德树人根本任务,回答好"培养什么人,怎么培养人,为谁培养人"的问题,根据中国式现代化的需要,真正培养德智体美劳全面发展的社会主义建设者与接班人,为中华民族伟大复兴培养有理想、有本领、有担当的时代新人。其次必须立足学校历史、现状,及时回应学生、家长和教师的发展需求,切实推进学校发展,把学校办成老百姓家门口的好学校。最后,学校要根据自身对教育价值的理解,对学校教育价值的期盼,提出既能仰望星空,又能引领实践的价值追求。经过十多年的探索,新优质学校凝练了回归育人本原、提升学习生活质量、强调学校主动发展、坚持为人民办学等核心价值追求。

---

① 尹后庆. 新优质学校的价值追求与现实关照[J]. 上海教育,2021(7):28—29.

（一）强调回归育人本原

新优质学校强调不追求分数排名，不以升学率作为衡量学校办学质量的唯一标准，反对功利主义教育。尹后庆先生指出："通过推进新优质学校项目，我们要促进教育价值取向从高度追求现实功利，转向追求教育对人发展的价值，通过教育系统和社会来树立科学的教育质量观。"①教育本来就是有目的、有计划、有组织地培育人的社会实践，本质上是使学生学习知识、掌握技能，形成能力，丰富内心的精神世界，成为社会人的过程。巴格莱把它称作"社会孕化"。② 而学科测试分数或其他方面的测量成绩，都是用来反映学生相关方面发展水平的指标，本来它们只是工具而已。但是在现实中，人们把工具当作了本体，当作了目的，这就本末倒置了。就好像人们戴运动腕表，本来是用来监测人体运动状态和健康状况的，结果有的人为了增加步数获得奖励，用手拼命摇晃腕表，结果步数数据增加了，但身体健康状况并未因此而改进。所以，新优质学校回归育人本原，就是要追求教育的本来面貌，而不是被工具牵着鼻子走。

然而，育人又是一个非常宏大的话题，单就"培育什么人"这一问题，自古以来，不同哲学、教育学、心理学等学科流派就作了许多探讨，产生的文献用汗牛充栋来形容毫不为过。新优质学校强调回归育人本原要求做到以下几个方面：

1. 促进学生全面发展。促进学生全面发展，包含两层含义：一是使学生德智体美劳各方面素养得到全面培养，二是使每一个学生都得到发展。从第一点看，新优质学校始终坚持全面的育人质量观，把提升国家课程校本化实施质量作为第一要务，通过为学生提供丰富多彩的学习经历，促进学生全面素质提高。学业成绩是需要关心的，但它只是需要关注的众多方面的一项，甚至还不一定是很核心的一项。③ 当前，党的教育方针明确提出"要培养德智体美劳全面发展的社会主义建设者与接班人"。新优质学校理应率先做到。从第二点看，新优质学校提倡在尊重差异、理解差异、接纳差异、适应差异方面开展教与学的变革，保证每一个学生得到应有的尊重，保证每一个学生的学习权利，为所有学生提供有效的学

---

① 尹后庆.新优质学校的价值追求与现实关照[J].上海教育，2021(7):28—29.
② 巴格莱.教育与新人[M].袁桂林，译.北京:人民教育出版社，1996:43.
③ 胡兴宏.把学校带向何方[J].师资建设，2012,4(A):66—67.

习经验,满足学生个性化学习的需要①,提升教育对每一个孩子精神发展、生命发展的价值。

2. 培育学生素养。我国传统的中小学教科书主要采用以"基本知识、基本技能"为主线、"螺旋式上升"的编排方式,在日常教学中抓"双基"十分扎实。但新优质学校认为仅有"双基"还不够,需要重视隐藏在学习过程之中的基本思想、基本活动经验,从而实现对"双基"的超越②,培育学生素养。当前,教育改革要求培养学生"正确的价值观、关键能力和必备品格"。新颁布的课程方案以素养为导向,注重学科实践与综合活动。党的二十大重申"发展素质教育"。这也正是新优质学校的重要追求。

3. 培育人的精神品格。新优质学校重视全面发展、素养培育,也重视学生精神养成。尹后庆先生认为,尽管每个孩子的家庭背景、生活经历各异,学习基础、学习习惯不同,但只要他走进学校,就能够促进他内心世界的发展(阳光、善良、热爱生活)和学习兴趣、学习习惯、学习能力的形成。当他走出学校面对社会的时候,能够充满自信,成为社会有用之才。新优质学校要真正关注到人的发展,进而通过课程的浸润使得学生的内心世界丰富而有追求。学生由此具有了精神上的获得感和归属感。学校就成了孩子们的精神家园。③ 当前,教育改革鲜明地提出全面发展、素养培育的导向,但我们要清醒地看到,由于传统的惯性,发展应试学科的冲动还会在一定程度上阻碍全面发展,"双基"惯常做法还会让素养培育止步不前。造成这一困境的根源在于,学校教育只看到学生作为一个学习者而产生的活动结果,而没有看到学生作为一个生命个体的完整生存状态。④ 因为,只有把学生当人看,才会真正地把学生当人来培养,才会真正挖掘知识、技能背后的育人价值与意义,从而使知识、技能滋养人的生命,"让孩子的生命得以绽放"变成现实。

(二) 提升学生学习生活质量

当我们的目光不只是盯着知识与技能的培养,而是进一步关注知识、技能背后的育人价值,关注学生的潜能激发与生命成长时,我们就要关注学生的学习生活,而不仅仅是学习。

---

① 胡兴宏,汤林春主编. 新优质学校设计[M]. 上海:上海教育出版社,2018:50.
② 胡兴宏,汤林春主编. 新优质学校设计[M]. 上海:上海教育出版社,2018:41.
③ 尹后庆. 新优质学校的价值追求与现实关照[J]. 上海教育,2021(7):28—29.
④ 唐荣德. 学习生活质量:学生发展的本质与路径[J]. 教育研究,2012(11):16—21,27.

学习生活是学生以学业活动为表现形式的特殊生存过程,既是个人获得经验的过程,也是个人为了生存与发展而进行的自觉连续性活动过程。学习生活质量就是学生在学习生活中生命存在状况的好坏,包括学生在学习生活中的主观感受、客观结果和现实行为表现三方面的内容。1976年,爱泼斯坦和麦克帕兰(Epstein与McParland)首次将生活质量引入教育领域提出学校生活质量概念时,认为学校生活质量包括三个维度:学生对学校生活的满意度,即学生对学校生活的基本感受;学生对学业活动的参与度,即学生对学业活动的兴趣水平和参与程度;师生关系的融洽度,即师生之间的融洽程度。① 新优质学校坚持从以下方面提升学生学习生活质量。

1. 办学生喜欢的学校。学校是学生除了家庭以外另一个十分重要的生活场域。在这里,学生主要从事学习活动,与老师和伙伴交往,是他们成长过程中一段独特而重要的生活经历。这段生活经历既影响当下的生命体验,也影响学生终身。因此,要办成学生喜欢的学校,让学生在校园里体验生命拔节成长的愉悦。尹后庆先生说:如果一个孩子不喜欢自己的学校,不喜欢自己的老师,怎么会对学习感兴趣? 怎么会真实地表露自己的成长需求?怎么会敞开他的心扉去充分地、没有顾虑地汲取一切有利于生命成长的养料呢? 因此,让每一所学校都能受学生喜欢,并形成蕴涵在学校"生命机体"中不可逆转的机制,正是内涵发展阶段所要攻克的瓶颈问题。

2. 丰富学生的学习经历。课程是一种教育性经验,是学校教育最富意义的组成部分,是践行新优质学校理念的重要载体与重要途径,是学生学习生活的重要内容。新优质学校认为要敏锐地感知学生发展的需要,为每一个学生提供完整的学习经历,如显性与隐性、智育与德育、认知与探究的学习经历,努力使学生体验"完整的世界"的样子,把整个世界都看成是"教室",看成是学校课程的有机组成部分,是丰富学习经历的"基因"。努力使学校课程具有多样性、多层面、可选择的特征,满足学生的多样发展需求。② 洵阳路小学联系学生生活,整合学校资源,先后开发了"主题课程""广域课程"和"模块课程",改变了学校课程结构,将学校整个时空打造成可供学生探索的课程天地。华师大附小将学校所有德育活动进行整体化整合,融入充分的实践体验,开展主题行动课程,不仅仅是学校德行教育的一种策

---

① 丁桂凤.教师对学生的行为控制定向与学校生活质量的相关性研究[J].内蒙古师范大学学报(教育科学版),2001(02):19—22.

② 胡兴宏主编.走向新优质[M].上海:上海教育出版社,2014:67.

略,更是通过课程的建设,滋养学生的心灵,促进学生心灵成长的有效途径。通过实践体验,让学生在行动中践行美德,这样的行动课程,最终达到与相关资源、社会实践的整合,达成人与自然社会,人与校园文化,人与家庭的和谐统一。①

3. 强调主动学习。教学是根据课程意图、内容及实施建议开展教与学的活动,是将理想的知识、能力与价值观等转化为学生自身素养的关键环节,是学生学习生活的主要活动。新优质学校强调以学生为中心,关注长程视野中的学生学习与发展。这并非忽视知识技能学习,而是突出关注学生内生的学习动力,促进每一个学生的学习态度、品质、能力、思维综合发生。② 中山北路第一小学基于不同层次学生发展的需要,以网络与课程有效整合为手段,通过视频导学,运用探究式、合作式学习方式,为学生在课堂上思考和探究学习难点和有挑战性的学习任务提供了空间和机会。学校尝试在智慧教室中进行先学后教,促进学生的自主学习能力、数学想象能力。

(三) 强调学校主动发展

主动发展是相对于被动发展、"拎"着发展而言的,它是学校可持续发展、活力发展的关键。唯物辩证法告诉我们,事物的发展是内因和外因共同起作用的结果,内因是事物变化发展的根本原因,外因是事物变化发展的条件,外因通过内因起作用。这一原理要求我们坚持用内外因相结合的观点看问题,充分重视内因,同时不忽视外因。具体应用到学校,就是学校要充分发挥主观能动性,立足自身实际,根据自身发展需要,直面外部挑战,敏锐抓住机遇,优化内部发展机制,提升自身发展能力,实现学校持续发展。

新优质学校基于对新优质学校办学理念的认同,承担"为党育人、为国育才"的神圣使命,探索一条真正回归教育本原、遵循教育规律的办学之路,这就需要我们立足自身实际,主动回应校内外变化,积极寻找合适的办学路径与策略,使学校持续走向新优质。在这个过程中,难免会受到来自功利主义教育、应试教育等方面的干扰与影响,新优质学校要有排除干扰、克服困难、坚守初心的勇气与定力,彰显学校的办学品格与价值追求。新优质学校主动发展要做到以下几方面。

1. 坚持常态办学。新优质学校坚持"不挑选生源、不聚集资源、不争抢排名"的"三不"

① 胡兴宏,汤林春主编.新优质学校设计[M].上海:上海教育出版社,2018:153.
② 胡兴宏,汤林春主编.新优质学校设计[M].上海:上海教育出版社,2018:40.

理念和"不靠生源、靠师资,不靠政策、靠创新,不靠负担、靠科学"的"三不三靠"思路。这体现了新优质学校寻求一种有别于传统重点学校发展的新路径,那就是不靠优势物力、财力、师资和生源来办学,而是在按国家标准配置教育资源的前提下,在常态办学条件下,学校通过解决发展中的常态问题,不断走向新优质。这就是尹后庆先生讲的"坚持在最常见的学校解决最常见的问题"。他认为中国作为一个有 14 亿人口的发展中国家,在如此大规模的普及义务教育之后,学校如能解决好最常见学校的最常见问题,不仅具有中国意义,而且具有世界意义,因为全世界最多的都是最常见的学校,全世界也都在研究这个问题。[①] 坚持常态办学,就是不搞花架子,不等、靠、要,而是回归日常、回归常识、回归常规,是最见内功的办学。

2. 坚持内涵发展。没有了额外的资源,学校只有靠自己内部挖潜,走改革创新之路,围绕课程建设、教学改革、师资培育、管理文化等方面,逐步优化,整体提升学校办学水平。多年来,新优质学校聚焦课程教学改革,坚持解决实践问题的应用性研究,围绕体现新优质学校核心理念的课程教学变革,总结提炼经验,再将经验回馈到实践中去,解决课程教学变革中的瓶颈问题,推动学校课程教学不断提升。经过初态调研阶段、能力建设阶段和集群发展阶段,解决课程教学变革中的瓶颈问题,推动学校课程教学不断提升。构建了"聚焦育人、惠及全体、系统回应、涵育素养"的新优质学校课程,形成了"立足差异、激活主体、真实学习、多元发展"的新优质学校课堂教学,建立了理念落地机制、教师群体发展策略、新优质学校课程教学管理等课程教学变革的支持系统。

3. 坚持主动探索。新优质学校不挂名、不授牌、不评比,但吸引了一批对教育有情怀有担当的校长和学校参与,他们就是想在充满机遇与挑战的新时代探索出一条办学新路。新优质学校倡导从校情、学情出发,在先进的教育理念引领下,积极开展课程教学改革、家校合作,主动探索提升学校办学水平的有效策略,并形成学校可持续发展的内部、外部联动的条件和机制。[②] 改变了以往依据自上而下的指令性要求被动执行的状态,对学生的需求保持敏锐洞察和积极适应,给学校的"生命机体"注入了持续动力。新优质学校研究所正在进行的以学校成长为取向的新优质学校认证评估,就是通过将学校的办学现状、呈现出来的特征与理想的新优质学校办学理念、内涵与特征进行对照,分析学校发展的优势及有待进一步提升的地方,寻找学校最近发展区,为学校持续成长提供对策与建议,促使学校不断成

① 尹后庆.新优质学校的价值追求与现实关照[J].上海教育,2021(7):28—29.
② 胡兴宏."新优质学校"追求什么[J].上海教育科研,2015(03):5—6.

长,具有成长性、引领性、探究性和互动性,其目的在于促进学校自觉积累涵养孩子的有价值的经验,形成可持续发展的内在机制,增强学校发展的内驱力。

(四) 坚持为人民办学

"为人民服务"是党的教育方针的重要内容,也是义务教育事业发展的重要指针。义务教育关系国民素质提升,事关国家发展、民族未来,具有基础性、全局性地位,牵涉千家万户,关系千万学生的终身发展,影响广大老百姓的生活福祉,是重要的民生工程。发展义务教育,对促进人的全面发展、保障人民权益、实现共同富裕有着极其重要的意义。党的二十大明确提出,坚持以人民为中心发展教育,促进教育公平,办好人民满意的教育。

新优质学校坚持"进步为公"的精神,积极作为,努力打造"公平"与"卓越"的公共教育,让所在社区普通老百姓的孩子能接受到公平而优质的教育。新优质学校秉持家国情怀、为民情怀,坚持办好"每一所家门口的学校",为最广大人民服务,坚持为民族、为国家、为学生的未来尽责。具体而言,新优质学校要做到以下方面。

1. 坚持有教无类。新优质学校不挑选生源,要求按照义务教育法及相关义务教育招生规定,实行就近、对口、免试入学,不管他来自高档社区,还是人员混杂的普通区域,不管他的家庭富裕还是贫穷,不管他本人是聪明还是不太聪明,只要符合招生政策,就无条件接纳。

2. 坚持因材施教。新优质学校认真探索满足儿童发展需求的学校课程,为学生提供完整、丰富、切实的学习经历,为其积极适应社会,获得幸福人生奠基。一方面以学习者为中心,关注学生的整体发展,把"惠及全体,尊重差异;聚焦学习,涵养素养"作为学校课程建设的起点与目标;另一方面运用系统思想,关注学校课程的整体建设,把"关注结构,系统设计;愿景引领,持续改进"作为学校课程建设的关键策略。新优质学校积极探索差异化教学策略,在尊重差异、理解差异、接纳差异、适应差异的基础上开展学与教的变革,保证每一位学生都得到应有的尊重,保证每一位学生的学习权利,为所有学生提供有效的学习经验,满足学生个性化学习的需要。让每一个学生在进入校园后,其潜能都得到充分发展,使每一个学生都有人生出彩的机会,实现更为实质的公平。

3. 坚持办好老百姓家门口的学校。新优质学校是常态学校,就在老百姓家门口,与原来只为少数人服务的优质学校不同,是为广大普通老百姓服务的学校,把这些学校办好,就是践行"为人民服务"的宗旨,就是"办好人民满意的教育"。所以,"让每一所家门口的学校都优质"是对教育均衡发展的内涵深化,是对教育公平正义的生动写照。然而办好老百姓家门口的学校,需要新优质学校校长和老师不仅具有家国情怀、人民情结,还要有坚韧不拔、攻坚克难的勇气与智慧。上海市静安区实验中学作为第一批市新优质项目校,非上海户籍学生的比例在50%—70%。根据上海中考政策,相当一部分学生无法在沪参加中考,会选择回户籍地学习升学。由于全家来沪,又舍不得城市工作,回户籍地没人照顾孩子的生活起居,所以家长更多地想让孩子在上海读到七、八年级回原籍,但是在上海就读初中,由于教材不同,部分教学内容不一样,会对后期回户籍地参加中考升学带来很大影响。上海市静安区实验中学没有因为这些学生不是上海户籍,将来不会影响自己的升学率计算而不管,而是从"一切为民族"、为学生未来考虑,从服务每一个孩子全面成长的角度,组织教师对沪教版、人教版等初中教材进行解读比对,使课程目标融合、课程内容统整,打造衔接上海和各地课程的衔接课程,开展衔接教学,使得教师视野更开阔,课程实力更强,解决了学生继续求学的难题,回应了人民群众多元化的教育需求。这就是为人民办学的真实写照。

总之,新优质学校的核心价值追求是:坚持回归教育本原,促进学生全面发展、素养培育及精神品格成长;坚持提升学生学习生活质量,办学生喜欢的学校,丰富学生的学习生活经历,促进学生主动发展;强调学校主动发展,坚持在常态条件下,学校主动探索,走内涵发展之路;强调为人民办学,坚持有教无类、因材施教,办好老百姓家门口的每一所学校。这些价值追求是新优质学校对学校价值选择与探索的结果,是历史的必然,是实践智慧的结晶。

三、新优质学校成长路径

促进新优质学校成长,扩大优质教育资源,推进义务教育优质均衡发展,是"十四五"时期建设高质量教育体系的重要任务之一。但什么是新优质学校?如何建设新优质学校?这不仅是一个理论问题,更是一个亟待解决的实践问题。

在新优质学校概念提出之前,人们主要是对优质学校进行研究。国外对优质学校的研究起步较早,大致可以追溯到20世纪60年代的《科尔曼报告》。我国优质学校建设大致可以追溯到重点学校、示范校、新兴校建设,到20世纪90年代香港优质学校计划正式提出优质学校的名称。一个普遍的共识是,优质学校不能只是学生学科考试成绩好、升学率高的学校,而应该有更综合的指标。① 本世纪初,开始出现对优质学校建设路径的研究,形成了相对宏观和抽象的一般建设路径、立足学校整体推进的整体建设路径和以点带面的局部建设路径。2011 年上海市启动"新优质学校推进项目",提出"新优质学校"概念,然后在中共中央、国务院《关于深化教育教学改革全面提高义务教育质量的意见》,教育部等八部门《关于进一步激发中小学办学活力的若干意见》等正式文件中相继出现。总体来看,有关优质学校概念及建设路径的研究成果为新优质学校研究提供了厚实基础,不过对优质学校建设路径的研究在理论与实践上分开研究的较多,单一维度研究的较多,理论与实践融合研究的较少、多维度研究的较少。这也为新优质学校研究提供了空间。

上海经过 10 多年的探索,认为新优质学校是新时代义务教育公办学校的价值标杆,以"回归教育本原"为核心理念,强调在常态办学条件中,学校主动探索,根据学生身心发展规律、学校发展规律,促进学生健康快乐成长,让学生获得全面而个性的发展,精神品格得到培育,让每一所家门口的学校都优质。② 形成了坚持回归教育本原、关注学生学习生活质量、强调学校主动发展、坚持为人民办学等核心价值。新优质学校没有一个固定的样态,它与其他学校的根本区别在于价值追求的不同。通过新优质学校的价值引领,学校的办学理念、育人目标、课程建设、教学改革、考试与评价、教师发展及管理文化等方面表现出独特的内涵与特征。新优质学校的价值追求为有志于新优质学校建设的学校指明了方向,但新优质学校具体如何建设呢? 这就需要对新优质学校的建设路径进行探讨。

路径是指到达目的地的路线或做事的策略与办法。新优质学校建设路径就是指学校走向新优质的路线或策略与办法。优质学校的发展路径历来是理论和实践领域关注的热点问题,国内外积累了大量的实践与研究成果。本研究拟从选择原则和基本路径两方面来进行探讨,以便读者既有整体的思路,又有对具体路径的把握,于理论探讨与实践探索都有助益。

(一) 选择新优质学校建设路径的原则

新优质学校建设的具体路径多种多样,一一介绍既不可能,也无必要,所以这里先介绍

---

① 邬志辉,陈学军,王海英.优质学校的概念、建设过程与指标框架研究[J].东北师大学报(哲学社会科学版),2004(3):113—120.

② 尹后庆.让每一所家门口学校都优质[J].中国教育学刊,2012(1):13—15.

一些原则,为大家提供基本的行事准则和大致思路。

1. 坚持外导发展与内引发展相结合

从发展的动力源看,学校发展路径可分为外导发展与内引发展。外导发展是指发展的动力源在外部,有可能是外部理论指导、政策要求,通过学校的理解消化,逐步内化为学校的具体行动,从而推动学校发展,使外部的理论理想与政策意图变成学校的办学现实。而内引发展则是指发展的动力源来自学校内部,是由下而上、由内而外的过程,如学校对教育理想的追求、内在体制机制改革、课程教学的探索等方面,逐步取得经验,形成学校自身发展的逻辑与理论解释,逐渐提升学校办学能力与质量,并得到外部认可的过程。

关于外导发展与内引发展的研究,最初是从讨论教育理论与变革理论的关系开始的。如加拿大学者迈克·富兰(Michael Fullan)认为,变革理论与教育理论相互需要。他指出教育理论观点需要通过变革才能变为现实,而学校变革不能为了变革而变革,只有结合了教育理论,才能确保变革的方向与内涵,只有变革理论与教育理论相结合,才能使教育变革走向深入。①

图 1.1　教育理论与变革理论关系图②

有人从理论与实践的角度,认为学校改进的路径主要有三种:一是"理论先行,实践验证与推广";二是"实践探索,总结提升";三是采取"理论与实践互动"的方法论取向。为了避免前两种路径的局限,认为"理论与实践互动型"的学校改进路径比较适合于优质学校的

① 迈克·富兰. 变革的力量:续集[M]. 中央教育科学研究所,加拿大多伦多国际学院,译. 北京:教育科学出版社,2004:20.
② 迈克·富兰. 变革的力量:续集[M]. 中央教育科学研究所,加拿大多伦多国际学院,译. 北京:教育科学出版社,2004:73.

建设。① 有的学者将理论引导教育实践叫作外导发展式,将依据校情提炼和建构内生性学校特色理论及实践体系叫内引发展式。学校的教育教学改革既需要外导发展式,也需要内引发展式,但目前最需要的是内引发展式对外导发展式的跨越,这是教育改革发展的内在诉求。②

在新优质学校的建设实践中,已经扩展了外导发展式和内引发展式的概念内涵,外导发展式不只局限于理论引导,而是指由外部推动,包括理论引导、政策要求,甚至经济社会与技术进步的影响都可以囊括其中。而内引发展式不只是特色理论与实践体系的形成,更主要的是由学校内在的需求或矛盾,导致学校内部各要素及运作机制发生改变,学校抓住机会主动求变、主动发展的过程。不管是外导发展式,还是内引发展式,其实质都是要利用好内外两种力量与资源,既发挥理论与政策的引导作用,开展有理论指导的实践,又要发挥学校自身的主动性与创造性,解决实际问题,创造本土理论,使学校发展有内涵、有品质。

新优质学校建设要注重外导发展与内引发展的结合。一方面,新优质学校项目组立足教育发展的历史方位,针对当时教育发展的弊病,根据上海市基础教育工作会议有关"五个转型"的要求,提出了"回归教育本原""办好老百姓家门口的学校"等核心理念,形成了适切的课程、有效而差异化的教学、积极向上的教师队伍和育人为本的管理等新优质学校办学特征,描绘了新优质学校对教育的理解与追求,形成了新优质学校的教育理论。另一方面,新优质学校项目组强调学校主动发展,在选择项目校时就要求学校要有主动发展的愿望,要真正想在新时代探索出一条回归教育本原的办学之路。而且这些参与学校没有额外的资源,不挂牌、不命名,要以教育情怀,为办真教育而来。为此,学校要构建主动发展机制,以新优质学校理念为指导,形成自我诊断、自我计划、自主实施、自我评估、自我改进的能力。为了使新优质学校的教育理想与学校的自主探索有机融合,新优质学校项目组从整体上又探索了行动研究、项目推进、集群发展、智慧传递、设计驱动、学习共同体、过程性推介和新优质学校成长认证等策略与方法,形成了多层面多种类的操作路径,促使外导发展与内引发展相结合,使新优质学校的设想能够有效落地,真正激发项目校的创造性,形成新优质学校发展的生动局面。

---

① 马云鹏,谢翌.优质学校建构的取向、模式与策略[J].东北师大学报(哲学社会科学版),2004(03):121—129.

② 孙绵涛.内引发展式:学校改革发展的内在诉求[J].中国教育学刊,2016(12):1—4.

2. 坚持学校改革与学校变革相结合

从发展的表现形式看,学校发展的路径一般有两种类型:一是学校改革,二是学校变革。学校改革涉及学校发展的理念、内容、策略、方法等方面的根本变化,它是整体的、根本的除旧迎新。目前,面对世界百年未有之大变局、中华民族伟大复兴战略全局,面对全球化、信息化及现代化的加速推进,中国基础教育正在大变革,从教育方针、教育目的、育人目标、课程教学到考试评价等方面正发生革命性变化,学校为了适应这一革命性变化,必然采取改革举措。同时,回归育人本原,遵循教育规律,让学生享受优质公平的教育机会,是世界教育潮流,也反映了教育发展的内在需求,学校必须摒弃以往功利主义教育的传统,迎接新的教育发展趋势。学校变革是在大方向稳定的前提下,解决局部问题,优化部分工作,纠正改革中的偏差,使学校不断进步,逐步优化。整体的、根本性的改革往往是短暂的、极少出现的,而学校变革却是常态的、经常的,这种方式可以确保学校改革扎实落地、稳步推进,最大限度地实现发展目标。因此,在当前背景下,既有学校改革以呼应基础教育大变革,以解决根本性问题,但同时也需要稳扎稳打的学校变革,使改革举措落地,促进学校不断优化。

新优质学校项目是在功利主义教育比较盛行的时候实施的,针对的主要问题是为了成绩排名不惜聚集资源、为了成绩排名不惜超额增加学生课业负担、为了成绩排名不惜争抢生源等现象。而且是为了落实 2011 年 3 月上海市基础教育工作会议提出的"五个转型":在教育价值取向上,要从过度追求现实功利转向追求教育对人的发展的价值;在教育质量评价上,要从过度注重学科知识成绩,转向全面发展的评价;在学生培养模式上,要改变高度统一的标准化模式,更加注重基于需求导向的培养;在教师专业成长上,要克服单纯强调掌握学科知识和教学技能倾向,更加注重教师教育境界和专业能力的提升;在教育管理方式上,要从单纯依靠行政手段,转向更加注重思想领导和专业引领。其目的在于树立义务教育公办学校办学的价值标杆,探索回归教育本原的真教育之路,努力使老百姓家门口的每一所学校都优质。这无论是在教育价值追求、办学方式上,还是在结果显现上,都有重大转变,是根本性的变革。所以,项目组与各项目校必须采取学校改革的路径。主要体现在三个方面:一是提炼新优质学校的办学理念、内涵特征;二是将新优质学校的理念与内涵特征贯穿到学校办学的各个方面,尤其体现在课程建设、教学改革、教师发展和管理文化等方面;三是加强校长培训与新优质学校认证工作,在培训中通过建立工作坊,大家在平等交流研讨中重构学校校长及骨干人员的理念,使他们理解与认同新优质学校的价值追求,提升办学能力。通过新优质学校认证,将新优质学校的价值追求、内涵特征与项目校的办学现状进行对照,通过评估专家、学校人员、媒体代表等的交流互动,寻找学校的亮点,发现学校的不足,明确学校的努力方向,逐步引导项目校走向新优质。

罗马城不可能一日建成,新优质学校也不是一日就可以实现的,不会一蹴而就,而必须逐步积累、不断进步,才能向新优质学校无限逼近。何况,从有利于工作角度,新优质学校项目校由于自身精力、时间及其他资源的限制,不太可能全面出击,需要有重点和突破口,在有限的时间内解决有限的问题,这样才能积小胜为大胜、积小进为大进。因此,新优质学校项目又必须采取学校变革的路径。主要体现在两个方面:一是通过分析诊断,为学校寻找最近发展区,确定学校新的增长点,通过设立项目实施突破,使学校逐步优质。如普陀区 16 校的试点探索;二是针对学校发展中存在的瓶颈与难点问题,逐步聚焦到学校发展的课程、教学、教师、管理与文化等要素,形成集群发展态势,通过抱团集中攻关,带动学校全面发展。

从新优质学校项目推进历程看,先后采取了学校改革和学校变革两种路径。在刚开始阶段,要完成除旧布新的目的,所以前期开展了大量调研,总结新优质学校办学的有效经验,提炼新优质学校的内涵与特征,加大培训与宣传力度,构建新优质学校的框架概念,促使参与学校形成共识,并逐步将对新优质学校的理解融入学校发展规划、课程教学、师资建设及管理保障中。在此基础上,为了使新优质学校理念不只停留在口头和理想上,新优质学校项目又设计了若干项目和四个集群,为项目校提供工作抓手与突破点,通过点上问题突破,逐步积累办学优势,使学校逐步优质化。所以,这两条路径既相互衔接,又相互补充,共同促进了新优质学校建设。

3. 坚持问题改进路径与优势带动路径相结合

从变革着力点来看,学校变革的路径又可分为问题改进路径与优势带动路径。学校变革路径本质上是以点带面、从量变到质变的渐变路径。问题改进路径假设学校发展存在不足,通过分析诊断发现问题,针对问题提出改进计划,通过计划实施解决问题,通过分析办学实效凝练办学经验,并进而促进学校整体发展。优势带动路径则是从发现学校办学优势出发,畅想学校发展愿景,共建学校发展方案,落实方案促进学校发展。有人在总结国内外优质学校发展理论与实践的基础上,对学校改进路径提出了批判,认为学校改进因聚焦于问题的"诊治"而存在无法避免的内在缺陷,而优势带动则致力于优势的发现和挖掘,从而为义务教育优质学校建设开辟了一条崭新的道路。[1] 从新优质学校建设的现实情况来看,

---

① 张新平. 义务教育优质学校的建设路径[J]. 教师教育学报,2016(01):78—92.

这两种路径都有其现实基础与存在价值。

新优质学校项目成立的背景之一,是上海参加 OECD 组织的 2009 年 PISA 测试,在阅读、数学、科学分项上的得分和总得分都处在 65 个国家和地区的前列,且均衡程度较高,说明上海底部学校发展水平较高,为此上海要总结一批名不见经传学校的办学经验。所以,新优质学校项目组一开始就对第一批 43 所项目校进行了地毯式的调研,总结了每一所学校的办学经验,汇编成册,然后把这些经验一方面回馈给相似项目校,以提高他们的办学能力,另一方面通过媒体宣传和培训辐射,树立项目校的办学自信,有的学校因此也就逐步形成了自身的办学优势与特色。这实质上就是优势带动路径,让新优质学校尝到了甜头。

学校问题改进路径也是新优质学校经常用到的。进入到上海市新优质学校的项目校一般都是生源、教学、师资、管理及办学影响上多个方面或某一方面相对一般,为补齐短板,促进学校整体发展,许多学校选择从课程建设、教学改革、教师发展和管理文化等某一方面或某几方面入手,通过设立项目,聚焦问题,集中突破,进而带动学校全面发展,使学校走向新优质。[①] 这一路径无疑是学校问题改进路径,只要学校敢于正视问题,勇于实践,往往能弥补学校不足,让学校较快改变面貌。

新优质学校也不是只采用其中某一路径,而往往是兼而用之。明显的例子就是新优质学校在制订学校发展规划时,要采用 SWOT 战略分析法,通过全面梳理学校的发展现状,充分分析学校内部的优势与劣势、外部的机遇与威胁,要充分利用学校的优势与机遇,合理转化或回避学校发展的劣势与威胁,做到扬长补短。在新优质学校认证中,为了科学中肯地给学校指明未来发展方向,评估人员不仅要充分发掘学校的发展亮点,还要实事求是地找到学校的不足。只有这样,学校才能健康可持续发展,真正达到新优质学校追求的境界。

(二) 新优质学校建设的基本路径

新优质学校选择建设路径的原则为新优质学校建设提供了方向,但每所具体学校还要根据自身情况及具体面临的发展问题,采取具体的发展路径。在新优质学校 10 多年的探索中,主要采用以下几条路径:

---

① 胡兴宏,汤林春主编.新优质学校设计[M].上海:上海教育出版社,2018:9—11.

1. 理念引领路径

理念引领路径是学校改革不可缺少的路径,属于外导式发展路径。理念是对事物的理性认识与基本信仰。新优质学校提出的价值追求及总结出的内涵特征,都可算作新优质学校的办学理念。新优质学校的理念是新优质学校的底色,是指导新优质学校发展的基本原则,具有根本性与稳定性。只有通过理念引领路径,使新优质学校理念为学校师生理解,并融入学校办学实践,才能使学校走向新优质,并真正与其他学校区别开来。正因如此,理念引领路径对新优质学校就显得十分重要。

新优质学校以"回归教育本原"为核心理念,强调优化学生学习生活质量,激发学校办学内在动力,坚持办好老百姓家门口的学校。无论是教育理念、办学策略,还是办学样态,都与功利主义教育导向下的学校发展有所区别,是根本性的改革,相对于一般的学校就有一个理解、接受和采纳的过程。因此,理念引领路径就是研究和呈现如何利用新优质学校理念引导学校发展的策略与方法。

一般而言,理念引领路径要经历思想理念学习、办学理念建构、办学理念具体化、办学理念实践化、学校文化蜕变等阶段。思想理念学习重点是通过阅读、报告、研讨、交流等方法,对新优质学校的价值追求、基本内涵与特征进行讲解与宣传,让相关学校的校长和骨干人员了解、理解与认同。办学理念建构是校长与骨干人员接受了新优质学校的理念后,经过消化吸收,形成自身对新优质学校的理解,在此基础上要在校内进行宣传推广,结合学校历史、现状及办学追求,经过与学校相关人员反复互动,形成融入新优质学校理念的新理念。办学理念具体化是学校建构了包含新优质学校理念的新理念后,不只停留在理念层面,还要经过项目设计或学校发展规划设计,将理念融入学校各项工作计划中,使之成为指导各项工作的内在理念。办学理念实践化是学校各块面认真落实包含了新优质学校理念的各项工作计划,使之成为学校的教育教学及管理实践,从而使学校实践成为融入了新优质学校理念的实践。学校文化蜕变是指在新优质学校理念指导下,学校工作取得新进展,学校办学取得新成效,新优质学校理念表现出其独特的优势与价值,进一步深入人心,成为学校领导、老师、学生和家长信奉的行动指南,学校精神得到了丰富与发展,新优质学校理念成为学校文化的重要组成部分。如上海市虹口实验学校在成为上海市新优质学校市级项目校后,提出"把百姓的孩子高高举起——让每一个孩子更优秀"的办学理念,坚持惠及全体、全面发展、持续成长的价值导向,明确三年一个阶段的"三步走"愿景,即:用 3 年左右的时间成为虹口曲阳地区老百姓认可的公办学校;用 5—8 年时间成为虹口区公办初中或九年一贯制学校中的优质学校；用 10 年左右的时间成为上海市有影响的九年一贯制学校，使学校逐步成为大家认可的新优质学校。

2. 问题突破路径

问题突破路径是学校变革的重要路径，属于学校改进路径。问题是事物发展过程中矛盾的体现，是理想状态与现实之间的差距。问题是进步的机会，也是发展的阶梯。一个学校如能发现自身在办学过程中存在的不足，并及时加以解决，往往能弥补不足，推动学校健康发展，所以问题突破路径是学校发展的重要策略。

新优质学校，着重于在常态条件下解决常态问题，一般自身在教育教学管理等方面会存在某些薄弱环节，面对新优质学校的理念与要求，又会产生这样那样的不适应，由于资源限制不可能全面出击，往往需要聚焦瓶颈问题，集中有限资源，着力解决学校的薄弱环节，逐步补齐学校发展的短板，一步一个脚印地促进学校全面协调发展，所以问题突破路径对新优质学校发展非常必要。

问题突破路径往往要聚焦问题、集中资源，往往导致利益重组，也需要打破已有的平衡，常常会遇到个人或组织等方面的阻力，所以一定要处理好改革动力与阻力的平衡问题。勒温认为，推动变革过程，更多的是消除或中和抑制力量，而不是通过支持力量来对抑制力量施加越来越大的压力。[①] 根据新优质学校项目组多年来的实践探索，从一般情况来看，采用行动研究的范式比较有效：明确问题、制订计划、实施计划、分析效果、提炼经验、形成常规。明确问题是通过分析诊断，找到学校发展的薄弱环节或面临的挑战，分析原因，找到问题症结所在，形成解决问题的思路。制订计划既可以是项目计划，也可以是综合计划，需要根据找到的问题及原因，具体化解决问题的思路，制订解决问题的目标并确立问题解决的标志，拟订问题解决的措施及具体步骤，组建问题解决小组，使大家对问题及问题解决达成共识。实施计划是有关人员根据计划分工协作，配置必要资源，逐步逐项采取措施，推进问题解决。分析效果是在实施过程中或实施一定阶段后，实施人员及评估者收集相关信息，客观分析各项措施的效果，为总结提炼经验提供依据。提炼经验是在分析效果的基础上，对取得较好效果的措施进行凝练，形成一般经验，用以指导面上的工作。形成常规是指将通过实践验证的有效经验一般化，将其制度化为学校的常规，成为规范日常工作的制度，从

---

① E.马克·汉森.教育管理与组织行为[M].冯大鸣,唐宗清,王立新,译.上海:上海教育出版社,1993:328.

而实现促进学校整体发展的目的。上海市宝钢新世纪学校在加盟上海市新优质学校推进项目后,开展"多层面访谈"和"地毯式听课",发现教师课程意识不强、学科育人价值把握不准,教材解读能力弱;学生学习被动,学习习惯方法缺失,学习能力薄弱等问题。随后抓住"国家课程校本实施"这个"牛鼻子",建立学习课程标准、学习育人目标"两学习",开展科目"设计方案"评选活动、全过程审视课程与教学"两活动"的研修制度。形成学案与教案"双案"联动,"弹性预设—互动生成"的课堂。开发了"数学广场"等综合性课程。使家长满意度大幅提升,教师成长力大大增强,成为老百姓家门口的好学校。

这一路径体现了"实践是检验真理的唯一标准"的力量,让事实说话、让实践检验,有利于消除阻力。当然因为不同的学校处在不同的发展阶段,面临的问题与挑战是不同的,在这一总的路径下,还需要探索具体不同的方法。

3. 优势带动路径

优势带动路径是学校变革的重要路径,属于欣赏路径。优势是相对于别人或其他方面发展较好的地方,明确自身的优势,也就明白自己的长处,相信自己的能力。利用优势带动变革,能较快见效,往往较少遇到阻力,容易获得大家支持。

任何学校,不管现状如何,经过一定的历史积累,总有自己的优势。新优质学校也不例外,经过一段时间的发展,必然具备这样那样的优势。通过发现优势,总结学校的有效经验,进而带动面上工作,往往可以鼓舞士气,建立信心,有效促进学校的变革与发展,所以优势带动路径是新优质学校发展的重要路径。

优势带动路径,在有的专家那里叫作"欣赏型探究",从选择"肯定性话题"(Affirmative Topic)开始,依次经历发现(Discovery)、梦想(Dream)、设计(Design)、实现(Destiny Implement)四个阶段。① 该方法是学校变革者要确认学校干得好的方面是什么,然后如何再次创造条件去培育更高水平的办学业绩。这个方法从某些方面来看有点像行动研究,但从研究的视角来看,行动研究强调问题解决,而欣赏型探究强调优势发挥。② 从新优质学校的实践来看,通过总结提炼新优质学校的优势,一方面可以进一步做大做强优势,逐步使之成为特色项目、办学品牌,并进而促进学校特色形成;另一方面是通过优势经验提炼,形成

---

① 张新平. 义务教育优质学校的建设路径[J]. 教师教育学报,2016(01):78—92.
② D. 赫尔雷格尔,J. W. 斯洛克姆,R. W. 伍德曼. 组织行为学[M]. 俞文钊,等,译. 上海:华东师范大学出版社,2001:894.

本土化理论，通过推广与辐射，促进学校其他方面的发展，或带动其他学校发展，发挥优势经验的示范带动效应。上海市嘉定迎园中学面对新中考改革对初中学校课程教学带来的挑战，认为要抓住教师队伍专业发展这一关键点。于是，学校利用长期探索全面质量管理的核心经验，从"凡事有准则、凡事有程序、凡事有监督、凡事有负责"的行事原则出发，通过讨论、交流、分享，使学校教师在"专业"和"质量"上达成"新共识"，研制了《迎园中学教师专业质量标准》，并让校本化的标准融入每一位教师的专业生活中，有效助推了教师成长，使学校实现了持续优质。这就是学校利用管理优势带动教师队伍优质成长的例子。

4. 评估促进路径

评估促进路径是一种综合路径，既是外导式路径和内引式路径的结合、改进路径和欣赏路径的结合，也是学校改革路径和变革路径的结合。评估是对事物或事实的价值判断。教育评估既是对教育现象或活动的价值判断，其本身也是重要的教育活动，是学校教育工作中不可或缺的环节。教育评估从第一代，逐步发展到了第四代、第五代，评估理论获得了巨大发展，评估功能也逐步从重视鉴定走向重视改进，这对新优质学校评估都有重要启示。

新优质学校一方面提出了自己的办学理念，另一方面也在课程建设、教学改革、教师培育、管理与文化发展等方面创生了许多新内容与新办法。通过评估既可以强化新优质学校的理念引领作用，也可以总结提炼新优质学校的创新性实践，丰富充实新优质学校的理念内涵。更为重要的是新优质学校评估可以为新优质学校理论与新优质学校实践创设互动的桥梁，使新优质学校实践成为有理论指导的实践，新优质学校理念也能更有效地转化成鲜活的实践。

评估促进路径从总体上来说可以有外部评估转化、内部评估内生和内外评估协同促进三条路径。外部评估转化路径一般由外部评估、分析外部评估结果、内部改进计划、实施改进计划、总结改进效果等环节构成，主要是在关键节点进行，大多是综合性终结性评估。内部评估内生路径一般由内部评估、结果反馈、优化行动等环节构成，重在形成和健全学校内在自主发展机制，相对于外部评估转化路径而言，方便、快捷、频繁，更容易与学校日常工作相结合。外部评估更客观、权威，内部评估贴近实际、简便易行，但两者也存在不足，如外部评估不一定能全面深入地反映学校情况，内部评估不一定能客观系统反映学校实情，所以需要内外协调，以发挥两者的优势，避免两者的不足。内外评估协同促进路径，既可以是外部发起内部配合、内部发起外部配合，也可以是内外共同发起、协同推进，但总体来看，学校主体性、主动性都要得到体现，重点是激发学校的内生动力，优化学校的内生机制，促进学校主动发展。如普陀区洵阳路小学通过参与"新基础教育"的实验,认识到学校一直重视"教的结构",缺少对"学生成长需求"的真正解读。于是,他们连续三年对入学初期的一年级学生进行了 PCDP 儿童发展评估测试,分析学生在语言、思维、运动、社会化情绪、适应性行为五大领域的起点状况,并通过大量课堂观察,找到"类学生"和"类差异"。基于这些差异,学校尝试为不同风格的学生提供适切的学习内容与方法,在低、中、高年段分别为学生提供"主题课程""广域课程"和"模块课程",形成了"洵美课程"的理念、目标、结构和评价,使每一个生命都得到润泽。从普陀区洵阳路小学的成功案例中,我们体会到利用评价结果转化为学校变革的具体措施与对策,是促进新优质学校发展的有效路径。

　　总之,新优质学校的价值追求及其内涵特征为新优质学校建设指明了方向,而奔向这一目标的路径有千万条。作为有志于新优质学校建设的同仁,既要掌握选择路径的原则,也要学会一些基本路径的操作,只有这样才能既仰望星空,又脚踏实地,真正引领学校不断向新优质迈进。

第二章

理念引领路径

　　教育理念,对于很多学校、校长和教师而言,并不陌生。它是指人们对于教育现象(活动)的理性认识、理想追求及其所形成的教育思想观念和教育哲学观点,是教育主体在教育实践、思维活动及文化积淀和交流中所形成的教育价值取向与追求,是一种具有相对稳定性、延续性和指向性的教育认识、理想的观念体系。①

　　当一所学校制定发展规划时,校长及其团队都会思考学校办学理念是什么,并且力图用语言和文字将办学理念变成学校的校训、校风、教风、学风,也会注重将理念可视化,或成为学校的标语,放在醒目之处,或植入学校的LOGO,闪烁在校服上或者集会中。

　　优质学校应该拥有先进的,可感的,师生共享的"理念",已经成为很多校长、教师、家长和公众的共识。在这一点上,新优质学校拥有优质学校的共性特征,即注重办学理念的凝聚和发展。与此同时,越来越多的新优质学校日益注重办学理念的引领功能,以理念引领学校的持续成长。

一、价值:增强新优质学校成长的确定性

　　以理念引领成长,与新优质学校自身特质以及所依存的环境特点密切相关。

---

① 韩延明.理念、教育理念及大学理念探析[J].教育研究,2003(9):51—56.

(一) 成长的"内生性"需要文化基因

新优质学校的成长,是探索新时代义务教育阶段公办学校的理想型态。回顾教育史,公办学校的发展,与工业化密不可分。近代以前,学校主要为官学和私学,其主要服务于官僚或神职人员的培养。近代以来,伴随科技进步、工业兴起和城市发展,国家迫切需要社会成员掌握一定文化知识和技能,融入城市社会生活的意识和价值观。于是,在 19 世纪中期,美国马萨诸塞州率先以公共资源举办公立学校,使其成为义务教育的主体,面向所有阶层不同背景家庭的孩子,提供均衡而优质的公共教育。之后,公办学校为主体的义务教育体系开始在全球推广。19 世纪初清末新政以来,我们国家也逐渐推进公办学校建设。迄今为止,公办学校依然成为我国,乃至全球义务教育阶段的主要教育实体。

为了普及义务教育,公办学校身上具有较为明显的工业时代特质,即模块化、标准化和他驱动性。模块化,即学校的各个方面具有相对独立性,譬如班级、年级、学科等;标准化,即学校办学要素和质量要求相对标准化,便于复制;他驱动性,即学校资源主要依赖于外部,即来自政府的投入,其结果质量也源自政府的考核和问责。

然而,新时代对公办学校提出了新的要求,即"办家门口的好学校"。这就意味着公办学校不能固守工业时代的思维定式,按照体制内既定的标准和指令办学,更需要生态思维,将学校视为一个生命体,能够更好地在体制内和家庭社区共同构建的教育生态圈里适应与成长。有别于没有生命的工业制品,生命体具有较强的"不确定性"。就像一个婴儿出生时,成年后的身高具有非常强的"不确定性"。因为身高既与先天遗传有关,又与后天的营养相关,更与个体的生活习惯和内生动力有关。现实中,在走访学校中也可以发现,相似的办学资源和环境之下,不同学校的办学面貌差异巨大,这也印证了学校的"生命体"特质。

正是因为这个缘故,公办学校的成长,不仅需要依据上级行政部门给定的指令、计划和要求,也不仅仅依赖上级行政部门提供的资源和条件,更需要激活自身文化基因。这种文化基因,是学校对于优质教育的本土经验,蕴含在办学历史中的成功和典范。学校通过对这种本土经验进行提炼、逻辑化和体系化,使之成为可共享的目标愿景、行动原则和方法,在全体教师和学校各项工作中进行"表达"。当学校拥有了强大的"文化基因",一方面可以有效地激发学校内在力量,同时也能够更好地"同化"和"顺应"上级行政部门与时俱进的各项行政指令,使之在学校层面实现"逻辑自洽",最终让学校成长更具有确定性。

（二）成长的"非功利性"需要价值认同

回顾教育史，教育行政部门始终关注公办学校的绩效问责，以确保每所公办学校有效运用公共教育资源，提高教育教学质量。通过高利害考试和各种评比竞赛，获取相关数据，通过区域内校际间比较，表彰"先进"、问责"落后"。学校往往也将外部相关成就数据作为自身的成功标准，学校发展的功利性色彩日益明显。

义务教育阶段公办学校的外部治理逻辑正在发生深刻改变。从治理目标来看，办好每一所家门口的学校，而非打造少数重点学校，已经成为首要目标。从问责的绩效观上来看，治理日益注重教育的公共效益。所谓教育的公共效益，即学校不仅仅是帮助个人获得成功，更是社会团结、公平和文明的基石。通过学校，让来自不同家庭背景的孩子在一起共同生活、彼此理解与信任，共创未来；通过学校，让身处不利环境下的家庭和孩子看到希望，获得更充分的支持，帮助其克服外部不利影响，实现与潜能相符的充分发展；通过学校，让孩子们养成现代文明素养，成为积极而负责任的社会建设者，最终提升整个地区文明程度。上述目标，很难用非常清晰、具体和可考核的绩效指标进行衡量。从这个意义上来看，学校要达到上述教育公共效益，就需要淡化功利，注重非功利性的价值追求。这也是新优质学校成长的内在特质。

对于区域教育行政管理者和校长而言，"成长的非功利性"显著增加了学校的"不确定性"。如果不能用明确而具体的目标，以及附带的奖与惩，学校和教师会不会"躺平"，会不会"松懈"，会不会最终导致学校教育"平庸的公平"？这是萦绕在区域教育行政部门的治理难题。

减少这种"不确定性"，需要回到"人性"层面思考。马斯洛需要层次理论揭示了人性中关于需求和动力的复杂机理，即人既有基础性的需求，譬如生理需求和安全需求，也有高层次需求，譬如归属与爱，尊重、自我实现的需求。当面临具有不确定性，复杂的，需要长期投入，没有即时反馈和激励的实践任务时，高层次需求的实现是个体的主要内在驱动力。教育理念，蕴含着学校教师对自身教育工作的使命和意义的价值认同。当这种"价值认同"足够有力量时，教师可以为了获得"归属感"和"爱"，去做符合"价值"的教育工作，并从中获得同行对其的"尊重"，获得"自我实现"。从这个意义上讲，新时代更需要义务教育公办学校更好地发挥教育的公共效益，促进"非功利性"的学校成长已经成为教育治理的重要逻辑。

学校注重理念引领,教师们能够为"正确的事情"而努力,而非"功利的回馈",可以提高学校成长的确定性。

(三)成长的"整体性"需要共享逻辑

虽然从行政和法律意义上,学校是一个"实体"。但是从专业实践的视角来看,学校往往有非常强烈的"松散"特性。每个学科教师都有自己学科的特质、实践和考试要求。校内每个学科都会接受区域专业研训机构的指导,后者对学校学科教师的影响力,甚至高于本校校长或中层。每个年级之间也是相对独立的。在每个班级的课堂上,每个教师的教育教学行为都是自主和个性化的。

学校这种"松散"特性,往往会导致学校发展的低效或停滞。譬如在作业管理中,这个学科教师将作业减下去了,其他学科则把作业加上去了,导致学生作业量不降反升。又如学校德育条块工作强调学生自主性的培养,教学条块工作则强调大剂量的讲授与刷题,学生在德育中获得的自主性不能迁移到学科学习之中,素养和观念是割裂的,甚至是冲突的,学校教育的整体效能因此受到拖累。再加上各种临时性、突发性的工作下沉,导致学校工作很忙,但是可能最终成效不彰。

很多学校意识到这种"松散"特性已经影响到学校发展的有效性,并寻求通过加强计划和过程监控来克服"松散",提升学校发展的"整体性"。但是,鉴于教育教学工作自身的复杂性,很难通过教师外在行为表现对其教育质量进行精准研判和干预。通过计划和过程监控提升学校发展的"整体性",其效力是有限的。

有没有什么东西,可以让来自不同年级、不同学科、不同生活经历和知识背景的教师能够开展具有"一致性"的专业活动呢?回到"本质",从"教"回归到"学",形成学校关于"如何学更有效"的专业共识,形成学校教师的"最小公约数",或许是可行路径。这与我们所处的新时代特点有密切的关联。当下我们身处的新时代是信息技术深刻影响社会发展的时代,各行各业知识的演化日益加速。唯一可以确定的是,要胜任这样一个"日新月异"、无法精准预测的未来,最重要的就是让学生爱上学习,发展学习的能力,学会用学习来胜任,乃至创造未来。与此同时,"学习"的发展,不是靠一两次学法指导实现的,而是需要不断地历练,需要经常的反复和有序的进阶,需要多样化地迁移,在不同任务情境下实践和精进。让来自不同学科、年级和个性特点的教师更深刻地理解学习及其意义,从学习出发思考和发展自己的教学,为学生创造"一致""有序""连贯"的学习环境和支持系统,让"学习"这个最小公约数发展成为学校"教育"的最大公倍数,这就是新时代学校成长整体性的内在逻辑。教育理念,作为学校对于什么是好的学与教的专业共识,正是在这个领域提升了学校成长整体性,进而促进了学校的确定性。

二、内涵:让学校成为主动成长的价值共同体

新优质学校成长的理念引领路径,就是学校回归教育本原,重新认识新时代义务教育阶段公办学校自身的根本属性,从此出发更好地实现探寻学校的办学使命,在此基础上构建起师生共享的成功标准。指向办学使命和成功标准,学校将学习科学前沿成果融入理念体系之中,转换学校的行动逻辑,使学校的各个主体、各项工作能够重组为内在一致的价值实践共同体。

(一)拓展学校的本体认知

古希腊时代,在雅典的德尔菲神庙(太阳神阿波罗的神殿)上有一个著名的神谕"认识你自己"。这体现了人类超越其他动物的"灵性"所在,即对于本性的认知与反思。当学校选择要用理念来引领自身成长为新优质学校时,首先需要拓展自身对学校的本体认知。

本体认知1:不是分数的"工厂",而是成长的"学校"。新优质学校立足于当下的现实,并不寻求对工业时代延续下来的学校型态的彻底颠覆。但是,新优质学校认为学校不是"工厂",更不是制造"分数"的"工厂",它应该是人与人之间共同生活和成长的"学校",获得的不仅仅是"分数",更重要的是品格、情感、思维等方面的成长。

本体认知2:不仅仅是"学校",更是"公办学校"。"公办学校"不仅仅是一个财政概念,即表示这是用公共财政经费投入兴办和运行的学校。"公办学校"更是教育学和社会学意义,即平等地面向来自不同背景家庭的孩子,公平地满足每个孩子的学习需求。更为重要的是,"公办学校"不仅追求让每个孩子实现个人成功,更在乎让孩子之间彼此增进理解、信任和团结,最终让社会变得更加美好。

本体认知3:不仅仅是"公办学校",更是积极而负责任的"公办学校"。当下孩子的教

育主要有三个渠道,学校教育、家庭教育和社会教育。三个渠道构成了教育的三驾马车。曾经有一个观点,作为三驾马车之一的学校教育应该有所为,有所不为,重在共同基础的夯实,学生个性化需求的满足主要靠家庭教育和社会教育。然而,伴随家庭教育成本的激增,家庭教育的异化,对社会补习教育的过度追捧等,给新时代的公办学校提出了新课题。作为社会平等、文明和进步的基础性公共事业,"公办学校"不仅仅需要做好传统意义上的"本职工作",更需要从公共利益的角度提升其在社会发展中的功能角色,更加积极和负责任,让学校成为"育人主阵地""学习主渠道",让学生在校内学足学好。

(二) 提升学校的使命自觉

回归教育本原,可以发现教育是职业,也是专业,更是事业。审视当下的义务教育阶段公办学校,可以发现公办学校是事业单位,教师是事业编制,公职人员。"事业"有别于"职业"和"专业"之处,在于它具有强烈的"使命感",即具有道德意义上的"宏大"目标。这里的"宏大"目标,不是说这个目标比较缥缈虚幻、不切实际,更是看到当下的教育与社会、未来的内在关联。正如上海市一师附小倪谷音校长曾经说过,"教孩子五年,为孩子想五十年,为国家为民族想五百年。"理念引领新优质学校成长的过程,就是校长和教师将当下工作与孩子人生、美好社会和国家命运建立联系的过程,是不断赋予当下工作以道德意义的过程,是不断从使命自觉中获得自我实现和成就感的过程。

使命自觉1:让孩子爱学习、会学习。学生学习动机和学习能力的关注,已经成为新时代的关键问题,迫切需要学校给予高度关注。首先,我们国家正在走向富裕社会。伴随社会经济的不断丰富,又加之人口少子化带来的家庭结构日益缩小,可以预见,当下和未来孩子面临的物质条件更加优厚。通过读书改变命运的外部学习动机,对于当下孩子的影响力正在显著下降。与此同时,短视频、电子游戏等不断争夺孩子们的兴趣和注意力。激发学生学习的内在动机,让孩子感受到学习的价值不仅在于改变命运,改善生活,更是好奇心和求知欲的实现,是在过一种有意义的生活。其次,抓住学习动机和学习能力,学校才能真正帮助家庭环境不利的孩子。如果通过学校,家庭环境不利的孩子养成了高水平的学习动机和学习能力,他就可以更主动地获取学习资源,更好地专注于学习并持续投入,最终让自己的潜能得到充分的发展。

使命自觉2:让孩子合作、理解与团结。当前家长的经济文化层次越来越高,对教育更加重视,对孩子学业表现更有期待。与此同时,当下科学技术对经济发展的贡献率越来越高,造成了学生的学历与未来薪资有较强的相关性。这些原因导致了学校教育日益个人化和私利化,表现为学生大量时间投入到个体学习之中,日益注重个体之间的竞争关系。然而,公办学校的使命不是培养"精致的利己主义者"。即便是市场和法治再完善的社会,如果个体之间纯粹地按照"丛林法则"进行竞争,也是不能自动达成美好社会的。与此同时,当前科技和经济发展中更多的是一种竞争-合作关系,只有能够更好地内部团结、理解和合作,才能更好地参与外部竞争,对于团队、组织,乃至国家,概不例外。因此,学校的使命不仅仅是帮助学生获得学业上的个人成功,更需要创设丰富多彩的在校生活,在课堂中合作学习,在课外彼此互帮互助,乃至于跨年级之间的合作,校际之间和与社会的合作机会。通过这些工作,让孩子们更好理解彼此的不同与相同,看到帮助他人与发展自己之间的内在联系,成为活跃而负责任的社会个体。

使命自觉 3:让孩子精神世界充盈圆满。当下的学校教育深深烙印着工业时代教育模式的特征,围绕知识技能及其标准化考试,学生被反复刷题、训练与强化。客观来讲,这种模式对于大规模培养工业时代的劳动力而言,是一种可行且经济的方式之一。然而,我们当前身处在后工业时代的洪流之中,未来的世界充满不确定性、模糊性、复杂性和易变性。未来的世界需要更加富有好奇心的,有探索欲的,有梦想的,坚毅果敢的个体。未来的世界,人工智能正在替代部分技术和专业岗位,但是替代不了情感劳动,更无法定义幸福的人生和有趣的灵魂。因此,我们看到,无论是让人生变得更加幸福而富有意义,还是让国家变得更加强大和富有韧性,学校都肩负着让孩子精神世界充盈圆满的使命,让孩子学会"坚韧",善于面对逆境;学会"调节",发展社会情绪情感能力;学会"做梦",发现自己的志趣和梦想,并为之持续努力。

(三) 重塑学校的成功标准

学校的成功标准是学校管理团队和广大教师认可的,体现学校成功和成就的关键特征。对于一所学校而言,拥有清晰、适切和广泛认可的成功标准,可以进一步凝聚全体教师,激励士气,增进教师的效能感和幸福感。当前,学校对于成功标准的认知,很多停留在相对评价上,譬如相关考试成绩排名在区域内位于前列等。这种成功标准,会过度地让学校聚焦在与其他学校的横向比较上,而不能够反映出学校在基础和背景上的差异,不能够反映学校教育的复杂性和成长性。不良的成功标准,既是不良的教育理念在实践中的表现,同时也会成为健康的教育理念转化为实践的障碍。为此,教育理念引领新优质学校成长,就需要学校将对本体认知和使命自觉的理念理解,转化为具有新优质学校特点的成功标准,进而引领和激励学校的全体同仁。

成功标准1:学生喜欢。当孩子每天一大早带着喜欢的心情去上学,晚上回到家之后还会和父母分享在学校有趣的事情;当孩子做作业的时候,能够感受到成就感,满足了好奇心;当孩子感到教师真心对他好,即便是教师对他严格要求或者批评;当孩子毕业之后,甚至成年之后,仍然怀念这个学校的老师和同学,感谢学校对其的帮助时,我们看到了这是一所学生喜欢的学校。学生喜欢的学校,绝对不是一所对教育质量没有要求的学校。恰恰相反,没有一个学生会真正喜欢教师不用心教,没有作业,学习成绩一塌糊涂的学校。能够让学生当下喜欢,未来怀念的学校,一定是教育教学质量过硬,充满教育之爱和智慧的学校。

成功标准2:家长信赖。对于新优质学校而言,追求家长"信赖"比追求家长"满意"更重要。作为代表公共利益的教育专业机构,公办学校与家长的关系,不是纯粹的提供服务和接受服务的市场关系,家长"满意"不是公办学校获得家长认可的唯一或全部。通过与学校互动之后,家长产生对学校的"信赖"更为重要:1. 信赖学校的专业性,能够给家长开展家庭教育,提供专业性的建议和指导;2. 信赖学校的公正性,能够给予自家孩子在学校里公平公正的待遇,不会因为教师的个人好恶或者学生的先天禀赋而被区别对待;3. 信赖学校的责任心,相信学校和教师会用心教育孩子,让孩子跟随学校和教师会不断进步,而不是把责任推给家长和社会补习机构。

成功标准3:教师成长。义务教育阶段高度普及的时代,每个社区都会有就近的公办学校,社区里每个家庭适龄儿童都有权利就读。对于公办学校的校长而言,学校办学无法挑选或改变所在社区和生源情况。但这并不意味着学校和校长无可作为。因为他们可以改变的是教师。教师是学校的第一教育资源。当教师在面对学生不足和学业问题时不是归因于学生基础或背景的匮乏,而是积极地寻求教育教学的持续改进;当教师在看待自己工作价值和意义时不是简单将自己和学生与其他学校比较,而是看到自己和学生的进步;当教师更多地从学生成长中收获成就感,并形成更高水平的效能感和自信心,这所学校就成功地发展了教师的成长性思维。这样的学校也就是成功的学校。

成功标准4:社区美好。学校和社区之间存在非常紧密的互动关系。一方面,社区对学校的成长有着重要的影响力,为此地方政府和学校积极探索校社合作,为学生提供更加丰富、优质的教育资源,创设安全、健康的成长环境。但是学校的角色不仅仅是被动的受惠者。学校在与社区的互动中也是积极的促进者。学校能够更好地关注每个孩子的发展,特别是学业表现相对较差的孩子,在品格养育、人格发展方面给予积极影响;学校能够更好地创设机会,让孩子认识所在社区和文化,增进学生的理解、认同与创造。学校就成为社区的文化高地,成为美好社区的推动力量。

(四)转换学校的行动逻辑

新优质学校成长,不仅需要践行新使命,追求新成功,更需要转换学校行动逻辑。所谓行动逻辑,就是学校教育教学实践的方法论。不同的方法论,对于实践的效能,将会产生不一样的影响。以汽车为例,传统燃油车和电动新能源车虽然从外观来看,两者之间没有显著差异,但是核心运作逻辑完全不同。传统的内燃机汽车,主要靠汽油燃烧释放能量为汽车做功。纯电新能源汽车则是通过电池直接放电,驱动电动机做功。在能源使用效率、加速度、静音程度上,同价位电动车表现远远优于燃油车。同样,新优质学校成长,要在常态情境下对常见问题进行常态化解决,仅仅做加、减法是远远不够的,需要从教育理念层面吸收学习科学的前沿成果,以此为引领,在学校行动逻辑上有深入的转换和更新。

行动逻辑1:以学为中心。传统的学校发展往往是管理者为中心和以教为中心。在学校发展规划研制中,这种思维习惯表现尤为突出。很多学校发展规划,往往先谈学校领导和管理,然后再规划各项具体工作,各项工作之间都是平铺展开,缺乏内在的必然联系。这种规划,往往最终呈现为一个土豆袋式的规划,如一个装着土豆的袋子,看起来里面鼓鼓满满,但都是一个个孤立的土豆。新优质学校的理念将学习置于学校成长的中心,各项工作都是围绕着学习的有效展开而设计的支持系统。其内在的行动逻辑是:首先我们需要思考达成学校使命,应该促进学生哪些关键素养的成长;其次,思考学习者通过怎样的学习过程和方式能够更有效地达成这些素养;第三,学校思考怎样的学习支架、资源和环境,能够确保学生的这些学习过程和方式能够在学校实现,即课程与教学;第四,学校要实现上述课程与教学,需要教师具备怎样的素养,即教师发展;第五,学校领导与管理如何发展,能够有效支持课程教学的实现和教师素养的发展,等等。上述就是以学为中心的学校规划逻辑,也就是洋葱型模型。

行动逻辑 2：扶放相济。学校应着力培养学生的自主性，虽然已经成为当前诸多教育理念的基本共识。然而现实的教育教学活动，往往比较机械地、孤立地培养学生自主性，往往陷入"一放就乱，乱后改抓，一抓又死"的循环之中。新优质学校成长理念视自主性培养是一个循序渐进，由扶到放、扶放相济的动态发展过程。首先，对于学生自主性培养，教师的作用非常大，主要体现为通过出声思考和行为示范，让学生有效模仿，通过在学生小组合作和独立学习中提供支架、工具和形成性反馈，让学生有效练习。其次，对于学生自主性培养，教师善于渐进退出，设计有递进的任务情境，让学生通过小组合作和独立学习，不断增强自主性，最终实现放手。"扶放相济"，让教师成为学生自主性发展的重要支持者，最终让学生在有限的学习时空中获得自主性的最大限度提升。

行动逻辑 3：输出促输入。按照信息加工心理学理论，人的学习主要是输入与输出的动态循环。通过"看"和"听"，学生接受信息，理解信息、整合信息，然后通过完成教师提供的作业练习进行输出，教师和学生自己根据输出情况诊断输入质量，并进行相应的教与学的调整。以输入为主，基于输出进行检测及改进的教学方式，是传统学校教育教学的常态。为了提高教育教学质量，学校往往特别重视"输入"环境的优化，让学生更好地"看"和"听"。然而，认知心理学的研究发现，通过"看"和"听"来学习新知，其遗忘率高。通过"说"和"做"等输出型活动，更能够促进学生的深度理解和内化，显著降低遗忘率，提高知识的巩固率和可迁移性。这也就是"费曼学习法"的核心原理，即以输出促输入。以输出促输入的原则，不仅为新优质学校促进学生深度理解和有效迁移提供了新的方法原则，同时也为倡导合作、互助和团结的教学提供了理论支撑。新优质学校中，学生有更多的机会帮助同伴、和同伴讨论、与同伴开展合作学习。在这个过程中，基础相对比较好的学生虽然花了原本可以用来独立学习的时间，看起来是一种损失。但是从"输出促输入"的方法原则看来，在帮助、辅导和支持同伴的过程中，学生经历了更有深度的认知过程，加深了对概念的理解。这正是"赠人玫瑰，手留余香"。

三、特色生发路径

（一）内涵价值

1. 内涵。医学领域器官移植往往面临原有机体对新器官的免疫排斥反应。理念引领学校成长,或多或少也会存在类似问题。当学校提出某个教育理念时,教师们或认为这是教育的"理想王国",很难照进现实;或认为这是校长的个人主张,与教师自身无关;或认为这是普遍性的"专业见解",与本校实际不符。因此,让教师感受到理念是可行的,是学校共同拥有的,是切合学校实际的,才能让教育理念融入学校,引领学校。

理念引领的特色生发路径,就是针对这个问题的应对策略。该路径主要是学校通过挖掘学校办学实践中的特色和优势,在此基础上进行概念提炼和演绎,形成核心观念。在此基础上,推动观念体系的完善,观念体系与实践体系的互动,实现理念与现实的融合。

2. 价值。理念引领的特色生发路径,具有如下价值功效:

价值功效1:让教师对教育理念产生归属感。教师感受到理念不是强加给他的,而是源自自己学校真实的、有特色的、成功的实践成果,是自己或者学校已有智慧的升华与凝聚。

价值功效2:提升教师对教育理念的理解力。通过范例实现新知,这是人的学习规律。教育理念主要聚焦在教育的目的、意义、本质、使命、精神等高位观念。面对特色生发的教育理念,教师更容易联想到自己身边的特色实践案例,进而更好地理解教育理念,也能更好地将理念融入实践工作之中。

(二) 路径阐释

理念引领的特色生发路径,可以按照如下方式展开:

首先,识别学校特色。并不是所有的特色工作都可以称之为学校特色。学校需要对现状进行梳理,筛选出具有标杆性的特色,这些特色能够给学生带来真实的成长,获得广大教师的认可,对于其他工作具有一定的启示和借鉴价值。

其次,对标学校特色。学校需要深入理解新优质学校回归教育本原的价值追求,对标新优质学校的办学主张,对学校特色的内涵进行重新诠释和梳理,形成学校特色的理念系统。

第三,融入学校特色。将学校特色的理念系统作为指导思想,创新学校的课程、教学、教师、管理与文化等方面的工作思路,形成与理念相一致的特色行动体系。

（三）实践案例

案例 2.1　上海市市八初级中学勤朴教育特色发展①

上海市市八初级中学办学始创于 1933 年,前身为私立斯盛中学,由中国近代建筑家杨斯盛先生遗属及浦东中学校董会捐资建造。学校在近九十年的办学历程中,依托杨斯盛先生倡导的"勤朴"校训,以 40 多年学雷锋活动作为传承"勤朴"校训的载体,"勤朴"已然成为学校的特色传统。在黄浦区持续推进旧区改造的十多年间,对口小学的地段纷纷拆迁,动迁使得生源减少,学校的生源亦受到间接影响。根据 2018 年的绿标统计,学校学生父母亲受教育程度为大学及以上的不超过 15%,初中及初中以下的有 20% 左右。学生家庭图书量不超过 50 本的占 51.4%。家长的文化程度偏低。

成为新优质学校市级项目校以来,学校基于新优质学校回归教育本原的立场,对"勤朴"和"雷锋精神"特色进行进一步丰富与发展,形成了"勤朴立校,尽责育人"理念的校本化表达:

- 根在"勤朴":培养具有"勤朴"品质的小公民
- 形于"责任":尽责育人、弘扬新时代"雷锋精神"
- 长于"乐学":激活学生主体,让成长更主动、多元
- 成于"优质":成为老百姓家门口的新优质学校

学校以"勤朴立校,尽责育人"为理念引领,在新优质校创建背景下不断丰富内涵:厚植"勤朴"校园文化和"责任教育"意识,弘扬"新时代雷锋精神",抓住新优质学校发展契机,主动作为、科学规划学校发展;引导学生自我成长、多样化发展,最终成长为"阳光质朴、勤学乐思、友善尽责"的"勤朴"好少年;最终让学校学生、家长对教育教学质量满意,成为老百姓家门口的新优质学校。

1. 以"勤朴"为基,重构课程

2016 年,学校基于"勤朴立校,尽责育人"的理念确立了"责立自我,任当社会"的课程理念目标,重构"勤朴"课程。"勤朴"课程设有"乐"系列四大课程板块,"乐学基础"课程群是国家基础型课程的拓展;"乐享生涯"课程群是促进学生个性化发展的拓展型课程;"乐建校

---

① 材料源自上海市市八初级中学《勤朴立校　尽责育人——上海市市八初级中学新优质学校成长报告》。

园"课程群和"乐行上海"课程群是提供学生实践平台的探究型课程。学校将"乐"系列四大板块与综合素质评价进行对接,基本形成"校园公益劳动""社会实践考察""职业生涯体验""跨学科探究学习"等实践项目群。

2. 项目化学习赋能责任教育实践

学校组织学生开展了《"小雷锋"为"乡村振兴"献一计》《微课程"大隐于市的金山银山"的设计与实践探索》《水质检测与环境监测跨学科项目化课程》《"奇思科创"研究型综合实践课程设计及实施方案》《未来城市》等一批跨学科项目化学习实践,进一步增强了学生为社会尽责的意识和能力。

3. "勤朴社区"小公民道德建设

学校以情境式教育为主要途径,打造了"勤朴社区"小公民道德建设项目。"勤朴社区"以学校为主阵地,以丰富多样的学雷锋活动为载体,构建起一个关涉学校课程、主题活动、日常管理和校园文化,不断辐射家庭、社区的公共生活"模拟空间"和公民道德建设的"试验场",使学生在实践体验中,感悟责任意识,寻找雷锋精神的真谛,同时通过活动使自身的责任意识不断内化,使自己的行为逐渐符合法律和道德规范的要求,为成为一个合格的小公民,日后踏上工作岗位,走上社会做好精神、行为、技能等方面的准备。

4. 校园公共生活自治

在校园公共生活自治项目中,学生通过"一岗一队一课一建议"开展为校园内外环境治理、为学校科学依法办学谏言献计的实践,从而萌生自主管理的责任感、志愿服务的成就感。学生以小记者身份走进街道、居委、社区考察参访,围绕黄浦环境变化、社会发展探究学习,探寻身边的"中国之治"。学生尝试为学校旁的绿地做一份"口袋公园"设计方案,为在沪建一个澜沧"乡村振兴"特色餐厅写一份方案设计等。

5. 建设"勤朴"校园文化环境

学校以校训"勤朴"为价值引领,凝练"勤朴"校园文化特质,营造舒适温馨的校园文化环境,设计新校徽、改建斯盛墙等"勤朴"特色文化标识;加强校史文化教育,树立"勤朴向上、友善尽责"的精神风貌。

案例评析

作为一所家门口的公办学校,市八初级中学由于所在社区进行旧城改造,造成学校生源急剧萎缩,学生家庭社会经济文化背景显著下降。面对现实的落差,如何引导学校师生积极面对,主动投入并且保持办学自信、自我效能感、价值感和意义感呢? 市八初级中学选择了理念引领,让师生将注意力聚焦在人的成长上,而不是简单的分数和成绩,从人的真实成长中获得意义感和成就感。

理念引领如何让师生产生真实的意义感和价值感呢? 特色生发路径突显其优势。学校的特色之一就是建校历史悠久,杨斯盛是当时上海的知名社会贤达,"勤朴"理念也是源远流长。建国之后学校开展的雷锋精神培养活动曾经也在全市产生了重要影响力,是学校的品牌特色。将这两者结合起来,挖掘其中的教育价值,以此赋予师生生活与成长更加丰富的价值和意义。

从"勤朴"和"雷锋"精神的特色出发,学校凝聚了"勤朴立校,尽责育人"的理念。在此基础之上,学校采取了"重构"的方式,推动学校课程体系的优化;采取"融合"的方式,将项目化学习赋能责任教育,让教师更易融入课程教学新变革;采取"创新"的方式,"勤朴社区"小公民教育和校园公共生活自治形成了具有鲜明公办学校特色的学校生活样态;采取"浸润"的方式,让校园文化更具有质感和激励性。在理念引领之下,学校教育教学工作既保持着与时俱进的活力,同时增强了工作之间的内在联系,最终朝特色育人体系迈进。

案例 2.2　闵行区新梅小学"陶文化"特色发展①

闵行区新梅小学位于闵行区,创建于 1997 年。创校伊始,闵行正处于城市大开发时期,学校所在社区从城乡接合部的边缘地区升级为现代化城市社区,周边住宅大量新建,大批市中心人口涌入,在此安居。

创校之初,为了满足学生个性发展需求,在基础型课程之外,学校开发了校本特色的"陶艺课程"。"陶艺课程"在学校的实施,获得了学生的广泛欢迎。学生在陶艺课程上表现出了非常高的学习兴趣和创意才能。这给全校教师留下深刻印象。

在此背景下,学校确立了"以陶育德,以陶育人"办学理念,从"陶兴趣→陶课程→陶实践→陶精神"。"陶"共有两层含义:一是办学至今学校所坚持开展的陶文化教育(包括陶课程、陶实践),二是陶行知教育思想(主要为生活教育理论)。在陶精神和陶思想有机融合下,学校形成了"做学创合一——做中学,学中做,做学之中求创新"的文化主轴。

2015 年,学校加入上海市新优质学校推进项目。学校以此为契机,主动谋求转型发展,

---

① 材料源自闵行区新梅小学《敏追求,乐成长——闵行区新梅小学新优质学校成长报告》。

回归教育本原,积极回应学生、家长和时代对于学校教育的需求,走上了一条回归与超越的变革之路。

1. 重建"新陶"文化体系

学校从整体性、稳定性、独特性三个维度,对核心办学思想实践进行了深度思考和论证,重建了"新陶"文化体系,以"陶品管理、陶人教师、陶乐学生、陶智课堂、陶润校园"为主线,深化方向为"笃实、笃谨、笃创"陶品管理,"敏知、敏行、敏求"陶人梯队,"乐省、乐言、乐雅、乐健、乐探"陶乐学生,"智学、智问、智研"陶智课堂,"润秀、润和、润雅"陶润校园。

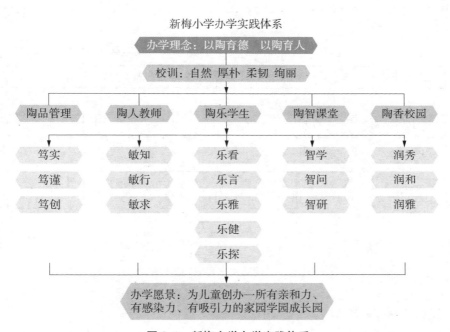

新梅小学办学实践体系

办学理念:以陶育德 以陶育人

校训:自然 厚朴 柔韧 绚丽

陶品管理	陶人教师	陶乐学生	陶智课堂	陶香校园
笃实	敏知	乐看	智学	润秀
笃谨	敏行	乐言	智问	润和
笃创	敏求	乐雅	智研	润雅
		乐健		
		乐探		

办学愿景:为儿童创办一所有亲和力、有感染力、有吸引力的家园学园成长园

图 2.1　新梅小学办学实践体系

2. 深度实施传统特色课程

"陶艺"是新梅小学的传统特色课程,早在 2004 年学校就进行陶艺课程化教学。2007年,在原有基础上进行梳理、整合、拓展、扩充,根据学生基础和需求分成基础篇和综合篇共8 个单元 24 课的第二本陶艺校本课程"陶陶乐"。根据课程实施中的典型问题和学生日益更新的学习需求,2019 年学校课程团队再次立项区级课题"重构小学陶艺生本课程,培育'乐雅'素养的实施与研究",围绕教学实际开展具有针对性、多样性、序列性的课程教学研

究活动,传统特色课程呈现理念更新、实践变革和文化再造的新生态,促进学生长周期学习,逐步培养兴趣、发掘潜能,同时养成健康的审美情趣、高尚的品质精神,感受优秀传统文化。

3. 打造"陶智"学堂

学校根据陶行知的"生活即教育"理念,以挖掘学科育人价值为抓手,以培养学科核心素养为导向,打造"融通生活·以问导学"的"陶智"学堂,形成"问题链·导学"教学模式,以一主线、三阶段、五环节逐步推进。以数学学科为例,在"陶智"学堂中,"学—疑—思—释—悟"过程的观察与分析得以加强,更加注重学生问题意识的形成、自主探究的养成、思维品质的达成。

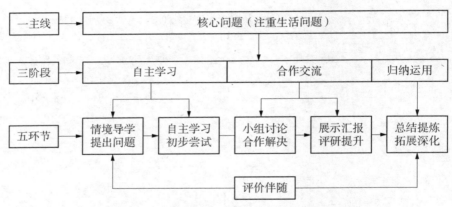

图 2.2 "问题链·导学"教学模式

4. 开展"陶娃币"评价

在学生评价方面,学校以积"陶娃币"的方式来进行评价指标设计,根据学生课程学习、答题闯关、活动参与情况给予"陶娃币"奖励,由班主任和学科教师对学生线下课程学习和活动表现等进行评价,并以平台对接、扫码赋币、数据导入等方式计入总分,最后定期统计每个站积分排名靠前的学生,授予"乐省小达人、乐言小达人、乐健小达人、乐雅小达人、乐探小达人"的称号。

5. 助力"陶人教师"成长

结合教师平均年龄偏大、发展动力不足的现状,学校提出培养一批富有个性的陶人教师,以"敏知、敏求、敏行"为标识,能够对周遭发生的变化敏锐感知、善于求知、敏捷行动,意识或体验到变革是一种"属己"的事业。

学校形成包括陶人特质引向、陶人基本功修炼、陶人梯队攀登、陶人评价激励在内的教师专业化发展运行机制。两年一届的"陶人选树"活动，老师、学生、家长把身边看到、听到、感受到的体现教师爱心、坚韧、敬业等品质的故事说出来，让每个新梅人体悟教师平凡工作中的不平凡，践行社会主义核心价值观，提升职业认同感和幸福感。

表 2.1　新梅小学陶人培养机制简表

培养机制	运行载体
陶人特质引向	陶人教育生涯设计，形成个人特色发展规划
陶人基本功修炼	专家讲台、陶人论坛、陶智学堂、乐活俱乐部
陶人梯队攀登	师徒结对、骨干教师培养、陶人工作室、学术团队
陶人评价激励	陶人选树，弘扬、宣传先进事迹

（1）修炼陶人内功。以"专家讲台""陶人论坛""陶智学堂""乐活俱乐部"为形式，结合教师核心素养，不断修炼教师新内功。

表 2.2　新梅小学陶人内功修炼

内功指向	修炼内容	修炼方式
理论学习之功	邀请专家指导，打开教育视野 阅读教育专著，丰盈理论基础	专家讲台 读书漂流
反思重建之功	举办主题论坛，分享教育智慧	陶人论坛
实践研修之功	研究"新学生"和"新学习" 研究"新课标"和"新教材" 研究"新课堂"和"新技术"	陶智学堂
冶情雅兴之功	家校社联谊，传播特色文化 组织文体活动，增添生活情趣	乐活俱乐部

（2）建设陶人梯队。学校将教师教育生涯发展分为陶人新苗、陶人青春、陶人脊梁、陶人专家四个阶段，达到"发展目标"分层、"任务要求"分层、"评价激励"分层，最终以"陶泥芬芳奖、意韵灵动奖、千锤百炼奖、浴火焕彩奖"为对应的评价激励。每位教师制订个人的五年发展规划，自己提出专业主张，寻找自己的新增长点和突破口，确立教师专业发展上升通

道,并循着这个通道,预设自己的专业发展路径。完善师徒结对制度,发挥陶人专家、陶人脊梁等力量,推动陶人新苗专业素养提升。

6. 打造"陶润"校园

学校以"陶"元素为核心,从传统与现代融合、景观与宣传融合、信息与书香融合三方面因地制宜、合理规划教育教学设施区域,使优美的校园环境成为蕴含着无言之美与智慧创造的育人资源,让学生在潜移默化中得到身心润泽。升级润雅空间:改造厕所、图书馆、音乐教室、美术教室,打造心理室、科技室、爱眼教室,为学生的校园生活提供温馨的场所;营造润秀环境:建造了屋顶空中花园,改建自然草地,完善绿植布置,提升学校环境品质;丰富润和场景:根据学校核心文化,设计了校门口的宣传雕塑、花坛里的幸福门、走廊里的学生作品,突出了学校特色文化和育人理念;安装了红色教育、劳动教育的集装箱活动室,满足了学生全面发展的需求,拓宽了学校场域功能。

案例评析

"陶文化"作为闵行区新梅小学的核心理念,诞生于创校之初。学校建校起点并不高,仅是新兴社区公建配套的普通学校。没有优渥的背景、高起点的投入、社会和公众广泛的关注,普通新建学校更需要理念引领师生,凝聚价值共识,激励成长士气。为此,新建学校往往会专门设计一套理念文化表达系统。然而,这种文化表达系统虽然可以设计得辞藻华丽,让师生深度理解和认可内化却是普遍性的难题。新梅小学选择从特色实践中生发理念。陶艺课程是学校创校之初就开设的特色课程。很快这个课程产生了良好的影响,学生喜欢学,教师喜欢上,成果与成效非常显著,获得了市区同行的认可。相比于传统课堂教学,陶艺课程何以成功?学校提炼出"乐""笃""敏""教学做合一"等特质,而这些特质反映出回归本原的教育智慧。关键是,对于本校教师而言,这些教育智慧,不再是空洞的理论、教条或者"大道理",而是亲身体验过的真实经验,更容易实现教师对于理念的理解和认同。有了教师对于理念的理解和认同,将特色实践蕴含的教育智慧泛化、迁移到学校各项工作的理念引领之路,便更容易在学校里展开。

"乐""笃""敏""教学做合一"等"陶文化"特质要有效发挥引领作用,新梅小学的做法是,先让理念丰满起来,特别是将新优质学校的价值追求融入其中。在此基础上,推动特色做强做优,成为理念引领的标杆。同时,审慎判断"乐""笃""敏""教学做合一"等"陶文化"特质和学校各项工作结合的难易度,选择由浅入深、由易到难、从点及面的方式,有策略地形成各个领域发展的理想愿景和关键行动。在此基础上，各项工作中积累的好的经验和做法，可以相互借鉴和彼此融合，最终形成有文化质感的学校育人体系。

四、中心辐射路径

（一）内涵价值

1. 内涵。"回归教育本原，以育人为本"是新优质学校理念系统的基石。体现育人为本的学校系统，不仅仅是一系列工作和事务的集合，更需要"心中有人"，将"人的发展"置于中心位置。

教育理念中最核心的是对育人目标的共识，是学校基于自身本体认知和使命自觉，对于学校着力努力，并致力于达成的学生发展目标状态的表述。理念引领新优质学校成长的中心辐射路径，就是学校着力加强理念系统中育人目标的系统设计和表达，并且以此为中心，形成层层相因的行动圈层和环环相扣的行动闭环，最终实现学校整体性变革。

2. 价值。理念引领的中心辐射路径，具有如下的价值功效：

价值功效 1：促进学校使命转化。理念引领的中心辐射路径，找准"中心"是关键，即从使命出发，明晰学生发展的关键目标。要找准这个"中心"，学校就需要打开视野，理解个体在未来社会面临的机遇与挑战，理解国家对于国民素养和人才素质的需求，理解个体克服外部不利影响实现潜能充分发展的必需品质，最终将这些理解汇聚，转化为对学生发展目标的系统设计。当学校培养的学生能够达到上述发展目标时，就能够更好地为自己、为社会、为国家创造更美好的未来。

价值功效 2：促进学校集成改革。理念引领的中心辐射路径，有效"辐射"是重点，即从因果出发，搭建目标达成的支持系统。现实中的学校，条块工作常规工作很多，还有来自上级行政部门的临时性任务，来自家长现实的突发性需求。学校工作往往呈现出多、杂、散和忙的状态，亟需整合、集成和校本化实施。中心辐射路径可以较好地回应集成改革的需求，即视学生发展目标为果，逐级逐层探究促成这个"果"所必需的"因"，譬如学习环境、教学、课程、评价、教师、管理，等等。

价值功效 3：促进学校有效创新。当学校从学生发展这个中心辐射开来的时候，就会对教学、课程、教师、管理等变革需求有更加合理的判断。也就是说，学校将高阶思维视为学校达成使命的关键发展目标,通过专业分析发现,只有更加开放的课堂才能满足高阶思维的发展。基于上述思考,学校就有了一把更加精准、科学的"尺子",对学校现有的优势、不足和空白进行测量和诊断,从而找准问题、发现空白,让创新发生在真正需要的地方。

(二) 路径阐释

理念引领的中心辐射路径,可以按照如下方式展开:

首先,缜密确定学生发展目标状态的表述。一方面,学校要深入学习国家对于育人目标的总体要求,密切关注未来发展趋势。与此同时,学校需通过日常观察、需求调研和长期积累的学情数据,明晰本校学生的优势与短板,迫切性需求和关键性需求。

其次,推动学校课程教学与评价的持续优化。在确定好学生发展目标之后,学校需要进一步分析学生达成上述目标所需经历的过程和关键影响因素。在诸多关键影响因素中,明晰学校可以有所作为的因素。在此基础之上,学校设计相应的学习活动、支架、工具、资源和环境,并最终构建起支持学生成长的课程教学与评价体系。

第三,完善学校课程教学与评价的支持系统。学校需要建立起面向教师的倾听和回应机制,了解教师在课程教学与评价持续优化过程中面临的需求和困难,激发教师内在动力,引导教师深入探索,完善教师研修、学校管理和家校社协作,以更好地支持课程教学与评价持续优化。

(三) 实践案例

案例 2.3　徐汇区教育学院附属实验中学自适应学习社区建设①

上海市徐汇区教育学院附属实验中学(以下简称徐教院附中)的前身为上海市沪闵中学,创建于 1958 年。2011 年,学校成为上海市首批新优质项目校。学校结合新优质校倡导的"有教无类,回归本原,坚守教育初心"的理念,以及学校的办学使命和育人目标,提出了附中学子培养的九大关键能力,逐步构建了全面系统的八大学习领域,开展了五大特色行动的实践探索,促进了学校内涵建设,成就了办学的持续优质。

---

① 材料源自徐汇区教育学院附属实验中学《聚焦关键能力,成就持续成长——徐汇区教育学院附属实验中学新优质学校成长报告》。

1. 九大关键能力

学校的育人目标是:学会做人、学会学习、学会创新,具有道德自律、学习自主、健体自觉、交往自如的特质,培养自信力、动手实践能力、运用科技信息能力、多元文化和国际理解能力。

那么,如何将育人目标聚焦为具体的能力指向和标准来培养?2011年,学校结合21世纪社会对人才的需求,通过对国家课程方案、国内外教育资料和案例等相关研究,通过对师生、家长的问卷调查及分析,通过专家的深入指导,概括提炼了学生九大关键能力,作为学校育人目标在课程实施和综合实践活动中需培养落实的具体指向目标。

九大关键能力是指:阅读写作与艺术体验能力、逻辑推理与科学探究能力、技术应用与设计创新能力、批判性思考与问题解决能力、团队合作与领导能力、自我管理与自主学习能力、心理调节与自我保健能力、公民意识与服务社会能力、多元文化与国际理解能力。

2. 八大学习领域

学校聚焦学生九大关键能力培养,逐步构建了系统的八大学习领域,包含了国家课程、校本课程、学校特色综合实践活动等。

● **学习领域一:语言文学**。包含国家课程:语文、英语;校本课程:阅读、写作、文学社、青藤报、戏剧社、星愿电视社等;聚焦培养能力:阅读写作、设计美绘、团队合作与领导、多元文化和国际理解等能力。

● **学习领域二:数学思维**。包含国家课程:数学;校本课程:思维与训练、生活中的数学等;聚焦培养能力:逻辑推理、自主学习、发现解决问题等能力。

● **学习领域三:自然科学**。包含国家课程:物理、化学、生命科学、科学;校本课程:DI、STEM、生命与大气、场馆研学、天文社、电子通社等;聚焦培养能力:科学探究、批判性思考、团队合作等能力。

● **学习领域四:应用技术**。包含国家课程:信息、劳动技术;校本课程:机器人、创客、无人机、创意工坊、码农、微课制作等;聚焦培养能力:技术应用、设计创新、科学探究等能力。

● **学习领域五:艺术修养**。包含国家课程:音乐、美术、艺术;校本课程:书画社、舞蹈社、民乐社、版画社、合唱社、篆刻社等;聚焦培养能力:艺术体验、设计创意、表演展示等能力。

● **学习领域六:身心健康**。包含国家课程:体育健身、心理;校本课程:球类、棋类、田径类、桥牌、啦啦操、跳踢、心理社等;聚焦培养能力:心理调节、自我保健、逻辑推理、团队合作等能力。

● **学习领域七：社会科学**。包含国家课程：道法、历史、地理；校本课程：城市记忆、寻根、以案说法、时政辨析等；聚焦培养能力：批判性思考、分析表达、公民责任与服务等能力。

● **学习领域八：综合实践**。包含"四自六我"校园文化活动、"多多探世界"实践探究活动等；聚焦培养能力：自律自主、"自适应"综合能力。

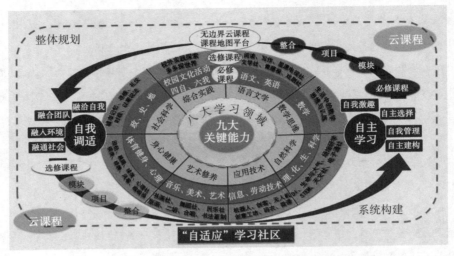

图2.3　徐汇区教育学院附属实验中学课程图谱

3."自律自主"行动

（1）以生涯课程激发学生发展志趣

学校以九大关键能力中"自律自主"能力培养为切入点和生长点，开发和实施生涯教育课程，做到入校即立志。通过生涯课程实施，一是引导学生正确认识自己，了解自我长处与优点，了解自己的兴趣和能力；了解学习的意义；建立积极、正向的自我观，培养良好的个人习惯。学校为每位新生建立成长档案，开展过程性引导，帮助学生通过生涯课程明确初中四年的学习目标、学习任务、学习要求。二是学校开发了提升学生"生涯探索"及"自我控制"水平的教育课程，如：《初中生生涯发展教育》《劳动观教育》《初中学法指导》《生涯教育综合实践》等课程模块，通过与基础课融合、与实践课程结合，系统开展生涯课程实施，帮助学生初步了解各行各业，拓展对社会分工、职业角色的体验与认识，激发学生兴趣，增强综合素质，具备积极正向的自我观和正确的劳动观，确立远大的人生理想和适切的升学目标，树立信心,激发内驱力。

(2)以"四自六我"保障学生发展路径

我的学习我自主。通过《学科学法指导手册》,指导学生如何自主落实"预习、听课、复习、作业"等要求;通过《学习规划工具表》《个性化作业记录本》《反思自评工具量表》等引导学生自主学习能力的培养;通过四个学习技能培养推动自主学习目标的落实:一是会根据导学案完成新课预习;二是会设计思维导图建构学科知识图谱;三是会利用错题总结规律并举一反三;四是会依据学习内容和老师提供的项目指南,小组合作开展项目化学习研究。

我的社团我做主。在社团课程开发、实施和成果展示中,有效促进九大关键能力培养。学生社团是学生自主开发的兴趣类校本课程,在社团指导老师的帮助下,开展课程计划、实施、管理、展示等自主性、综合性学习活动。学校每学年组织"社团节",开展明星社团大比拼活动,以展板、ppt、视频、现场展示等方式,对学年社团学习成果、社团文化进行展示交流。

我的班级我建设。通过多种途径促进学生自主能动开展班级建设。一是开展体现"班级精神"的班徽建设和班歌创作,积极引领学生精神追求,培育学生正确价值观。二是以"最美教室"评比为抓手,推进班级文化建设,师生共建和谐的健康发展环境。三是通过班级集体建设中"学生评价"研究,探索有利于培养学生自我认识、自主管理的路径和方法。

我的校园我管理。一是利用校园丰富的植物资源,以教育信息化应用为支撑,依托生命科学学科、校本课程、社团课程,整合上海农科院等校外资源,开展以植物识别、种植、探究、护绿等为主要内容的实践活动,培养爱绿护绿、感恩自然的意识与情感。二是以上海施行生活垃圾管理条例为背景,制定学校垃圾分类实施办法,通过宣传和实践,推动校园的垃圾分类、垃圾减量,将维护生态安全的理念自觉落实到行动中。

我的父母我孝敬。学校整合妇女节、母亲节、父亲节、端午节、中秋节、重阳节、春节等节庆日教育,以"今天由我来当家"为行动口号,引导学生通过家务劳动、制作礼物、表达关心等方式,学会承担家庭责任、感恩家庭成员。学校组织家长和学生,通过班级微信群、校园网班级栏目、班级板报等媒体,交流展示学生的实践成果。

我的社区我奉献。学校通过雏鹰假日小队活动,引导学生积极参与社区环境保护、公益活动和文化宣传,学做"社区小义工",学会感恩社会,奉献社会。通过"传递爱心"活动,学生们走进敬老院、福利院、老龄家庭等为孤寡患病老人、残疾人和军烈属提供服务,慰问"最可爱的人"梅陇消防中队和交警大队等。

（3）以综合实践优化学生发展品质

一是完善校园实践平台。为丰富学生们校园文化生活,搭建参与、体验、展示的舞台,学校每年都会开展"校园七节"活动,尽管每一届主题不同、内容各异,但学生们通过"活动方案、创意海报、班级口号、啦啦队表演、宣传报道、表彰感悟"等系列活动的主体性参与,使品阅创作的读书节、多元文化的英语节、创意无限的科技节、明星比拼的社团节、沐浴心灵的健康节、青春飞扬的体育节、艺蕴隽永的艺术节活力无限,意义深远,很好地促进了学生关键能力的培养。二是拓展校外实践项目。学校从社会实践活动设计入手,组织各学科研制开发实践活动课程,形成了"知行合一"的"多多探世界"系列课程。学校与中国科学院、社科院、昆虫馆、科技馆等二十多家场馆院所合作,指导学生们开展《走进微课题》项目孵育,每年都有数百人次的学生参与项目探究小组,跟随科学家和专业人士进行课题探究,撰写微课题报告,激发兴趣,培养能力,收获成功。

4. "迭代生长"行动

学校构建基于学生九大关键能力培养的学校课程体系;以"系统化、模块化、序列化"为特征优化国家课程校本化实施和校本课程开发;依托市课程领导力项目(三轮)和市教育信息化标杆培育校项目等实践探索,不断优化"学与教"的改进和课程评价的升级。多彩的课程,多样的课堂,多元的评价促进了学生全面而有个性的培养。

（1）课程体系的优化设计

课程的系统化。学校聚焦学生九大关键能力培养,构建了八大学习领域,包含了国家课程、校本课程、特色综合实践活动课程。通过必修、限定选修、自主选修等学习方式落实课程实施。结合教育信息化实践探索,学校基于八大学习领域建设课程地图平台,丰富云课程资源,构建了线上线下交融的无边界的"自适应"学习社区,不断完善和丰富课程体系。

课程的模块化。学校基于课程标准,优化基础课程实施的同时,在"应用技术、艺术修养、身心健康"等学习领域,尝试基础课程模块化设计实施。如:在劳动技术课程中设计了烹饪、创意制作模块;信息课程中设计了动画制作模块;音乐课程中设计了二胡模块;美术课程中设计了版画模块;体育课程中设计了足球、篮球和跳踢模块等。这些模块课程,适应学生发展需要,培养学生关键能力。

课程的序列化。学校在"自然科学、应用技术、艺术修养、身心健康"等学习领域,建立了"基础课程、拓展课程、特长课程"三级课程体系。对于每类课程体系,从课程目标、内容序列、实施载体等方面考虑各课程之间的区别与联系,体现了序列性、层次性、特色性,既满足全体学生多样化的学习需要,也满足特长学生持续性发展的需求。

(2)"学与教"的优化改进

教学手册设计。学校教学手册开发经历了三阶段:第一阶段《基于课程标准的校本教学操作指南》;第二阶段《基于课程标准的校本教学操作手册》和校本练习;第三阶段《基于学科核心素养培育的单元教学设计手册》和单元作业设计。多年的探索,各学科在基于学科核心素养培养的大单元教学文本设计中逐渐提炼出五条策略:一是基于课标-教材-学情综合考量研制单元教学设计文本;二是基于学科特点探索多样化单元教学设计主线;三是基于学以致用的单元教学下学习活动设计;四是指向反思能力提升的单元学习评价设计;五是指向多元目标达成的单元作业评价设计。形成了基于学科核心素养培养的单元教学设计的依据与路径,使教学手册设计不断优化。

课堂教学模式。学校指导教师不断规范完善课堂教学流程,探索了课堂教学流程再造("激活-展示-运用-总结"),要求流程目标明确,任务清晰,以问题为驱动,引导学生学习与思考。

◎激活:创设情境,学生根据情境进行猜测;

◎展示:学生分组,交流研讨调查材料并进行展示;

◎运用:教师设计具体问题,学生运用学习的内容加以解决;

◎总结:学生先进行概括,再由教师进行总结。

以情境创设引导学生体悟知识价值,激发探究热情;以小组活动推进学习过程,分工合作,形成并展示学习成果;以师生交流明确内容要点,增进学生理解运用。

作业设计评价。多年来,学校重视校本作业设计。结合"双减"又提出三个改变:一是注重学情分析,在作业内容上做改变;二是丰富学习路径,在作业形式上做改变;三是重视学习过程,在作业评价上做改变。提出设计具有层次性的作业,为不同学习水平的学生布置不同的课内外作业,学校各学科作业均体现出较为明显的分层特征。

方式1:将作业分为基础、拓展、延伸等层次,不同学业水平的学生可以选择完成不同层次的作业;

方式2:提供部分供选择的作业,由学生自行选择完成;

方式3:对于同一题型,提出不同完成要求;

方式4:根据学生学习结果,进行分层化的处理。

5. "信息赋能"行动

学校聚焦学生九大关键能力培养,将"自适应"学习社区创建作为目标,完善线上线下交融的无边界的课程体系;建设以数据分析和人工智能技术支持的智能化育人环境;积累以学习者为中心的学习经历数据,探索基于数据驱动的学科核心素养培养的单元教学设计、课堂形态改变、过程性评价与教研改进的实践策略;探索信息化背景下学校精准高效的管理模式。

(1)构建基于全方位育人的信息化环境

学校经过调研师生需求后开发的五大平台基本满足学生学习、师资培训、学校管理等需求,包括:德育学分平台、教师专业发展平台、课程地图平台、基础数据管理平台、校级数据决策分析管理平台等。通过组织各类平台的系列培训,帮助老师熟练开展线上研修,掌握制作和分享线上课程资源的方法,完善线上线下交融的课程体系,为学生"自适应学"提供保障;同时,老师修订微课导学单指导学生自主学习平台资源,提升学生的信息素养和自主学习能力。学校还引入智学网、虚拟实验室、体育智能手环、班牌等信息化平台和设备,构建智能育人环境,为学生画像、班级画像、学校画像提供个性化指导和综合管理的基础数据采集。

(2)探索基于数据驱动的因材施教

一是开发基于课程标准的云课程资源。结合智学网,形成校本作业、阶段评测及发展性学与教评价等大数据个性化教学系统;结合课程地图平台资源的开发,建设校本微课程资源,解决分层学习的需求和教学重难点的突破。目前,课程地图平台上的云课程资源初具规模,开发的人文、科技、艺术、体育等线上课程资源达 1 000 多个,累计学生点击量近50 000 次。

二是探索融合信息技术的"学与教"模式。尝试混合式学习和交互式学习的过程化设计,立足学生学习过程的三个阶段,通过智能设备采集数据、通过教师团队研修分析和应用数据,探索备课的针对性、课堂教学的高效性、评价辅导的分层性。

(3)探索基于数字画像的增值评价

学校结合综合素质评价中的"品德发展与公民素养、修习课程与学业成绩、身心健康与艺术素养、创新精神与实践能力"四个模块,构建了学业管理评价分析与学习协作场景、品德素养评价分析与校园生活场景、身心审美评价分析与拓展活动场景等,通过打造各大信息化平台,采集学生各类数据,通过统一数据认证,完成数据对接,形成校本评价模型(学生数字画像)。数字画像使学生九大关键能力培养与综合素质评价很好契合。

6. "至精至美"行动

围绕构建"基于学生关键能力培养的学校课程体系",聚焦课程、课堂、教研,与时俱进研究课程建设和课堂教学改进,使教师专业发展与学生的培养目标和学校课程建设保持高度一致。努力打造一支师德高尚、业务精湛、勇于创新、结构优化的"德泽文润、至精至美"的高水平师资队伍。

(1)个人规划引领发展

学校成立教师专业发展指导专家组,协助教师自我诊断、规划目标、设计路径与明确保障,最终形成个人专业发展规划。教师个人专业发展规划与学校发展规划同频共振,凸显学校本位需求。每学年对教师个人发展规划做好梳理评估、分类指导,搭建平台、提供优质指导资源,帮助老师达成规划目标,实现专业成长。

(2)课程开发推动发展

学校指导六个教研组开发组本层面的研修课程并有效实施,每学年各教研组以学校课程教学计划和课程图谱建设为依据,教研组长、骨干教师和高级教师带头,紧紧围绕重点工作,聚焦学科难点工作,开发教研组的研修案例课程,促进了研修效果,推进了实践的科学性和系统性,提升了学与教的质量,很大程度上提高了教师的课程实施力。在见习教师培训中,学校注重通识培训的课程开发,基于实践和骨干教师的经验凝练,开发了德育(心理)、基础课程与教学领域的十余门培训课程,满足了见习教师成长的需求,指导教师的专业能力也得到进一步的提升。

(3)阶梯有序助力发展

学校以教师发展需求为导向,提供"模块化、菜单式"培训项目,给不同类别的教师搭建适切的发展阶梯。学科教师发展阶梯:见习教师——见习教师规范化培训;五年内职初期教师——学校导师团;青年教师——校级中青年骨干后备力量培养、区学科基地、名师工作室;高级教师、骨干教师和学科带头人——市学科基地、名师工作室、高研班、学区工作坊主持人等。班主任发展阶梯:见习教师和职初期青年班主任——校班主任沙龙、学校导师团;骨干班主任——区班主任工作坊;班主任学区、区级骨干和带头人——高研班、区工作坊主持人等。管理队伍发展阶梯:部门干事、助理——部门主任带教;年级组长副组长、教研组长副组长——组长、部门带教;中层干部——校长室带教;副校长——校长、区名校长工作室带教。

（4）任务驱动助推发展

为促进学生学习方式的转变，学校指导各教研组编制《学科教学手册》，运用"激活→展示→运用→总结"的教学方式开展课堂范式研究。通过组织示范课、比赛课、汇报课等，逐步规范各类课型流程，形成制度化、系列化、品牌化。

学校结合信息化标杆校和数字化转型试点校创建，探索基于学习经历数据驱动的关键能力培养的单元教学设计、课堂学习模式、过程性评价与教研改进的实践策略，基于信息化赋能教育教学开展多样化培训和实践探索，不断拓展教师专业发展的路径。

（5）共同体促进发展

学校鼓励教师形成不同维度的学习和研究共同体，分类完成学习和研究任务。除了常规的学科教研组、备课组，学校组建了跨学科备课组团队、项目化学习跨年级团队，见习导师团队等。跨学科和跨年级团队以项目研究为抓手，指导学生开展项目化主题学习和学习共同体研修活动，提升了研修的质量，带动了学生学习方式的改变，培养学生运用知识、解决问题、创新实践的能力。见习导师团队或是见习教师和带教导师组成学习和研究共同体，或是导师合作形成团队工作坊，不同的组合丰富研修形式，发挥更大的带教效益。

7. "家校共育"行动

基于学生九大关键能力培养，学校确立了"在积极心理学理念指导下，通过构建家校共育学习共同体，提升家长、教师与孩子的沟通技巧，培养和树立学生的自信心，为实现培养目标助力"的家庭教育指导行动策略，聚焦重点，把握需求，实施分类指导，推动家校合育工作向纵深发展，合力促进学生健康成长。

（1）基于不同需求开展分类指导

一是学校层面，开展普及型的教育培训。指导措施有：向家长推荐或赠送家庭教育类畅销书、开设面向家长的专题讲座、利用网络媒体发布指导文章等。

二是年级组层面，提供具有年段特征的家庭教育指导。低年级指导目标为"陪伴、沟通，建和谐关系"，高年级指导目标为"支持、引导，促自主发展"。各年级组结合实际，组织面向全年级家长或部分家长的培训，如模范家庭谈经验、优秀班主任讲方法、学习共同体交流等，同年级学生家长有更多的共同感受和话题，指导切入口更小、更具体。

三是班级层面，由班主任实施。通过家长会上集体交流、会前会后的个别沟通、寒暑假家访、日常电访与微信交流、每日家校联系本留言等有效途径，使指导更灵活、更及时、更有针对性。

四是学习共同体按需指导。学校积极建设家校共育学习共同体。家校学习共同体的活动,以发现问题(大范围家长与教师)——吸纳成员(小范围共同体)——解决问题(小范围共同体)——总结经验(小范围共同体)——宣传推广(大范围家长与教师)——发现新问题(大范围家长与教师)……进入新的学习流程,将有效的学习策略与教育理念在家长、学生、教师和社区中进行推广,强化活动效果,让更多的学生、家长、老师受益。

(2)运用多种载体推进家庭建设

一是开展学习型家庭评选活动。活动由家委会拟订方案,从创建"十个一"的达标家庭,到"三做一好"的模范家庭,从硬件到软件、从学生到家长,制定了明确的分层要求。对转变家长不重视家庭教育、不关注良好学习环境创设等问题发挥了很好的促进作用,推动了"和睦、幸福、文明"的家庭建设。

二是开展心理月亲子沟通活动。以"沟通,从心开始""心理助力·从容应考""危·机时,我们可以做什么"等主题,通过多角色不同角度的"沟通"活动,增进家长及学生主动沟通的意识,了解掌握良好的沟通方法。同时,开发面向学生、家长和教师的心理辅导课程,指导家长用欣赏的目光看待并尊重孩子,帮助孩子树立面对挫折的积极心态、学会助人及与他人和睦相处等,引导家长营造家庭的和融氛围。

三是探究性学习进家庭。学校组织开展"科技教育家校共建沙龙"等活动,通过家长认领"教育资源共享"或"探究学习指导",借助家长资源,拓展教育时空,鼓励家长关心和参与孩子的科学探究活动。理化生学科教师均编写了《家庭实验指导手册》,引导学生在家长的帮助下完成家庭小实验探究,使学习与生活紧密结合起来,也为家庭教育、亲子沟通搭建了平台。

四是体美劳实践进家庭。学校坚持开展家庭运动小达人、家务小能手的展示活动,尤其是寒暑假和线上学习期间,这些活动极大丰富了学生的课余生活,促进了快乐家庭氛围的营造。

(3)运用网络媒介延伸家校沟通

学校和教师利用微信平台和微信群等推送学校官方信息和班级管理、学科学习方法指导等信息,让家校沟通变得更加及时便捷。学生发展中心还开发了《初中学校家长微信群建立及方法指导》培训课程,并通过培训,使学校教师能更好地利用微信这一新媒介,问需于学生、问政于家长,发布教育政策信息和热点话题,将家庭教育指导从线下延伸到线上。

案例评析

理念引领的中心辐射路径,关键在于学校对于育人目标的选择和架构。徐汇区教育学院附属实验中学对于育人目标的选择和架构,不是随意的、经验式的。相反,学校加强了基础性的学习和研究,研判 21 世纪社会对人才的需求,国家课程方案对目标的相关设定,国内外教育趋势和经典案例等。与此同时,学校重视调查研究,开展了对师生和家长的问卷调查。在此基础上,学校概括提炼了学生九大关键能力。从某种意义上来讲,育人目标的选择和架构,本身就是学校对本体认知、使命自觉和成功标准的理解、内化和实践。

育人目标的选择和架构,还需要兼顾"面向未来"和"促进公平"。徐汇区教育学院附属实验中学的九大关键能力,即阅读写作与艺术体验能力、逻辑推理与科学探究能力、技术应用与设计创新能力、批判性思考与问题解决能力、团队合作与领导能力、自我管理与自主学习能力、心理调节与自我保健能力、公民意识与服务社会能力、多元文化与国际理解能力,不仅可以帮助学生更好地面向充满变化、调整和不确定性的外部世界,更可贵的是能够帮助学生克服外部不利影响,实现潜能的充分发展。特别是阅读写作、逻辑推理、自我管理与自主学习、心理调节,等等。

当中心确立之后,理念引领学校成长的关键就在于结合学习领域,开展关键行动的设计和实施。从本案例来看,学校将九大关键能力的培养落到八大学习领域的提质增效上,具体设计了六大行动。最终,这六大行动共同构建起了内在关联和相互促进的系统,即"自适应学习社区",实现了理念引领学校成长,促进学校新样态的形成。

五、升维融通路径

(一) 内涵价值

1. 内涵。在自然界中,按照是否具有磁力,物品可以分为磁体和非磁体。深入研究发现,有的非磁体内部是有磁性物质,但是磁性物质的正负极是错乱分布的,所以各个磁性物质产生的作用力被相互抵消了。这个时候,如果外部有一个稳定的、强有力的磁体作用于这个非磁体,导致非磁体内部的磁性物质的正负极有序和一致,就会最终让这个非磁体产生了磁力,成为了磁体。

学校的运作,与磁体机理有相似之处。如果内部诸要素的一致性显著增强,彼此之间产生的"力",形成了"合力",而不是彼此冲突导致耗损,学校运作就会更加有效。教育理念蕴含着高阶的教育思维,学校将这种思维化为具有影响力的"磁体",作用于内部各要素,使其行动原则更加一致,最终实现更好的成长。这就是教育理念引领新优质学校成长的升维融通路径的内涵。

2. 价值。理念引领的升维融通路径,具有如下的价值功效:

价值功效 1:提升学校成长的深刻性。正如在人的青少年时期,哲学的学习对于个体而言是非常重要的,可以帮助个体更深刻地理解世界的本质、人生的本质和学习的本质。同样,教育理念富含着教育哲学思考,也蕴含着对于学、教和育的本质理解。更加深刻的教育理解,可以让学校的成长更好地坚持长期主义,更好地分辨和处理"紧急但不重要"与"重要但不紧急"的事务,最终行稳而致远。

价值功效 2:提升学校特色的教育性。正如每个人都有自己的特点和个性。每一所学校都应该有自己的精彩。校校有特色,并且通过特色扩大学校的社会认知度和美誉度,对于学校成长而言是颇有意义的。然而,很多学校的特色,往往是一些具体的项目,譬如体育、艺术或者科创。基于教育理念的升维融通,让关键的教育原则融入贯通到学校的各方面工作之中,最终将表现为鲜明的教育特色。而这种特色,无论从品质到影响力,都将更切合日益增强的家长教育期望。

(二) 路径阐释

理念引领的升维融通路径,可以按照如下方式展开:

首先,基于本质思考,凝练"高维"观念。正如科学教育关注到科学"大观念"对于个体科学素养发展的重要性,教育实践工作者也需要找到教育的"大观念"。这种大观念往往蕴含在学习科学和教育哲学之中,譬如"建构""同化""顺应""主体性""互动"等。这些大观念往往就体现着教育的本质。因此,学校在理念引领时,需要追求教育的本质,并从学习科学和教育哲学中凝练出核心的"高维"观念。

其次,开展本土诠释,具化"高维"观念。当学校找到自己钟情的"高维"观念之后,需要发动组织学习的力量,结合学校工作具体内容和特点,形成与"高维"理念相一致的关键行为特征和目标特征描述,使之成为学校各项工作改进的原则。

第三,融入闭环管理,实现"高维"观念。将体现"高维"观念的行动原则,具体化为学校各层级工作计划、过程性评价和成效反思的具体要求,使之成为学校闭环管理的理念底色,最终促进各项工作同向而行,持续迭代演进。

(三) 实践案例

案例 2.4 杨浦区平凉路第三小学校"生动"教育样态打造①

上海市杨浦区平凉路第三小学(以下简称"平三小学")创办于 1957 年,2015 年,学校成为上海市新优质学校推进项目校。为了彰显新优质学校的价值追求,打造家门口的好学校,自 2015 年以来,在"建设一所师生共同喜爱、生动成长的学校"的办学愿景下,学校聚焦"生动"二字,主动寻求新优质学校创建的突破口和有效载体,深耕课程教学改革,夯实学校发展基石。

在长期的办学实践中,平三小学的教师形成了踏实、质朴的教师风格,教师对学生的学业质量可以无私奉献自己的时间,习惯于采用抱团合作的方式探寻课程教学改革的实践智慧。引导教师从"苦干"走向"巧干",成为学校在已有基础上的新诉求。

学校通过学习新优质学校理念实现了教育思维的升维,形成对"生动"的深刻理解:"生动"意蕴着"生活、生命、生长",意蕴着"动机、动力、动能",体现了对于人性的尊重,对于教育本质问题的理解,对于师生教育生活的描述,对于学校发展状态的设计,是对于新优质教育理念最核心的校本表达,其具体内涵如下:

- **学生的生动成长**:学生不仅获得高质量的学业成果,还拥有积极健康的人格和良好的心理品质。

- **教师的生动成长**:教师不仅能够站稳讲台,还能积极参与各项教育综合改革项目,成为有亮点的教师。

- **学校的生动成长**:整个校园呈现扑面而来的朝气和一种轻松的氛围,教师愉快地教学,学生愉快地学习,在这样的氛围中实现师生的同频成长。

基于对"生动"的理解和学生、教师、学校生动成长的追求,学校以学生、课程、教学、教师、学校文化与管理等核心领域的系统联动展开新优质学校创建的行动。

---

① 材料源自杨浦区平凉路第三小学《让每一位师生都能实现"生动"的成长——上海市杨浦区平凉路第三小学新优质学校成长报告》。

1. 促进生动的学生成长

用真诚接纳每一个孩子,用耐心教导每一位学生,通过学生学习积极情感的培育、探究创新能力的培养和良好行为习惯的塑造,打造人才培养特色,让每一位平三学子都能成为眼中有光、心中有梦的新时代滨江好少年。

(1) 一点小小的关注,让孩子拥有"自推"的动能

积极的情感是有效学习的基础。在关注学生核心素养获得的同时,学校尤其关注学生积极学习情感的培育。围绕学习情感"是什么""怎么培育""如何评价"的问题,采取"理念引领—重点突破—系统推进—提炼深化"的策略,就学习情感培育的内涵、路径、策略、评价及保障等展开了持续研究。通过多年的持续探索建构了小学生学习情感评价体系,设计、开发了一系列的学习情感评价工具,从教师和学生两个视角对学生的学习情感进行全面评价;梳理了学生学习情感的类型,将学生学习情感状态归纳为积极、中极、消极三种水平,将学生情感分为积极型、乐天型、乐趣型、努力型、散漫型、消极型六种类型,并赋予六种类型的水平和典型行为描述;划分了学习情感培育的课堂实施水平,厘清了每一个水平等级的范围,赋予了其典型行为的描述,并提供了促进学习情感培育的课堂改进建议;凝练了学习情感培育的若干种策略,实现了课堂教学内外对于学生积极情感的全过程、全方位有效培育。

(2) 一方小小的天地,让孩子拥有"探索"的力量

学校以"让每一个学生亲历科学过程"为理念,以"儿童家庭科技实验角"建设为抓手,通过路径和载体创新,打通校内、校外,课内、课外,用科学的力量为处于经济文化弱势家庭的孩子们打造了创新创造的时空。

"构建百个儿童家庭科技实验角"是指学校教师结合小学科学、社会教材、探究资源包课堂教学的前伸后延性活动,积极开发利用家庭资源,指导学生在家庭建立科技实验角,开展课外科学、人文、时事等主题探究实验活动,达到让学生体验探究的过程。在构建百个儿童家庭科技实验角的实践操作过程中,从部分家庭参与开始,由点到面,逐步扩展到建立百个家庭科技实验角。从个别年级的实验逐步扩展到全部年级的实施,欣喜地看到:曾经的麻将桌、小窗台、饭桌乃至一个角落逐渐变成了实验台、科技角。学校梳理了儿童家庭科技实验角可开展的三类活动,包括结合教材内容开展科学探究活动、针对学生生成问题开展科学探究活动和结合社会生活开展科学探究活动。针对每一类实验活动,都进行了相应的程序设计、案例开发,提出了具体的操作要求。学校为每一位参加儿童家庭科技实验角的

学生建立档案,积累了一批典型的家庭实验,形成了《小学生喜欢做的家庭小实验》《探究在窗外——儿童家庭科技实验角电子教材》,撰写了项目研究著作《与儿童一起探究——构建百个儿童家庭科技实验角的实验与研究》,并由上海教育出版社出版。

(3) 一项小小的打卡,让孩子拥有"自律"的习惯

从心理学研究中的"21天效应"出发,为全校每一位学生设计"21天养成好习惯"特色活动。依据不同年段学生的薄弱习惯,大队部构建好习惯养成系列的每月训练内容,明细具体要求,制定适宜的活动方案,完善评比制度,通过主题和任务发布,鼓励、引导学生养成良好的行为习惯。习惯培养的内容涵盖学生学习和生活的方方面面,如"课桌整洁、勇敢发言、有序用餐、清洁碗筷、进出校礼仪、队伍集合、光盘行动"等。以"光盘行动"打卡为例,如果学生在午饭时候可以将自己的午餐吃光,或者在最大程度上吃掉自己的食物且没有挑食,可以从班主任处获得一枚青苹果贴纸。如果学生在午饭时候没有将自己的午餐全部吃完,或者有某种类别的食物没有碰,那么将不能获得青苹果贴纸,活动持续时间为21天。21天后,各班上交卡片,从中评选出获得青苹果贴纸最多的班级,获得"光盘行动"优秀班级称号,每个班级推选出一位"光盘小能手"候选人,整个年级评选产生5位"光盘小能手"。

2. 打造生动的课程体系

(1) 整体推进特色化学校课程体系建构

学校对课程进行了系统性的重构与优化,实现了国家、地方、学校三类课程的整体设计,形成"三层五式"模型。"三层"是指从国家课程、地方课程、校本课程三个维度,编织纵横交错的学生生动成长的课程网格。"五式"指各类课程的具体实施路径,包括基于学业质量标准的,融合了自主、合作等途径的探究性学习路径;以获取概念理解和迁移应用为主旨的项目化学习路径;以激发学生创意实践和创造力培育为主旨的,融合学科实践、综合实践的实践性学习路径;以树立学生文化自信、弘扬民族精神为主旨的德育主题的沉浸式学习路径;以培育学生健康体魄、欣赏表达美感为主旨的,包含赛事学习、社团学习等学习样式的培优性学习路径。

(2) 打造"生生乐动,生生能力"的体育特色课程

为了减少上海雨水较多天气对正常室外活动的影响,学校致力于创建一种"全天候"的体育课程范式。

学校提出"变换内容、变换形式、变换设计"的体育课程"三变"策略,在"激趣、健身、育人"基本理念和"生生乐动,生生能动"的课程目标引导下,构建了全天全时的课程结构体

系。从学生兴趣发生、形成、发展、完善的过程出发,全方位梳理设计学校的体育与健身课程的内容结构,构建"乐动、能动"为目标的5大模块课程,包括基础型课程体育与健身,青苹果体育活动课程,青苹果体育主题周课程,青苹果大课间锻炼课程,青苹果体育社团课程等,课程框架及内容设计上体现规范性、丰富性、校本性、贯通性。基于过程性、发展性和表现性评价的理念,学校运用学生学习评价、教师课程实施效果评价、课程实施效果评价等多种类评价量表,对体育体系课程的实施进行全方位评价。特别是在学生学习评价的过程中,坚持"基于兴趣、指向改进"的基本价值,强调依据课程内容与目标设计活动任务单,积累过程性评价数据;评价主要工具为自编的量表和问卷、IPAD等信息化记录终端、学生成长档案、课堂观察等。客观反映学生在体育与健身教育课程实施过程中知识、技能、情感等指标的变化情况,不断激发学生的运动持久兴趣。

(3)建设"素养导向,学科融合"的滨江梦想课程

《滨江DREAMS》课程分为"人文滨江""生态滨江"和"科创滨江"三大板块。在课程内容重构的过程中,没有弱化学科知识,而是以核心素养为引领,把学科核心知识融入学科或跨学科的主题、项目或任务等学习活动中,形成横向关联互动、纵向进阶衔接的课程内容结构体系。《滨江DREAMS》课程三大板块分别以"学科综合实践活动、学科+、生活/真实问题"三种不同的方式选取主题和融入基础型学科。在具体课程开展时,采用格兰特•威金斯(Grant Wiggins)和杰伊•麦克泰格(Jay McTighe)三个阶段来进行课程实施的整体设计,即"明确预期结果""确定合适的评估证据""设计学习体验和教学"。在具体的实践中进行校本化转化,形成了学校课程设计与实施框架。在《滨江DREAMS》课程中,始终采用自主、合作、探究的学习方式,注重通过表现性、过程性评价的探索,引导学生全程有效地开展探索。学校主张教师是学习环境的创造者,教师活动的组织者,教学支架的提供者,帮助教师树立起核心素养导向的教学理念,让课程实施真正实现培育学生核心素养的价值。

3. 创设生动的课堂教学

(1)重构课堂理念,注重学生思维发展与情感生成

学校注重从新优质学校的理念出发重构课堂教学的价值观念和实践理念,以生动的课堂建设为依托,关注学生思维发展与情感生成。学校理念的教学实现以"生动"的课堂教学为依托,"生"是观念,以生为本;"动"是状态,情感乐动,思维能动;立足"基于标准的教学与评价"和"绿色指标"综合评价体系,聚焦思维生长与学习情感生长,以教学观察为载体,以促进"生动"的六个注重策略:注重情感融合、注重自主探究、注重人人参与、注重提炼方法、

注重有效互动、注重评价激励为观察工具设计领域,沿着"发现教学问题——促进行为转变——引领教学提升"这一线索,开展课堂观察与改进活动,运用实证数据帮助教师获得更清晰明确的改进信号。

(2)坚持标准导向,注重提升课堂教学的育人效能

在课堂教学改革的过程中,注重坚持基于课程标准的价值导向,从"为党育人、为国育才"的高度整体理解课堂教学的立德树人价值,不折不扣落实课程标准的理念,坚持数年以"基于标准,绿色引领"为主题,以"学术节"与"教学月"等为载体,以"随堂研课""联组教研""同课异构""循环研课"四种教学实践方式,开展多校联动的协作观察改进,促进教师的教学理解与教学实践技能不断提升,"生动"而基于标准的教学形态得到呈现。特别是2022年版义务教育新课标提出后,对课程标准体现的立德树人价值和学科核心素养导向进行了丰富的校本化学习、解读和实践。引导教师积极探索跨学科学习、项目化学习、综合实践学习、大单元学习等教与学方式的变革,推进基于信息技术的学生评价改革,推动课程教学育人方式的转型,真正打造匹配新课程标准的课堂教学新范式。

(3)强化过程管理,注重课堂教学的整体有序规范

在扎实做好课堂教学改革创新的同时,不放松对于课堂教学的规范化管理。学校依据课程教学改革的最新趋势,不断做好课堂教学的制度性建设,近年来先后制定出台了多项旨在规范课堂教学的制度文件。强化学校领导、中层干部的"推门听课"制度,形成齐抓共管的课堂教学治理氛围,帮助教师及时发现教学中存在的问题。完善校本教研的体系机制,推进结合主题和问题的深度教研,引导教师更好地关注课堂、关注教学。制定清晰的教学流程管理逻辑、链条和任务,通过经常性的监督检查保障教学过程的规范性。在"双减""五项管理"的整体制度背景下,进一步优化教学管理,减轻学生负担,实现课堂教学的"减负增效"。

4. 实现生动的教师发展

学校以让"每一位教师精彩起来"的理念开展教师专业发展建设,打造高效的校本教师专业发展支持体系。

(1)建章立制,驱动成长

学校注重教师专业发展的制度设计,通过完善的制度明确岗位职责要求,夯实教师专业发展基础。明确"热爱学生,精于教学"的教师发展目标,并赋予"两爱两有两乐"的内涵。其次,在实践过程中形成规划保障。整体规划教师队伍建设,明确教师队伍建设目标,引导

教师个人实施自主发展规划。从不同维度完善教师专业发展的保障体系,涵盖激励性制度保障和经费保障。构建学习型组织,释放教师对教育的热爱,各学科组教师在"试验田"中共研一单元课程、共设计一学期作业、共做一个微课题研究,搭建教师共同成长的合作平台。具体用三条标准评价教师:是否以生动的课程滋养学生的童年,是否为学生的生动成长付出爱心与智慧,是否将钻研作为自己成为生动教师的生活与学习方式。

(2) 纵横结合,分层培育

根据教师专业发展的不同阶段、特点、需求,建构横向纵向相互统一的分层培育机制。纵向上,根据教师成长需要,量身定制成长方案,形成"新教师层面—成熟教师层面—骨干层面—中层层面—顶层层面"的五级分层教师梯队。通过层层牵手、青蓝相接,让教师互相结为师徒,并在实际工作中,手把手地示范、面对面地指导、潜移默化地引领,让每位教师都能在同伴互助下快速成长。如激发高端教师深度潜能的"领雁计划"、保持成熟教师教学热情的"葆鲜计划"、推动青年教师稳步成长的"修炼计划"、助力见习教师快速入门的"青苗计划"。实现个个精彩的目标;横向上,学校秉持"让每个人都在团队里,教师才能成长得更快"的理念。为提高教师团队凝聚力,横向上以有机团队建设为契机,建设三团共研的校本路径,使得每一位教师可以身处不同的团队,从而拥有各具特色的"成长线",在同侪互助中收获成长的喜悦,提升对学校的归属感和工作满意度。

在具体的工作中,坚持团队引领发展的模式,组建以发展教师科研能力为目的的六大研趣团队,教师可以根据个人需求、学生发展需要加入课题,教研成果凸显,师生发展凸显;以"名师领衔、骨干带教、团队合作"为原则,采取"组团式带教"模式,精心做好见习教师全漫润培训工作;建设"优十团队",针对青年教师群体开展"青年教师优十培养计划"。

(3) 发挥优势,助力"青椒"

学校通过"青苗计划"助力见习教师快速入门。学校积极研究新教师成长规律,制定完整见习规培制度与规范,成立规培工作领导小组,建立四级规培制度。通过课堂经历"四部曲"、"关键成长日"系列活动、"相约星期二"等路径,设计《菜鸟不烦恼》培训课程等,帮助见习教师充满信心地迈出教师生涯的第一步。

坚持问题导向,聚焦职初教师的家校沟通能力,开展问题导向的校本研修课程开发。在课程内容的构建上以案例形式来加强课程的实操性和指导性。课程内容分为"家校沟通没你想的那么难"和"家校沟通的十个棘手问题"两个板块。课程由青年教师与资深教师共同生成与建设。在具体的课程实施过程中,我们以任务驱动让青年教师在研修过程中切实完成真任务和解决真问题,最终形成"个性化"的研修成果。青年教师通过研修形成的 10 个体例,不仅提供具体策略,还阐明了策略背后的理念,这一独特的课程也成为学校促进青年教师成长的有效载体和特色方法。

5. 追求生动的学校管理

(1) 持续优化学校物质环境

学校结合"杨浦滨江"地域文化,精心设计,完善绿化环境和布局,打造"小而美"的学习空间。在校园文化创设方面,植入"教育即生活"与"活教育"等理念,关注师生共同生活的印记、体验与表达。"儿童风采墙""教师文化长廊""金融理财室""生生农场""乐高乐创墙"等,处处有故事,每一条长廊和场馆、每一间教室都有教师和学生共同参与的身影。

(2) 不断改善学校人文环境

人文环境的价值在于浸润与熏陶,让每一个生命多彩绽放。教育管理的意义就是在于激发每一位师生的热情、激情、内驱力,让每一个有理想、有思想的人实现自己的梦想。依托课程建设与课题研究,秉承生动发展的理念,注重价值追求。多年来,"生动发展"文化已成为教师心中的价值追求。生动的理念根植于教师的教学基因中:用欣赏与接纳的眼光看待每一位学生,努力发现与理解每一个学生的生命状态。

(3) 着力打造多元参与的教育共同体

运用现代教育治理理念改造传统的学校管理,充分利用学校的区位优势,努力挖掘滨江地区的优质教育资源,通过课程开发、文化建构、课题研究等方式,让校外资源服务学校发展和师生成长。树立明确的教育共同体意识,建构学校-家庭-社会共同参与的教育治理格局,通过社区共建、家长学校、社会实践、家庭教育指导等方式,形成多元主体共同参与立德树人的有效格局。

案例评析

杨浦区平凉路第三小学的"哲学"关键词是"生动",这是一个非常好的高维观念。"生动"准确地反映了"人"成长的关键特征。作为一个智慧生命体,"动"是存在的表现形式,"生"则蕴含着"人"独有的"灵性"。"生动"也恰到好处地反映教育过程的本质。教育不是"被动"的灌输和塑造,而是充满着"互动"和"主动"的过程。"生动"也具有鲜明的现实针对性,从理念层面关切到工业化时代下的学校教育"高控制""高度一致性"等弊端。

高维的教育观念离不开导向实践的具化表达。学校从两个方面展开。首先,是通过关键词的组合展现"高维教育观念"的实践关怀。学校用"生活、生命、生长""动机、动力、动能"诠释"生动"的意蕴,将学校对于人性的尊重,对于教育本质问题的理解,对于师生教育生活的描述,对于学校发展状态的设计,对新优质教育理念最核心的理解做了校本表达。其次,通过愿景描述展现"高维教育观念"的理想图景。学校用"学生的生动成长""教师的生动成长""学校的生动成长",勾画了"生动"的教育画像。

高维的教育观念为实践改进注入了同向动能。学校基于对"生动"的理解,明晰了各领域工作的应有状态,并且寻找到应有状态与当下现实之间的差距,进而判明了学校成长的"最近发展区"。围绕"生动"这个共同方向,学校各领域的实践主体开动脑筋,同向而行,形成"千帆过境、万木争春"的成长样态。

第三章

问题突破路径

　　每一所学校的发展都不是一帆风顺的，新优质学校也不例外。每一所新优质学校的可持续发展必然都面临着挑战，它们在不同的发展阶段也必然会遇到不同的发展问题。不断解决发展中遇到的问题是新优质学校可持续发展的动力、契机与资源。本章通过对新优质学校发展中发现问题、解决问题的过程进行理论解释与分析，为处于不同发展阶段的新优质学校提供可供借鉴的突破路径。

一、价值：问题正是学校的发展契机

　　正如青少年有过迷茫和彷徨，中年人有过焦虑和无奈，每一所新优质学校在发展过程中，也会经历困惑、灰心和焦急。每一所学校的发展往往始于"发现存在的问题"，成于"解决遇到的问题"。我们可以认为，学校解决问题的过程本身就是一种成长和蜕变。

（一）通过解决问题开展组织变革

　　新优质学校重视主动的变革，这种变革是"内引式"而非"外导式"。在"新优质学校"理念引领下，学校努力解决发展中存在的不足和问题，优化学校各方面的工作，以推动学校不断前进。在这样的过程中，学校逐步建设成为让老百姓满意的学校，即"家门口的好学校"。正如马奇和西蒙在《组织》中探讨组织的计划与创新时，表达的这样一个观点：当变革要求设计和评价以前没有的新行为程序时，创始或创新成为组织储存的一部分，并且这种创始

和创新不能从程序转化原则的简单应用中得到。① 在学校发展过程中,其变革和创新源于学校组织的问题解决过程。

(二) 通过解决问题重构学校文化

学校发展的灵魂离不开学校文化的传承。谢翌(2006)认为学校文化是可以改变的,学校文化是学校改革的发动机,要想成为优质学校,必须重新建构学校文化。② 在新优质学校探索实践中,我们发现,重构文化成为新优质学校建设的重要途径。在重构学校文化的过程中,最终的目标就是解决学校发展中面临的现实问题。实践表明:学校建设优质学校的过程,就是不断解决学校的问题,提升教师信念,逐步重新建构学校文化的过程。

(三) 通过解决问题实现学校改进

新优质学校解决问题的过程就是不断自我诊断、自我计划、自主实施、自我评估、自我改进的过程。③ 问题解决的程序将问题解决分为程序性程序和实质性程序。其中,实质性程序是指作为待解决的问题结构反映产生的问题解决过程的结构。④ 新优质学校主动突破的过程中,发现学校存在的不足和问题成为重要的着力点。然而,问题是很难通过一个简单步骤就加以解决的,问题解决的实现通常都是有障碍和限制的,表现为:心理定势(功能固着)、错误或不完全的问题表征。在认知心理学领域,问题空间假说(problem space hypothesis)将问题解决的过程置于问题空间中,好的问题解决就形成了有效的问题路径。⑤ 在新优质学校发展中,我们将发展问题分解为组织领导、学校文化、课程建设、学生发展等维度。通常来说,学校改进大致要经过发现与界定问题、分析与厘清问题、提出方案与解决问题三个阶段。发现与界定问题是学校改进的基础和前提。⑥

---

① 马奇,西蒙.组织[M].邵冲,译.北京:机械工业出版社,2020:47—48.
② 谢翌.教师信念:学校教育中的"幽灵"——一所普通中学的个案研究[D].长春:东北师范大学,2006.
③ 汤林春.试论新优质学校的建设路径[J].全球教育展望,2022,51(12):22—31.
④ 马奇,西蒙.组织[M].邵冲,译.北京:机械工业出版社,2020:152.
⑤ 加洛蒂.认知心理学:认知科学与你的生活[M].吴国宏,等译.北京:机械工业出版社,2018:171—188.
⑥ 张新平.义务教育优质学校的建设路径[J].教师教育学报,2016,3(01):78—92.

二、内涵:问题突破是学校不断进步的过程

(一)基本含义

新优质学校的问题解决路径可视为杜威问题解决模式在学校发展中的实践表现。杜威通过对反省思维的分析,提出问题解决的五个步骤,一是感觉到疑难,也就是发现问题;二是使疑难或困惑明确化,也就是明确问题;三是根据疑难或疑惑提出假设,形成对问题的洞察和理解;四是对假设进行推理,也是对问题进行认真推敲的过程;五是通过行动验证假设。① 我们接下来剖析新优质学校的问题解决模式。

新优质学校在办学过程中,往往会遇到大大小小的问题,这些瓶颈、难题往往严重影响学校的办学水平和发展进程。在改进或改善学校总体情况的过程中,学校同样会经历发现问题,逐步明确问题,提出假设,对假设进行推理,验证假设等步骤。

(二)典型路径

在新优质学校的发展中,我们将学校解决问题的过程归纳为(如表 3.1 所示):发现问题、分析问题、分解问题、解决问题的过程。

表 3.1 新优质学校解决问题的基本步骤

学校发展的撬动点	学校解决问题的步骤
存在什么问题?	发现问题
学校如何变革?	分析问题
学校文化建设	分解问题
如何推动问题的解决?	解决问题

新优质学校的成长,是一条不断前进的学校改进道路,体现出义务教育阶段学校主动发现问题、解决问题的动态过程。时代在发展,教育改革在深化,但新优质学校成长的思维始终没有变,新优质学校永远"在路上"。

---

① 杜威.我们怎样思维·经验与教育[M].姜文敏,译.北京:人民教育出版社,2005:93—102.

每一所希望借由创建新优质学校的契机获得发展的学校,它们在拥抱新优质学校理念后,便开始跨越毫无头绪的发展焦虑,积极地从组织领导、学校文化、课程建设、学生发展等全方位思考,发现最主要问题,突破最关键问题,带动学校走向良性发展轨道。新优质学校发展经历了从问题出发,走向成长、走向蜕变的道路。

总体上看,我们认为,每一所新优质学校的最好状态,无外乎不断地发现问题,努力地解决问题,螺旋循环上升,获得学校发展水平的综合提升。这也是新优质学校永远在路上的真实写照。

学校采用的问题突破路径基本上可以分为四步(如图3.1所示):第一步:发现最常见学校的最常见问题。第二步:初步萌生解决问题的动力。第三步:以建设新优质学校为契机寻求问题的突破点。第四步:学校开展着力于问题突破的改进行动。

图 3.1　问题突破路径图

1. 发现问题:最常见学校的最常见问题

学校是这样一种组织,每一年都会有新一届的学生入学,同时有毕业班学生毕业离开。随着办学年份的增加,老教师会逐步退休,新教师渐次加入。从学校两类主要群体,即教师和学生来看,在每一所学校,每年都发生着变化,也就是说,学校是一个动态变化的组织,变化的频率是以年为主要周期的。今年的学校不同于去年的学校,明年的学校又不同于今年的学校……在学校中,学生既构成其中一员,同时又将是学校教育成果的载体。

发现问题是学校自我认识的第一步,也是最为关键的一步。所谓问题,就是现实状态和理想状态的差距。学校发展中遇到的问题,就是理想中的学校和现实状态的差距。学校意识到发展面临困境,是学校走向发展的开端,也是学校问题突破路径上的起点。

每个学校都要善于发现学校发展中存在的问题,并由此出发迈向新优质。[①] 如何发现并准确界定学校面临的问题? 一种方式是借助外部评估,比如本书第五章中的评价改进路径中的 PISA 测试结果、绿色指标和新优质学校成长认证等,发现学校发展中的缺陷和短板。另一种方式是借助专家诊断、结合 SWOT 分析方式,综合分析学校的现状,厘清学校

---

① 尹后庆.每一所学校都要走向新优质[J].上海教育科研,2015(03):1.

面临的问题。

中国教育学会副会长、上海市教育学会会长尹后庆先生提出新优质学校项目深化重在三个坚持①,首先就是要"坚持在最常见学校解决最常见的问题"。每一所学校在办学过程中,都会碰到学校文化和组织管理、课程教学、学生发展等方面的问题。新优质学校作为义务教育公办学校,就是最常见学校的典型代表。在学校创建新优质学校的过程中,遇到的各种各样问题中,有哪些是学校发展中最常见的问题呢?不妨看看新优质学校在发展过程中曾遇到过的问题。我们试举一二。

问题案例 1:②

问题描述:迎园中学的生源均来自附近小区,随着嘉定地铁建设与新城开发,大量有一定经济实力的居民都移居到新开发地区,辖区内居民的素质逐渐降低,高学历层次的家长较少,家长对孩子的期待以及教育方法都不太科学,而另一方面,家长对学校的期待又很大,很多家庭举全家之力购买了辖区内的二手房,希望能够改变孩子的命运。

问题案例 2:③

问题描述:上海师大附中附属龙华中学地处徐汇区龙华街道,周边大多是老破小旧的老公房,社区环境相对较差。随着社会变迁与经济发展,周边环境虽然有所改善,但是学校所对口的社区并没有太大的变化,居民大多是普通工薪阶层的百姓,还有一些租赁房屋群居的外来务工人员。他们的子女在学校的学习是获取优质教育资源的唯一机会。虽然家庭物质条件有限,但是社区居民对于优质教育的追求不减,在选择学校时"家长爱用脚说话",连家住附近的本校教工子女也曾舍近求远到其他学校就读,曾经导致对口生源的大量流失。

新优质学校致力于解决最常见学校的最常见问题,是因为这两个"常见"对提升义务教育学校的整体质量具有非常重要的作用,能够解决绝大多数学校发展面临的问题。新优质学校对这两个"常见"的解释是,第一个"常见"是指普通的义务教育公办学校,也就是老百姓家门口的学校;第二个"常见"是指学校发展中遇到的最普遍的问题,是对于大量的义务教育公办学校发展具有重要意义的问题,要实现的目标是"让百姓满意"。

---

① 尹后庆.新优质学校的价值追求与现实关照[J].上海教育,2021(21):28—29.
② 本案例参考自《迎园中学新优质认证报告》。
③ 本案例参考自《上师大附中附属龙华中学新优质成长报告》。

2. 分析问题：内生驱动的主动变革

希望通过建设新优质学校获得发展契机的学校，可能是老百姓家门口的任何一所义务教育学校。这些学校或许是一所有历史传承的老学校，或许是一所历经拆并、转制、更名等重大变化的普通学校，抑或只是一所新兴社区中的公建配套学校。对于每一所新优质培育校来说，除了学校文化价值观、办学传承、管理团队等以外，学校发展情况还必然受社会经济发展、社区发展变化等多种不可变因素的掣肘。

学校真正的问题是什么？谢翌(2006)在研究教师的信念对学校发展的影响时，在对一个初中案例的具体探讨中，提出过这样一个问题："普通学校要不要教育科研？"普通学校的老师认为科研不适合普通学校，许多教师不用搞科研照样能教出好成绩。事实上，教育科研是为了更科学全面地研究学生的特点，处理学生的差异，从而寻找到有效的解决办法。[1]

在新优质学校理念的引领下，学校积极开展自我评估与自我诊断。在学校发展中，不断地借助内部探索和外部专家的力量，分析学校发展中的薄弱环节或挑战，比如通过绿色指标评价、督导评价、新优质学校成长认证等方式，寻找到学校发展的突破点。很多新优质学校通过对本校绿色指标与区域水平、全市水平的对比分析，发现学校办学的短板，进一步挖掘学校办学中存在的问题，形成学校办学的重要突破点。

比如，上海市宝钢新世纪学校在加盟上海市新优质学校推进项目后，开展"多层面访谈"和"地毯式听课"，发现教师课程意识不强，学科育人价值把握不准，教材解读能力弱；学生学习被动，学习习惯方法缺失，学习能力薄弱等问题。随后，该校抓住"国家课程校本实施"这个"牛鼻子"，建立学习课程标准、学习育人目标"两学习"，开展科目"设计方案"评选活动、全过程审视课程与教学"两活动"的研修制度；形成了学案与教案"双案"联动、"弹性预设—互动生成"的课堂；开发了"数学广场"等综合性课程。[2]

3. 分解问题："永远在路上"的持续探索

早在2011年，有一批学校就已认同新优质学校理念，回归教育本原，主动探索，致力于办家门口的好学校。回顾一下，当初这些学校在走向新优质的过程中，都碰到什么问题呢？

---

[1] 谢翌.教师信念：学校教育中的"幽灵"——一所普通中学的个案研究[D].长春：东北师范大学，2006.

[2] 汤林春.试论新优质学校的建设路径[J].全球教育展望，2022，51(12)：22—31.

在决定加入新优质学校以后,这些学校经历过哪些彷徨和疑问,又是如何越过这些障碍,闯出一条发展道路的?

毫无疑问,一大批学校能够深入剖析问题,积极整合外部评价资源,不断明确问题,并整合内外部的力量,将学校遇到的问题分解成可实施改进举措的小问题,持续地致力于解决这些问题,最终获得成长和发展,并且顺利走出发展困境,成为具有样本意义的"家门口的好学校"。

我们可以清楚地看到:新优质学校的发展都是立足于学校实际的发展,其发展关键在于对学校现状和问题的研判和分析。虽然每个学校的发展过程迥然不同,但都表现出发现问题和解决问题的典型特征。在系统梳理这些学校发展过程中遇到的问题时,我们发现:这些问题出现的底层原因是,这些学校处于不同发展阶段,因而面临着不同类型的发展问题。

新优质学校解决问题的过程,并不是全面开展大刀阔斧的改革。更常见的做法是,学校抓住最需要解决的小问题,着力突破这个需要解决的核心问题,然后围绕核心问题,逐步将学校的改进实践扩展到学校组织与文化、课程教学、教师队伍建设等方方面面。在实施改进的过程中,时刻呼应学校需要解决的核心问题。

4. 解决问题:基于问题的学校改进

对于学校改进的理解,被广泛采用的是范·维尔曾等人提出的定义,即,一种系统的、持久的努力,目标是改善一所学校或更多学校的学习条件和其他相关的内部条件,最终目的是更有效地实现目标。① 学校改进所需要的五个必要支持:连贯的教学指导系统、专业能力、强大的家长-社区-学校联系、以学生为中心的学习氛围和领导力推动变革。②

一大部分新优质学校都在新优质学校的理念引领下,寻找学校发展的现状和理想之间的差距,整合外部评价和内部诊断的力量,更明确地界定问题,实事求是地分解问题,并下大力气解决核心问题,从而持续开展学校改进的探索。

新优质学校坚持"不挑选生源、不集聚资源、不追求排名"三不理念,超越追求外部资源的学校发展模式,坚决转向关注学校内部发展和成长,通过解决学校发展中面临的问题,使得学校办学逐步向好,办出让老百姓满意的家门口的好学校。不管学校当前的办学水平是

① 张新平. 义务教育优质学校的建设路径[J]. 教师教育学报,2016(01):78—92.
② Bryk. Organizing Schools for Improvement[M]. University of Chicago Press,2010.

高是低,都能够积极主动地探索,从内出发寻找问题,通过解决问题获得突破,推动学校办学水平的提升、跨越和突破。借由问题解决的过程,学校开展持续的改进行动,从学校的办学理念、课程建设、教师队伍和学生发展等多个方面深化学校教育教学改革,从而将学校建设成为让老百姓满意的家门口的好学校。在建设新优质学校的过程中,也历练了学校主动发展的内在力量,帮助学校很好地解决了学校的发展困境和难题。

(三) 新优质学校突破问题的路径分类

在关于学校发展阶段的研究中,王薇基于组织生命周期理论,将学校中的各项工作划分为再生、成长、成熟和高原四个阶段。[①] 这为新优质学校的路径分类提供了借鉴思路。为寻找新优质学校在破解不同问题时探索的有效发展路径,跟踪上海新优质学校的十年发展历程,我们将这些学校在发展中遇到的问题进行归纳,一种是新优质学校发展的基本路径,也就是每一所学校在走向新优质学校的过程中都会面临的共性问题,继而形成解决问题的过程和相应路径。另一种是处于不同发展阶段的学校在发展中的分类路径,以及新优质学校在发展中遇到的不同类型问题,大致归结为三类:从零到一的建设、从低走高的跨越、高位上的再突破。

首先是基本路径,是指所有学校在建设新优质学校过程中面临共性问题时,如何将新优质学校理念落实到学校发展的实际行动中。每一所学校在建设新优质学校的过程中,都要经历理解新优质学校理念并将理念转化成实践行为的过程。

其次是分类路径,按照学校所处不同发展阶段面临的问题,分为三类路径。

第一类路径:从零到一的建设。这一类路径包含了新建学校的情况,主要是郊区新兴社区中新建的公建配套义务教育学校。这一类学校通常高起点开办,表现出"高开高走"的特点。

第二类路径:从低走高的跨越。这一类学校致力于跨越学校低迷的现状,希望通过新优质学校建设,将学校带到一条良性的运行轨道上。其中一部分学校无法找到突破途径,还有一部分学校已有明确的发展方向,且取得点上特色项目的探索成果,但难以整体带动学校全面发展。

---

① 王薇. 学校发展阶段评价解释模型的建立及应用——基于组织生命周期理论[J]. 教育科学研究,
 2012(03):36—42.

第三类路径：高位上的再突破。这一类学校是传统意义上的学业质量较高的学校，他们不断追寻育人的本真，希望能够面向未来，超越自身。比如新优质学校中起到样本意义的普陀区洵阳路小学、奉贤教育学院附属小学、嘉定区迎园中学、上海理工大学附属小学等。

接下来，我们将探讨几类具体的问题突破路径。

三、问题突破基本路径

每一所普通的义务教育学校，在走向新优质学校的路上，都有一段相似的旅程，那就是：了解新优质学校理念，学习新优质学校理念，认同新优质学校理念，践行新优质学校理念，最终成为新优质学校。

（一）价值内涵

任何一所普通的义务教育阶段学校，在最初接触新优质学校理念时，大多心怀建设"家门口的好学校"的美好愿景。在初步认识新优质学校理念以后，他们就深深地认同新优质学校的育人理念和价值追求，通过主动探索，紧紧跟随新优质学校共同成长，最终成为一所具有较高成长性的优质学校。

一所学校想要建设成为新优质学校，这个阶段遇到最大的难点是，对于新优质学校的理念认同、对内在逻辑的深入理解、对建设新优质学校的坚定信心和动力。如果不能全面深入地理解新优质学校的育人理念、理论框架和内在逻辑，不能达到融会贯通，就很难有效指导办学实践。

如何将新优质学校的理念逐步落实到办学实践中，在走向新优质学校的道路上坚定前行，从而逐步撬动学校的变革，带动学校的整体发展，是普通学校建设新优质学校过程中需要回答的共性问题。我们将这种共性问题归纳为基本路径。

（二）路径阐析

通过对100多所新优质学校建设和成长的观察分析，我们对新优质学校面临的共性问题做系统梳理，为未来的新优质学校提供借鉴和参考。新优质学校在走向新优质的过程

中,通常会遇到以下共同的问题:

问题1:新优质学校理念与学校办学的结合点是什么? 学校如何将新优质学校理念落实到学校办学的实践中?

问题2:新优质学校需要达成什么样的评估标准?

问题3:建设新优质学校是否意味着按照新优质学校的标准改造学校的方方面面?

问题4:新优质学校在发展过程中,如何寻求突破?

问题5:新优质学校"永远在路上"。学校发展达到什么状态,才真正成为新优质学校?

问题6:新优质学校的样板和标杆是什么? 可以参考哪些学校的成功做法和经验?

1. 要突破的问题

总体上说,每一所学校在建设新优质学校的过程中,都会经历对新优质学校理念与本校办学理念的整合思考过程,用新优质学校理念指导学校办学理念的优化,想方设法将学校的办学理念融合到教师队伍建设、学校课程教学变革、学生的全面健康发展等方面,通过新优质学校理念引领学校的发展变革,最终建成为一所家门口的好学校。

第一,如何将新优质学校理念融入学校的办学理念中?

一所学校的发展变革,首先离不开新理念的引入。从客观上看,新理念的引入为学校发展提供新的思路,有助于学校获得新的发展动力。每一所学校加入新优质学校团队以后,开始建设新优质学校的过程,就是认同新优质学校理念,希望通过新优质学校理念的融入带动学校进入新一轮的快速发展轨道,帮助自身谋求发展变革的过程。

与教育领域的很多改革理念不同的是,新优质学校理念是从学校发展实践的真实土壤中生长出来的,因而具有实践的亲和力,对于学校来说"很接地气"。新优质学校的理念并不是用一个模子不停地复刻出试验学校,产出"嫁接式"牵强附会的变革,而是更多地关注学校自身的发展,通过内引式的循循善诱,希望将学校的发展带入到积极主动发展的轨道上。

为了将新优质学校理念融入学校的办学理念中,学校需要做的是:对教育本原的思考,对学校社会责任的思考,对学生终身发展的思考。与其说新优质学校是一个让学校追随的教育理念,不如说,新优质学校理念是要帮助学校自我追问,厘清教育的价值、思路和目标。新优质学校肩负着这样平凡而又伟大的使命。

第二,如何将新优质学校理念落实到教师队伍建设中?

学校在新优质学校理念的启发下,寻找到学校变革的切入点后,更重要的是将变革的理念逐步落实到学校发展的方方面面,其中最重要的就是教师队伍建设。为了将学校的变革理念转化为教师们认同的理念,用以指导教师的教学活动,最容易、最常采用的做法是在学校构建系统的校内培训机制,比如开设专家讲座、参加交流活动、观摩听课等。学校在下定决心攻坚克难的时候,往往会通过精心设计,将变革思路融入常规的教研活动中,力求将变革理念落实到课堂层面。

我们常常能够看到,学校落实变革理念的过程并不容易,最有效的方法是通过重点项目引领学校的教科研工作,最初通过具有主动探索和积极性的教研组展开,获得初步的变革成效后,借势将变革理念拓展到更大范围的教师团队,最终带动整个学校教师的变革行动。

为了让全校教师都能够"心往一块想,劲往一块使",学校可通过龙头课题带领,结合学校的科研机制,支持学校教师申请校级个人课题,不仅充分发挥出教师变革的主动性、积极性和创新性,也从学校层面上构建学校变革的整体"版图"。

第三,如何将新优质学校理念融入学校的课程教学中?

学校的办学理念或者任何变革理念,最终都是借由课程教学,通过每一节课、每一次活动,传递给每一位学生的。新优质学校理念最终将体现到每一门学科教学中,每一堂课堂教学中,每一项社团活动中。新优质学校理念下的课程教学,不再是完成单调的教学任务,而是指向学生的全面健康发展,服务于学生的终身发展,从而实现让家庭满意、让社会认可的长远目标。

为了实现育人目标,课程教学更多地考虑学习空间、学习资源、学习方式、学习品质等方面的拓展和变革,让每一位学生的成长和发展成为学校发展的动力源泉。

2. 有效策略

义务教育阶段的公办学校,发展成长为一所新优质学校是具有可能性的,也是学校谋求发展的可行路径。在理念上,以新优质学校"育人为本"的理念指导学校改革,可以撬动学校积极主动发展。在行动上,注重发挥学校的内生动力,寻找学校发展的动力源泉。在路径上,通过持续改进的行动,推动学校取得整体发展与提升。

第一,认同新优质学校理念,用理念指导学校的改革。

新优质学校倡导"回归本原、因材施教、积极探索、百姓满意",新优质学校需要将办学目标回归到培养人的根本上,根据学生的成长和发展需求,提供合适的教育,注重通过积极主动的持续探索,办成让百姓和社区满意的家门口的优质学校。

首先,学校育人理念的转变。新优质学校倡导"育人为本",这要求学校坚决摈弃"育分"的惯性,不再关注片面的分数和应试水平,而是转向实现学生全面可持续发展的培养目标。"育人"是学校一切变革的核心,当学校的改革转向"育人",学校将不再局限于当下的学习成绩,而是以学生的全面发展、持续发展为核心。"育人为本"是推动最终实现"百姓满意"目标的有效路径。

其次,寻求学校内部主动变革。新优质学校的变革不靠外部资源的投入,而是关注内生动力,也就是寻求自内而外的突破。自发的改变通常是很难的,学校作为一个组织,走向内部主动变革也同样是具有挑战性的。内部主动变革是组织的整体变革,变革的核心是学校中人,即教师团队的观念和行动。在学校主动的变革行动中,需要通过设立支架,给予必要的指导和支持,帮助教师实现转变。

最后,开展持续不断的行动。新优质学校倡导一种"在路上"的持续成长状态。持续成长的背后是学校对于新优质学校理念的坚守,对于育人的理念和实践的不断深入,对于学校发展的不断反思和分析,当学校进入一种持续不断行动的状态,就走上了主动发展的道路。

第二,找到学校发展的动力源,驱动学校持续成长。

任何一所学校想要持续成长,都需要一套行之有效的机制和方法,帮助学校不断强化发展的动力,找到发展的方向,细化发展策略和方法。对于大部分学校来说,寻找到动力源即要求学校构建出主动发展系统,是有一定难度的。动力源的建构通常可以整合外部力量,并进行校本化整合,才能成为推动学校持续发展的源头。

首先,重视寻找学校动力源的方法。很多学校通过对学生的全面调研分析,了解社区学生的社会经济背景情况、家庭的教育期待和孩子的成长需求。有的学校会借助外部的评价,比如学校教育督导、绿色指标等外部评价、新优质学校成长认证等结果,寻找学校发展的突破点。这些都可以为学校提供新的思路,帮助学校更理性地分析和认识自身。

其次,通过循环迭代不断解决问题。学校在发展中希望外部专家帮助学校诊断问题,虽然这为学校发展提供了第三方的分析视角,但也有其局限性,一方面,外部评价多是不规律的,大多基于不同学校所呈现出特征的对比而产生,因此对学校的认识局限于表现型的特点。另一方面,外部评价对学校内部的认知建立在有限的经验基础上,缺少对学校发展本质的、深层次的认知。对于学校来说,更为重要的是,在专家诊断的基础上,如何找到主动分析问题的方法,实现自主地发现学校发展中的问题,才能实现循环迭代发展。

最后,构建出学校持续发展的动力源。推动学校持续发展的动力源是学校寻求主动发展的手段和方法。学校在发展过程中,可以从开展主题调查出发,摸排和分析学校在发展过程中的现状,在课程教学改革中,挖掘数据价值,开展基于数据循证的教学改进行动。

第三,以点带面逐步推进,带动学校系统变革。

学校在发展过程中,随着试验改革项目的成功和不断深入推进,倒逼着学校在课程教学、教师队伍、组织管理等方面也发生相应的结构性改变。建设新优质学校的过程中,学校从点上取得突破以后,通过点上的突破,逐步衍生到学校不同领域中,带动学校构建完善的课程体系,提升教师队伍的专业能力,不断改进学校的组织管理和制度,从而推动学校的办学品质提升一个台阶。

学校在点上试验项目取得一定的成绩后,在后续的深入持续推进过程中,面临的难题是,将点上试验项目成效进行推广应用。这往往给学校带来比较大的挑战,如果学校的教师队伍、组织管理等方面不能发生相应的变革,保障试验项目成效的推广,则只能停留在点上试验项目阶段,无法实现带动学校整体发展的目标。很多学校对这一部分的思考和重视不够,难以取得突破。这个过程需要通过体制机制的变革来实现,将试验项目成果迁移到学校的其他方面,带动更多的师生群体。

总体上说,需要重视学校系统变革。学校系统变革是学校经过一段时间的改革后,取得螺旋式上升的过程。学校在课程教学、教师队伍、组织管理等方面都进行整体的升级,实现了学校系统的整体更新和重塑,并且关注到学校系统内各个部分之间存在的关系。

(三) 实践案例①

每一所新优质学校在成长过程中,都会经历新优质学校理念带动学校整体发展的过程。长宁区绿苑小学的案例代表了这一共性成长历程。

案例 3.1　依托新优质学校理念,带动新一轮学校变革

从新优质学校倡导的"育人为本"出发,学校办学理念从关注知识转向注重素养,从五育并举出发深化课程改革,建设基于实证的成长伴随系统,提高教师的未来变革素养,并通

---

① 本部分的案例参考自《绿苑小学新优质成长报告》。

过数据驱动的学校管理和决策,推动学校发展。

比如,学校围绕办学理念,确立培养目标的价值取向,即活力"优+"少年,通过深入系统的研究,赋予"优+"学习品质以具体内涵,建构指标框架,让培养目标具有实际操作性。

以评价改革为抓手,深入开展数据驱动学校管理的实践探索,经历从建立数据自信,到发展数据智慧,再到关注数据伦理的阶段,实现学校管理决策从经验驱动到数据驱动,学校教育从单边教育向多边教育的转变。

学校无论是管理层、教师还是学生家长层面,都形成了基于评价证据改进课程教学的共识与习惯,评价变革的理念已经进入了校长和教师的话语系统中,在实践中重视把数据作为客观依据,驱动课程的开发、建设和改进,提升学校课程决策的科学性水平。

绿苑小学对理想的未来图景非常清晰,"让成长更加公平,让课程更加优质,让评价更加科学",为了实现这一目标,绿苑小学从办学理念、课程建设、学生发展、教师队伍等多个方面深入探索,依托多个项目,推动学校走上了一条主动变革、积极变革、创新变革的发展道路。

通过数据赋能学校管理的优化和改进。根据市区评价理念,形成校本化的教育质量评价体系(包括三个核心一级指标和十二个二级指标),在此基础上,研发了系列评价工具,构建了学校教育质量评价的数据库,连续开展年度监测,诊断学校管理中存在的问题。在多年持续努力下,形成一套极具实践价值和推广意义的"数据驱动的管理模式"(将数据转化为信息-将信息转化为决策-评估结果-基于评价结果和证据改进和重新决策)。

绿苑小学将学校的办学目标细化为具体指标,在学校办学过程中,持续通过指标观测办学理念的落实情况,为学校、老师和学生提供了改进依据。比如,绿苑小学持续多年发布学校质量绿皮书,通过数据诊断学校的发展状态,并做出相应的管理改进,发挥了数据支持的科学决策在学校中的价值。加强教师团队的数据素养和信息技术能力,帮助教师开阔思路、强化数据意识,通过课题研究,引领教师在课程教学中实现数据驱动的教学改进。在学生评价方面,通过评价系统,为每一位学生的多样成长提供可能,增加了家校联系,促进学生的全面健康发展。

1. 借由新优质学校理念带动教师专业发展

绿苑小学以科研课题引领教师发展,打造研究型的教师共同体,开展多渠道、多层级的立体化教师培训,打造专业发展的学习共同体,通过专题的工作坊,激发教师的创新意识,打造多元对话机制,推动教师的教学实践创新。比如:

绿苑小学在建设新优质学校的过程中,始终将培养"优＋"少年作为明确目标,通过项目、课题、培训等多种方式,将学校的办学目标落实为具体的十二个指标,再以其中的五个指标为关键点,指导学校的课程实施。

在课程实施中,学校非常重视学生品质的落实和监测。通过有计划的系统性教师队伍建设,提升教师的数据素养,为教师提供了发现问题的工具,为教师积极主动地改进教学提供了可操作的方法和工具。在学校管理中,注重通过连续的质量监测发现问题,让数据赋能学校管理,从而成为学校治理的关键驱动力量。

2. 将新优质学校理念融汇到学校课程教学

在课程改革方面,构建并完善"优＋"课程。具体地,在基础型课程中,开展对学生学习品质的培养,落实学校的价值理念。在拓展型课程中打造"活力六苑导"(包含乐苑、学苑、体苑、科苑、美苑、创苑),在探究型课程中,开展基于学生学习品质培养的主题探究学习,如《玩转地球课程》和《媒介素养》课程。

3. 始终聚焦于学生全面健康发展

绿苑小学对于学生全面发展的重视,渗透在从办学理念到学校办学具体行动的全过程。比如,在学生评价方面,紧抓基于数据实证分析的成长伴随系统,为学生的全面可持续发展提供了可能性。连续追踪学生的学习品质情况,并采用信息技术手段完成数据的记录、跟踪与分析,形成智能化的成长档案,实现了高效的家校沟通,也为学校改进和教学改进提供了实证依据。

绿苑小学是如何击破建设新优质学校过程中的各个难题的,可以从办学理念、课程改革、学生评价、教师队伍建设、学校管理和决策等几个方面逐个展开。在学校办学各方面的改革中,绿苑小学适时地采取综合研究方法,持续深入探索关键主题,取得了明显成效。

4. 学校进入纵横两个维度的持续改进状态

学校的持续改进体现在横向和纵向两个维度。

在横向上,学校持续地将"优＋"少年的培养目标,落实到学校改进的各项具体工作中。2015年开始,确定培养目标。2016年起积极地将培养目标落实到学校的具体课程中。2015年起每年开展学习品质测评,开展追踪研究,努力发现学生学习品质的特性,从而为课程和教学提供实证数据依据。2016年起更重视教师素养的提升,通过课题、培训等多种方式,提升教师数据素养,启发教师创新思路,为教师更好地培养学生提供方法路径。2016年起,连续发布学校教育质量评价绿皮书,推动学校办学的全方位诊断和提升。

在纵向上,学校所有的变革行动都是一脉相承,持续深化的。尤其是在评价驱动、数据驱动方面,有诸多可供新优质学校借鉴的经验。例如,学校从 2016 起,连续多年发布学校质量发展绿皮书,并开展有针对性的改进行动。

5. 培育自成体系的学校发展和成长状态

绿苑小学的成长体现出最为重要的两大动力源,一个是明确的办学理念,另一个是数据驱动的实证改进。

在数据驱动方面,学校通过发布教育质量评价绿皮书,对办学情况进行全方位诊断,由此寻找到学校下一步的改革和发展方向,通过基于数据证据的改进行动,带动学校获得持续的发展和成长,提高学校决策的科学性。

通过培养目标分析界定的首轮驱动,逐步带动学校整体变化,再通过持续评价实现二次驱动。如图 3.2 所示,通过"培养目标"的大轮和"评价"的小轮,构成了双轮驱动为特征的学校改进动力系统,为学校的持续优化、持续改进提供了源源不断的动力。

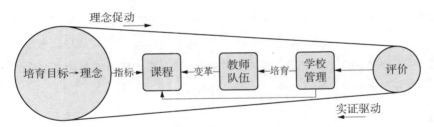

图 3.2   一种学校改进的动力系统(示意图)

四、第一类路径:从零到一的建设

新建学校通常是新开办的公建配套学校,主要分布在新建或者新兴的社区。此类学校大多是随着城市人口流动,作为新型居住社区的公建配套学校。新建学校的校舍、教师队伍、管理团队、学校文化等各方面均是一张白纸,留有较大的想象空间,而所处社区一般都是较有发展潜力、充满活力,此类新建学校的发展伴随着新兴社区的兴起而不断成熟,其发展通常是充满期待的。

（一）价值内涵

新建学校在建设初期，学校管理、教师队伍、课程建设、学校文化等均处于建设期。就像新建一所房屋一样，可以按照全新理念逐步建设。新建学校面临的最大的问题是，如何确保学校在快速发展和成长的过程中，遵循"新优质学校"的价值追求，稳扎稳打，经过持续努力，不断培育学校文化，形成良好的育人生态，成长为一所全新的新优质学校。

1. 价值

新办校重在策划与设计。万事开头难，但也并不是没有规律可循。新建学校办得怎么样，一方面决定这个学校的起点；另一方面为学校发展植入了基因。

新建校一般都要根据学校主办者的期望、社区经济社会及人口状况、创办者对教育的认识与理解，形成学校的价值追求、确定学校的发展定位。具体而言就是要提出学校的发展理念、发展目标、育人目标，并且将新优质学校的价值追求紧密地融合进去。并要将这些设想具体化为学校办学的各要素与各环节。具体体现为学校的课程建设、教学方式、教师组成、治理模式等方面，这就需要学校形成具体的建设规划，而且要在逐步充实相关内容的基础上，尽快健全制度，理顺机制。这些工作做得如何，将直接影响办学起点及学校后续发展。

2. 内涵

从零到一的路径，即从无到有的过程。上海语境的新建学校，一般会有"新""先"和"渐"三个特点。"新"好理解，作为新办学校，校舍、设施设备等都是新的。"先"则是上海对新办学校一般要求会比较高，不但政府要求高，老百姓的期盼也会比较高，受托创办新学校的人员一般要求有较成熟的办学经验和先进的办学思想，所以呈现出来的办学蓝图会比较先进。"渐"则是新建学校一般处在城郊接合部或大居区，由于人口本身有一个逐步增加的过程，老百姓也有一个逐步认同接受的过程，所以学校的发展规模会有一个渐进的扩大过程。根据这些特点，学校会经历一个前期筹办、规划研制、队伍组建、校园优化、课程开发、正常教学、健全制度、步入正轨的过程。

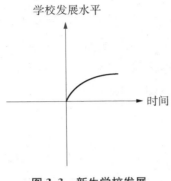

图 3.3　新生学校发展

（二）路径阐析

1. 要突破的问题

新建学校走进新优质的历程是学校发展产生潜力、动力、效力与创造力的历程；一般而言体现在以下三个层面。最上层是"人件"。人件包括三部分：一是学校精神，指全校师生员工围绕学校办学理念的践行力度；二是教育者，包括校级中层管理人员和教工；三是知识水平，指的是学校发展过程中，全校教工对于现代学校办学拥有的专业知识总和，简单说来就是一个凝聚而又有追求的目标以及一位优秀的校长与一支素质优良的团队。其次是软件，这里指的是现代学校治理体系，其实质是走向新优质学校的过程，具体体现在四个方面：一是理念方面，要为师生个体发展给予真正的关注，形成新优质学校价值理念的共识；二是制度方面，建立适合本校发展的制度体系，同时在制度形成过程中做到民主参与；三是行动方面，建立包括校长、管理团队、教师、学生、家长、社区的合作伙伴关系；四是监督方面，为学校发展提供建设性意见，[①]包含拥有适合区域背景且符合"新优质学校"价值追求的办学理念、高效的学校管理、深厚的文化底蕴、良好的校风校貌、优质的教学质量。最后是硬件，指的是承载学校办学的物质保障，包括学校环境、设施设备及配套系统平台软件、办学经费等。

新优质学校的发展过程是"润物细无声"的，需要实实在在在每一个细微之处用心去

---

① 冯晓敏.现代学校治理体系的理念框架与内容建构[J].现代教育管理,2015(8):4.

做,需要教师、学生、家长和社区的认同,最终反映在学校的文化力、制度力、凝聚力、执行力、创新力上。相对于一所学校而言,可以考虑以下策略:

第一,如何确定符合新优质学校价值追求的办学定位?

学校的办学定位是事关学校全局和发展方向的重要命题,决定着学校的办学方向、办学目标和办学特色,是学校一切工作的起点。确定学校办学定位,首先要清晰"五维基础"的现状:

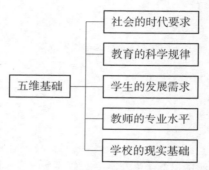

社会的时代要求

教育的科学规律

五维基础 ——— 学生的发展需求

教师的专业水平

学校的现实基础

图 3.4 "五维基础"现状

学校发展规划是建立在办学定位基础之上的,包含着办学理念,而办学理念又体现了办学定位的诠释及目标引领。有了目标引领,就有了奋斗方向,有了前进动力,也就有了工作追求。学校发展规划是为了实现办学目标而具体确定的近期围绕学生全面发展、学生成长模式、课程设置及实施、教师发展、教学管理、学校文化及保障的总的可操作可落实可检测的闭环方案。

新建学校要将办学定位及发展规划的确定形成专项活动方案,组织动员广大干部、教职工群策群力、共谋思路。其具体做法:一是通过加强对当前党的教育指导思想与国家政策及发展形势的学习,进一步提升干部、教师的认识理解以及对学校发展面临形势的分析与判断;二是学校要积极主动组织深入区域社区基层,进行咨询调查、交流访问等深入的调研,了解政府行政部门、师生员工、周边社区、学生家长对学校办学定位的意见建议;同时通过赴类似的学校进行调研考察,进一步学习经验、开阔视野;三是通过分别召开各类广泛关心学校教育发展的专家、干部、教师、家长、社区代表等各方代表座谈会,广泛讨论,集思广益,全面收集对学校办学定位的建言与献策;四是通过召开学校党组织、党小组、党外人士、群众教师、学生代表等小组会或者扩大会,专题讨论研究学校当前的发展办学定位问题;五是初步形成学校办学定位和发展思路,在中层讨论、群众评议的基础上,召开征求意见会,进一步听取各方意见和建议;六是组织党组织、校务会、行政会、工会等讨论审议通过学校办学定位和发展思路,将之纳入学校发展之路并具体部署落实。

第二,如何提出符合校情的新优质学校办学理念?

办学理念往往不是现成的,更不是照搬而来的"拿来主义",而是要反映党和国家的教育要求,体现区域教育发展需求,融合家长和学生的发展需要,体现学校对教育发展的理解与追求。就新优质学校的办学理念而言,应该建立在"新优质学校"价值追求的基础上,需要校长带领广大教师协作同行。所以,要确立一所新建学校的新优质办学理念,校长要引领教师团队,立足"回归教育本原"的教育观,在教育实践中思考适合校情的办学理念,它反映了本校学生、教师对学校发展的思考。办学理念要遵循教育的科学规律,要体现教育的本质,要思考教育的必然,要追求教育的宗旨,是在一定时期内指引着学校全体师生不断前行发展的根本。只有基于校长的教育实践充实丰富学校的办学行为,基于校情并找到能紧紧围绕学校文化背景呈现的适切载体,并能恰当描述的办学理念才有意义、被认同、可追求、能落实。

第三,如何构建符合新优质学校价值的学校文化框架?

学校文化是学校成员共同认同与遵守的价值规范,是学校呈现出来的独特样貌。千难万难开头难,与普通学校相比,新建学校大多没有文化历史积淀,更谈不上传承,加之筹建工作千头万绪,校园文化建设必然显得任重而道远,通常困难较大。倘若采取"灌输式""定义式"即便看起来表面有"文化",其实在相当长一段时间内难以入脑入心,谈不上被广泛认同,这样的文化根基不稳。当然新建学校也有自己的优势,比如新学校如一张白纸,没有陈规障碍,学校领导者更容易引领学校师生与家长凝聚共识。学校需要立足办学定位,基于师生及学校发展需求,凝聚共识、以可持续发展的长远眼光看问题,才能彰显学校发展特色追求。

第四,如何建设符合新优质学校发展的制度体系?

"制度"指一种规则或规范体系,用以调整个体行动者之间以及特定组织内部行动者之间关系的权威性行为规则体系。教育改革的不断深入对学校治理变革提出新的要求,学校管理理念和管理手段正在发生着相应的变革,学校的各种利益群体的需求开始发生变化,出现了多元目标和多元需求,学校资源的动员、配置和各种群体利益的协调、兼顾,单靠利益驱动、思想政治工作不够,原有的治理模式已经难以适应高质量发展的要求,这对学校制度建设提出了更高的要求和更大的挑战,因此,探索和思考新优质学校制度建设,营造有利于学校自主发展的制度环境,加强和改进学校管理和调控,把校内外各种资源最充分地调动起来,让每个生活在其中的个体都得到尊重,使每个人都能为学校的发展目标同心同德、共同奋斗,这对于促进学校全面、协调、可持续发展,具有非常重要的意义。

第五,如何构建符合新优质学校特征的课程体系?

新优质学校的"学与教"领域表现的价值导向与内涵呈现①如表 3.2 所示。

表 3.2

立足学校发展	内涵呈现
五育并举	国家课程校本化有效落实,建立符合学情的学校课程实施的规划与决策机制
回应需求	学校课程的丰富性能满足学生全面发展的基本需求
系统设计	持续优化的学校课程管理机制及课程资源支持
素养培育	凸显正确价值观、必备品格和关键能力的培养要求
因材施教	关注并积极应对学生差异化
文化营造	培育积极的学习文化

在新时期新课改新要求下,新优质学校课程建设应始终坚持围绕"育人"为本,在课程理念上首先坚持从"育分"转到"育人","育人"不是抽象的概念,要具体化为学生核心素养与关键能力的全面培育,只有坚持"育人"才能促进学生得到全面而个性的发展②;其次,课程要有可选择性,要让全体学生都能有所选择,找到适合自己的课程,而且由于学生差异化大的背景,必须增强校本课程的丰富性。选择性与丰富性也是新优质学校课程建设的两个重要特点。

新优质学校有四大办学特征:有教无类、回归本原、积极探索、百姓满意。因此,课程教学体系构建主要体现为四方面:学校文化铸魂育人方向,体现全面育人教育价值;课程体系

---

① 选自上海市新优质学校研究所《2022 年新优质学校认证手册》。
② 胡兴宏,汤林春主编. 新优质学校设计[M].上海:上海教育出版社,2018:9.

修筑师生成长"跑道",促师生全面发展;课堂样态深耕核心素养阵地,提升教学质量;家校社共同体协同育人,聚集内涵发展闭环。① 新优质学校课程体系建构的基点在于:人的发展始终是学校课程的起点和终点,要关注每一个学生的成长与发展,通过课程的浸润使其内心变得丰富而自信。在课程实施中要关键把握:教给学生一生有用的知识和能力,关注基础教育对人的终身发展产生的影响。整个课程体系要体现:首先要核心把握国家课程的校本化实施,同时面对全体学生及学生的差异化建设多样化、特色化的校本课程。其次基于全面的课程观,将课堂学习、校园生活、活动实践、家庭教育等纳入学校课程体系,实现学校课程全方位、全过程育人。再次,新优质学校课程体系建设应该是可持续优化迭代的,充分发挥全体师生的智慧,以主动发展的姿态对校内外需求保持螺旋式上升的积极优化迭代,使课程始终处在主动创生状态。

第六,如何打造符合新优质学校特征的教师队伍?

新优质学校的"教师发展"领域表现在"素养培育""因材施教""文化营造"三方面的价值导向,其标准内涵分别是凸显正确价值观、必备品格和关键能力的培养要求。教师队伍建设,特别是师资素养是办学品质和教育质量的关键。作为新建学校,教师成长发展问题将是未来掣肘学校持续发展优质发展的大问题,打造高素质师资队伍的任务往往迫切而艰难。而校长和教师是实现学校教育目标的核心和关键。

素质教育呼唤教师素质的提高。学校能否建设一支具有优良师德,胜任现代教育教学工作,具有现代教育理念,适应教育改革和发展需要的高素质师资队伍,从根本上关系到一所学校的生存与发展。"个体素质较高,群体结构合理,富有协作与创新精神"的师资队伍本身就是学校品牌的重要内容。

2. 突破问题的策略

"价值坚持,找准定位,鲜明个性,彰显特色"是一所新建学校走向新优质学校的四部曲。通过准确定位本校学生的培养目标,自己的服务对象,基于区域、社区及本校校情,建立自己的核心竞争力,彰显新优质学校的办学特色。

第一,设计学生培养方式奠定办学质量根基

学生培养方式是在一定的办学理念指导下,对学生培养目标、方法、机制、措施及培养

---

① 王平."四个构建"向阳生 破茧成蝶求嬗变——"新优质学校"课程教学变革及支持系统的探索与实践[J].进展:教学与科研,2023(1):4.

过程中各种关系的规范。先进的学生培养方式是先进的教育理念的客观化,是先进的教育思想在教育实践中的反映和表现。首先,新建学校要勇于推进教学方式与学校治理方式变革,特别要关注学生形象的描绘,相对具体地提出学生发展的素养要求,注重学生全面发展基础上的个性化需求,促进学生全面而个性地发展。其次,新建学校要重视学生创新精神和能力的培养,这使得学生在未来成长中面对挑战和机遇时能更好地适应社会,要梳理教育者的共识并探索实践机制,鼓励学生独立思考,激发学生的创新意识和能力。同时,在全面贯彻党的教育方针,坚持立德树人,落实"双新"课程改革素养导向的背景下,要特别重视学生的综合素养培育,所以要重视学校丰富多彩的综合实践活动设计。

第二,构建课程体系丰富学生的学习经历

依照上文提到的新优质学校的"学与教"领域表现的价值导向与内涵呈现,新建学校在构建课程体系中应关注并积极应对学生差异,培育积极的学习文化,重点落实国家课程校本化,积极构建丰富多元的校本课程,形成指向学生培养目标印证办学理念的课程图谱。以适切性为设计实施前提,基于国家要求,提升学生素养,体现区域特征,关注社区需求,关注个体差异,确保全纳托底,创设培优空间,注重兴趣培养。

学校课程的设置与实施需要以下几个基本坚持,第一,坚持国家课程的核心主体地位,通过校本化有效落实国家课程;第二,坚持基于"五育并举"的全面培养模式,为学生全面成长提供必要平台与路径;第三,课程的设置要与学校办学理念、学生培养目标及学校特色发展有内在的逻辑关系;第四,在课程设置具备选择性与丰富性的基础上要坚持密切联系真实生活情境并注重行为与情感体验。

第三,塑造校园文化打造学校的独特样貌

新优质学校强调"营造有温度、成长性的学校文化",其内涵表现为:一是学校注重办学理念系统的设计与持续完善。理念有温度,蕴含对学生成长的高期待;理念有厚度,能将价值观念具体化为具有指导性的行为与规范;理念有辨识度和知晓度,师生高度认可;理念具有开放度,广大教师、学生和家长都能成为学校理念的"合伙人"。二是学校应该拥有较为丰富多元的文化活动(如节庆、仪式等),师生能从这些活动中优化价值观、提升主动性。三是学校的物理环境设计与布置优美、大方与实用,充分彰显师生成长的足迹,充分呈现对师生成长的赏识、信任和期待,充分考虑到与师生的互动。①

---

① 选自上海市新优质学校研究所《2022 年新优质学校认证手册》。

校园文化是学校师生员工创造的。学校从办学理念、育人目标出发,要精心策划学校的价值文化、行为文化、制度文化和物质文化,使校园文化成为一种动态而有生命力的教育力量。在学校发展过程中,各类"工作目标"要与校园文化所体现的"教育价值"相统一,两者相辅相成。这种关系使得学校教育者在明晰自身教育使命和教育核心价值的前提下,自觉自愿地投身到学校的各项活动之中,并积极地影响学生和家长以及社区的人,进而扩展和强化学校与家长基于教育共识而产生的共鸣,从而使相关人员对学校的追求产生认同,并一以贯之地践行。

第四,培养师资队伍为学校发展提供保障

在关注教师专业知识与技能发展的同时,加强师德师风建设,重视教师的理想信念、职业操守、意志品质、思维心智等内在精神状态和思想境界的提升,夯实教书育人的基本功,促进教师快速成长。

系统设计并组织教师培训、规范教学行为,开展教学设计和实施的行动研究、加强常态听评课,开展课堂观察,引导教师把握课堂教学环节实施、技术运用、教学策略等不断改进提升课堂教学质量,提升教学水平。加强青年教师的拜师带教和岗位实践,配置资深教师示范引领和带教,加速成长;组织教师认真学习,加强观摩听课观课,熟悉教学规范,熟悉教材会控班,加强教师课堂教学的问题诊断,明确任务帮助新教师熟悉教学,掌握教学规范,站稳讲台。从规范教学行为,践行课程标准,细化问题研究做起,引导教师反思自己的教育观念和教育行为,构建研讨氛围,促进教育知识或教育理论与教学实践的融合,实现教师个体教学实践的自我超越,提升教育智慧。

加强常态教研管理,提高教研组织管理水平,制定教研工作方案,明确目标任务;加强教师研训技术手段选用,优化教师培训方法与技术,依托现代教育技术和工具的使用,加强教师研修科学管理,提高师资队伍建设的针对性、实效性。

第五,发挥家校社协育作用提升治理能力

新优质学校追求办好群众家门口的学校,需要得到家庭、社区的广泛认同。新优质学校的创建过程就是建立和维护与家长、学生、教师和社区关系的过程。所以,一个成功的学校也就意味着良好的社群关系,它不仅能获得家长的信赖和忠诚,还能赢得师生的努力支持和社会的广泛认可。一般认为,学校的社会参与度越高,学校越好。现代社会是开放的社会,现代教育也必须是面向社会的教育。这种教育在积极服务社会的同时,也能广泛地吸引社会的支持与参与。而如何发挥学校主阵地作用、家庭教育的主体责任,构建教育良好生态,推进家校社协同育人,扩展教育资源空间,引导学生培养广泛兴趣爱好、健康审美追求和良好学习习惯,是家校社协同育人工作的核心。新建学校要积极建构健全"家、校、社"协同育人体系,加强家庭教育科学指导,进一步明确家长在家庭教育中的主体责任,为学生健康成长创造良好家庭环境;学校要加强家庭教育指导,积极对接各类社会教育资源,建立相对稳定的社会实践教育基地和资源清单,联合开发开展丰富多样的教育实践课程,健全家庭学校教育的协同沟通机制,提高家长的家庭教育水平;建立学校社区家庭教育协育机制,培养家庭教育指导服务队;积极发挥社会资源的作用,引导社区对接家庭,提供普惠公益性的家庭教育资源,为亲子互动、家庭研学提供公共文化资源,以及高质量的家庭教育辅导与咨询服务。

(三) 实践案例①

案例 3.2　奉贤区明德外国语小学高起点办学

奉贤区明德外国语小学成立于 2013 年 9 月,是奉贤大型居住区新建的第一所公建配套小学。学校地处青村镇,远离中心城区,生源差异大,社区资源十分匮乏。随着新城的规划和建设,学校又成为奉贤新城的一员。"独立、无边界"的新城建设理念以及"让教育点亮城市"的愿景目标,赋予了学校新的使命和责任——让教育为新城"引得进人才、留得住人才"。从办学之初,学校即确立了"每一个孩子都如此的了不起"的办学理念。回归教育本原,真正关注人的发展,关注育人的全过程,注重学生多样化的学习需求。不太长的办学历程虽经历了变化和挑战,但始终在一路成长,取得令人瞩目的办学成绩。

1. 涵养"四气"少年——助力每一位明德学子走向"正气、大气、灵气、雅气"

2013 年建校后,学校的学区划分在不断变化,生源存在较大不确定性。家长的文化层次也相差甚远。学校深刻地感受到让这些成长环境不同、所受教育方式不同的孩子养成规范的行为习惯和学习习惯,在此基础上凸显个性发展,彰显个人气质显得尤为重要。因此,学校在秉持"高起点、高要求、有特色、国际化"的办学追求外,坚持德育为先,细化养成教育,创新家校协作,"五育并举"推动全面发展,真正培养"正气、大气、雅气、灵气",具有民族

---

① 案例节选自《奉贤区明德外国语小学新优质学校成长报告》。

情怀和国际视野的"四气"少年。

一是细化养成,塑造"四气"品格。拟定《MFL学生一日行为规范》,使学生在校生活的各个环节有章可循,让学生懂得分清场合、张弛有度。二是七彩活动,铺就寻梦之路。学校德智体美劳并重,从书香香园、文化活动、国际理解、仪式教育、阳光体育活动、科技创新等提供丰富多彩的活动和发展平台。三是评价助力,提供发展导航。搭建"明德外国语小学七彩大拇指综合素质评价系统",系统分为七个维度,采集学生数据,科学智能分析,展示学生成长数据并形成数字画像,动态评估和针对性跟进学生个体。四是协同育人,优化成长环境。编写《了不起的家长》电子家长读本,参与区教师家教指导力网络课程开发等,切实加强对家庭教育、家长学校和家委会工作的探索和实践,聚集教育合力。明德外国语学校的养成教育目标适切、恰如其分;养成教育的方式多样、切合;重视对学生的全面评价及积极反馈,支持高质量的公平教育。学校开发的七彩素养平台,学生评价具有综合性强、信息化程度高、嵌入教育教学等特点。

2. 学校坚持致力于探索教与学方式变革,探索实践"大拇指"课堂

学校围绕"快乐每一天,成长每一刻,收获每一时"的课程观,提炼出"大拇指"课堂的要义,即"学为中心、自主开放、富有情趣、充满温暖"。"大拇指"课堂是温暖的,充满温馨,允许犯错,允许"插嘴",允许"失败";"大拇指"课堂是情趣的,以情感、以实物、以实境激发孩子学习的兴趣;"大拇指"课堂是开放的,在多边互动中,每一个孩子的思维是自由的,每一个孩子的见解都可以得到充分发表;"大拇指"课堂是智慧的,是善于把先进的技术有机融合的课堂。

学校坚持构建"智慧、高效、互动、创新"的教学模式。一是再造流程,构建课堂模型。深入研究"二问、二动、二静"的高效课堂,构建教学基本模式,各学科立足课标和学科素养培养的要求,构建了体现学科特质的课堂模型。二是智慧课堂,关注个别化学习。如数学学科借助手写板,理清知识结构;体育课应用体质监测系统,增强教学的有效性;美术课探索的"小画家长廊",每一个学生的作品得以被欣赏;网上音乐厅、小小科学家、体育小达人等数字展馆探索,让学生获得成就感和更精准的支持。三是作业研究,减轻过重负担。加强校本作业体系的研究与实施,依据知识导航图设计作业,引导学习的系统性,不断调整优化,关注传承更新和作业分层。

3. 通过建构"大视野"课程,支持学生的多元需求与个性发展

学校从2013年建校开始,从基于加德纳的多元智能理念架构的1.0版"七巧板"课程到2.0版"让视野更宽,与世界更近"的"大视野"课程,学校始终追求的是让每一位明德学子都

能选择自己喜欢的课程。"大视野课程"强调,教师不再是单纯地进行学科知识的教授,而是陪伴孩子有意义地度过快乐的每一天,孩子体验着知识学习的潜移默化,师生共同浸润课程其中。"大视野课程"理念是:"让视野更宽,与世界更近。"课程即视野,学校力求提供各类课程,不断开阔学生的见识;课程即经历,让孩子们收获每一时,成长每一刻,快乐每一天;课程即种子,让课程在每个孩子心中埋下一粒种子,培养学生健全人格和多元志趣。"大视野课程"力求体现六大基本特征:倾听感、逻辑感、见识感、质地感、统整感、成就感。

一是综合活动课程,拓宽视野激活创新。如设计《石头·剪刀·布》综合活动课程,从孩子们的真实生活中寻找主题,以问题真实性、任务适切性、学科融合性、任务情境化、内容在地化为突破口,采用制作、绘画、故事、表演、歌舞、游戏、观察、探究等形式设计并实施活动。开发中高年级项目化学习《"小眼睛,看大世界"》国际理解教育课程,从走进一个国家或地区、一件国际热点时事、一种传统文化中,以主题探究的方式,体验多元文化,培养全球意识,修炼国际沟通交往能力。二是快乐"330"课程,尊重个性创设舞台。学校开设88个不同类型的社团,将外聘教师和本校教师结合,采用混龄走班,普适与提高相结合,长短课程结合,为每一个孩子的潜能发展服务。通过全面、丰富、高品质的活动和课程,既支持学生的多元与个性发展,同时也积极消减差异化家庭背景的不利影响。学校积极建设五育并举的"大视野课程",践行体育、艺术的发展与学科学习同等重要的课程实施理念、课程建设与活动建设,关注学生全面的发展,学生的卓越表现来自学校提供的课程,学校教育是学生卓越表现的重要影响因素。其中体育课程对学生体质健康有明显促进作用;开发了毕业生课程、主题式综合活动课程等特色课程,项目普及与提高形成一定的课程序列,兼顾学生需求与取得的卓越表现。在"双减"背景下,学校丰富的艺体课程资源为学生提供了更丰富的学习经历。

4. 加强五项修炼——让每一位教师成为最好的自己

学校发展的每一天都在积蓄能量,成长跨越,每一位明德人都在这里找到了自己专业化发展的最适切路径,在最适合的土壤中深耕细作、茁壮成长,诸多骄人成绩的取得,源于"大拇指教师"专业素养的五项修炼。

一是职业精神修炼。学校以职业精神传承引领为核心,以德修己,润物无声,唤醒每一位教师来自内心对教育工作的尊重、热忱与执着。主要通过以下五条途径修炼职业精神:加强师德师风建设,厚植为师底蕴;制定教师行为准则,夯实为师思想根基;学校文化理解认同,培植师德文化;榜样示范引领教育,铸就师德之魂;创新师德评价机制,成就为师职业梦想。学校坚信每一位教师都是如此的了不起,每一位教师在职业发展过程中都有动人的故事,每一位教师都可以成为一面示范旗帜,不断鼓励教师以随笔的形式记录自己的故事,并通过微信公众号"大拇指教师"专栏、"初心故事"专栏,编辑校刊《生长的幸福》等线上线下相结合的方式多渠道、多方位呈现他们平凡而又感人的故事,在教师中形成崇尚模范、争做标兵的价值导向。

二是内生动力修炼。学校从教师内心出发,点燃每一位教师的内驱力发展,激发教师的成长需求,不断向上向善发展,做最好的自己。以夯实"文化认同"基底、绘制"三年规划"蓝图、培厚"书香校园"沃土、搭建"圆桌交流"平台、提供"智慧创新"机会五种途径修炼内生动力。如其中的"圆桌交流"是这样操作的:学校除定期开展备课组、项目组专题教研活动之外,更鼓励教师开展"圆桌交流"。课前议一议,让每一位教师在走进课堂前,再一次思考我的这节课里面教学重点是什么、难点是什么、我的课堂上可能会出现什么问题。正是在这样一种非正式的、平等的交流中,老师们解决自己的疑惑,学习别人优秀的做法。课中想一想,老师们从得与失方面入手,将课堂散落的点进行系统思考与整理,对教学设计进行进一步的完善,对课堂教学落实不到位的环节及时跟进。课后聊一聊,主要是新教师向老教师请教实际课堂教学中的困惑、突发状况等。只有这样不断总结,善于总结,才能精益求精,不断提高。

三是专业能力修炼。学校鼓励教师锤炼基本功力、磨炼课程执行力、铸炼五环节把握力、研炼信息技术力。教学五环节是教师行稳致远的密钥,学校提出"备课四点法则""上课三不讲原则",科学设计作业体系,让教考一致达成关联。"备课四点法则",要做到在教材与学生之间找到共振点,在学科与生活的联系中找到启迪点,在已知和未知的对接中找到相通点,在个体与集体力量中找到平衡点,让备课具有力度。"大拇指课堂"以"情趣、智慧、开放、温暖"为表现特征,教师坚持做到"三不讲",即学生已经会的不讲,学生能自己学会的或经过讨论能学会的不讲,讲了学生也不会的不讲。学校实行人盯人式跟踪听课,每一学年选定几位教师进行分层次跟踪式听评课,围绕作业与命题开展主题研修,创新作业类型方式,以一页纸作业研制为任务驱动,不断实践指向教考一致的学生素养培育的作业体系架构,并在实践应用中动态调整。积极尝试评价与信息化结合,实现精准化分析,个别化指导。通过这样的专题研修、精细实施的修炼,明德的学科领衔者、特色学科、精品课堂、品牌教师就纷纷涌现出来了。

四是信息素养修炼。学校致力于"慧校园"的打造,以"上海市教育信息化标杆培育校"

为契机,多角度促进教师专业化发展。以校本培训,夯实教师信息化素养;立足课堂,推进教师信息化应用与研究;以项目推进,注重信息化项目实施;以项目研究,提升在线教学技能;创建平台,满足多元化评价需求。疫情打破了学校常规的教育教学计划,但同时更撬动了教育信息化改革的杠杆。线上居家学习如何让孩子学得更充分,让老师教得更智慧,如何实现高效的在线教学? 学校不断思考与实践,以项目为研究载体,不断提升教师在线教学技能。学校以项目组、备课组为单位开展"线上教研""线上磨课",大家云端研讨,发挥团队智慧,提升在线教学质效。

五是心辅能力修炼。学校通过营造积极向上的校风、构建和谐人际关系、关注教师心理需求、开展多样心理培训、构建人文生态课堂五大路径帮助教师修炼心辅能力。如,学校在每一年的寒暑假"大拇指教师"培训中,都会安排教师心理健康知识讲座,指导教师的心理辅导能力。学校组织的培训既有普适性的心理健康知识宣传,又有针对性的心理疏导,还有体验性的心理放松。学校心理辅导中心不仅定期向教师推荐心理学相关书籍,还举办教师沙龙活动,从强大和释放两方面完善教师心理人格。此外,学校鼓励并支持全体教师多渠道多形式参加心理健康教育培训和学习。

"大拇指教师"专业素养的五项修炼,坚持着"不变"与"变"。"变"的是教师素养发展培育的方式、内涵和外延,"不变"的是教育者的初心与目标,每一位教师都如此的了不起,让每一位教师都成为最好的自己。

案例评析

奉贤区明德外国语小学是一所新办学校,在建校之初就确立了"让每一个孩子成为最好的自己"的办学理念,并确立了"正气、大气、雅气、灵气",具有民族情怀和国际视野"四气"少年的育人目标。在此基础上,学校开发了"明德外国语小学七彩大拇指综合素质评价系统",从七个维度采集学生发展数据,引导学生全面而个性地发展。

为了使学校的育人目的落地,学校基于五育并举开发了"大视野课程"体系,以"让视野更宽,与世界更近"的课程理念,努力打造具有倾听感、逻辑感、见识感、质地感、统整感、成就感的大视野课程,为学生的全面发展及差异化发展提供了丰富的学习经历。

为了让孩子在学校学足学好,获得充分而有意义的学习经历,学校形成了"大拇指课堂",力图做到尊重差异、因材施教、技术赋能。开展了差异化教学、个别化和分层教学的实践,提炼出"二问、二静、二动"的六字流程和"备课四点法""上课三不讲"等教学策略,在信息技术与教学融合等方面进行了多元探索。

为了促使学校育人目标及设计的课程教学有效实施,学校着力推进"大拇指教师"专业素养的修炼,提炼出"五项"修炼内容,探索出五条路径。学校注重师德师风和榜样激励,提升每一位教师的职业认同,坚信"每一位教师都是如此的了不起"和"每一位教师都可以成为一面示范旗帜"的理念,要求每一位教师做好个人发展规划,同时引导教师把专业的发展写在职业生活的每一天。学校注重经验推广和跟踪指导,通过圆桌会谈、人盯人跟踪听课等策略,提升教师教学水平,将行之有效的做法作为实践准则推广落实到每一位教师的实践之中,并组织专门的指导团队跟踪指导以期落实到位。

一所新的学校面对的是一张空白蓝图,需要校长与创始成员审时度势,紧紧抓住学校办学的关键环节与关键要素进行设计并逐渐落地,奉贤明德外国语小学是一个不错的范例,它从定位、文化、课程、教学和教师等方面进行了全方位策划与实施,在较短的时间内取得了不俗成绩,既体现了新优质学校的特征,也实现了高起点发展。

五、第二类路径:从低走高的跨越

有一大批名不见经传的普通学校,是奔着寻找"破局"之法的热望,逐步接近新优质,并走上建设新优质学校的道路上来的。这些学校因为结缘新优质学校,很快走上了教育教学改革的快车道。

(一)价值内涵

这一类学校常常是因为各种原因,或者主观原因,或者客观原因,遇到一些特殊情况,导致学校的教学质量下滑,继而学校管理层和师生失去信心,学校在底部徘徊不前,社会认可度低,进入恶性循环,各方面发展不尽如人意,难以走出困境。

这一类学校中,学生的家庭社会经济地位较低,家庭文化背景参差不齐,学生可以依赖的家庭支持力量非常有限,较多地依赖学校的教育教学。这些学校中,学校总体长期处于底部,难以跨越,长期的底部徘徊,使得师生和家长对学校也不抱希望。同时,学校和家庭都无力改变,也没有改变的信心,在这种情况下,学校的教育教学面临着更多的压力,学校与新优质学校之间,横亘着难以破解的问题。这些学校也许各方面工作平实、扎实,在积极努力地做好学校管理和教育教学工作,但缺少辨识度,难以进入大众视野,不能得到社会的普遍认可,对于师生和家长来说,并不是一所人人心向往之的学校。

从国家层面看,这类学校是国家义务教育优质均衡发展过程中必须攻克的难点。从学校层面看,这一类学校具有改变的迫切愿望,最需要的是寻找到发展的突破口。从家长层面看,这一类学校通常是家长无奈之下的被迫选择。可以说,这些学校离建成新优质学校还存在比较大的差距,学校管理、课程教学、学生发展等各方面都需要进行改革或改进,才有可能冲出困境。

主要有两种类型:

第一种是沉默学校。这类学校因各方面均无明显起色,社会认可度不好,普遍不被社区居民信任。长此以往,生源质量也越来越差,各方面难以寻找到突破点。

第二种是爬坡学校。这类学校虽然也处于低位,但是已经明确了学校发展的主要方向,已经初步开展了积极探索,但是还没有形成明显的效果,在带动学校整体发展上也表现出力不从心的特点。

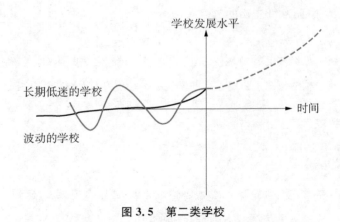

图 3.5　第二类学校

(二) 路径阐析

一所学校要突破困境,实现转身,往往需要进行全面的改革。最显著的是教学质量,或者学校可以寻找的突破方向,一旦学校在某一个方向上取得成效,就能从很大程度上振奋师生的精神,获得社区的认可,从而开始走向良性发展的轨道。在走向良性发展轨道的时

候,对于这一类学校,在发展中通常会遇到以下问题:

问题1:怎样寻找契机,让学校走出低谷?

问题2:如何重建学校文化,为师生家长重新找回信心?

问题3:如何处理好学业成绩和学校发展的关系?

问题4:如何提升学校的社会认可度,成为家长满意的学校?

问题5:学校如何凝聚各方面的力量,共同促进学校的整体发展?

1. 要突破的问题

第一,如何突破学校面临的困境,走出当下的低谷?

由于学校教学质量比较差,不能得到社区的认可,家长在失望之下,会出现用脚投票的现象,转向其他更认可的学区,使得学校生源进一步流失,长期下去,形成恶性循环,学校的生源越来越少,师生的信心继续下降,学校的发展更加困难。这一类学校所在的社区,很多往往是拆迁、搬迁后形成的社区,或者多是外来务工人员子女,家庭环境对子女教育的帮助很小,对于这些孩子来说,进入学校是获取优质教育资源的唯一选择。

这类学校在发展中,有些学校因长期处于低谷状态,学校的师生和家长都丧失信心,有些学校就会有"躺平"的想法,将学校无法发展的问题归咎于生源差、师资差等客观原因,缺少发展的主动性和积极性。这些学校面临的挑战是,扭转对于学校质量水平的惯性认知,将育人作为学校质量提升的核心,根据社区孩子的实际情况,以促进孩子的成长和发展为目标,聚焦于学校和师生自身的成长。

这一类学校首先需要深度分析社区的学生特点,比如学生在哪些方面需要帮助,学生面临着哪些需要解决的问题。当学校对学生做全面分析后,结合学校所在社区的特点,致力于为孩子提供最需要的优质教育,将教育关怀和教育公平惠及来自不同家庭的所有学生,尽可能适应学生特点,提升学业质量,满足学生发展需求,是学校突破低谷,走出困境的第一步和关键一步。

第二,如何通过寻找切入点启动学校发展改革?

寻找改革切入点,是学校正视发展中存在的问题,分析学校改革中可以解决的问题,从具体领域出发,下功夫解决掉面临着的现实问题,从而带动学校走向新优质学校道路。学校在分析问题时,可以从综合分析学校情况和学生特点出发,比如,在分析学生特点的基础上,着眼于学校具有一定基础或具备发展可能性的领域,聚焦点上的改革,聚精会神地扭转学校在某一方面的做法、结构和状态,探索有效的改革路径,逐步地将点上的改革打造为学校发展的优势,通过优势的打造带动学校走向优质发展道路。

这一类学校在突破的过程中,面临的问题是找到突破的"着力点",可以是学业质量、艺术特色等不同方面,关键是要找到学校最有基础、最有可能、最有把握取得突破的具体方向。这要求学校能够对自身有比较全面准确的认识,寻找到最适合集中精力攻克的难点。当学校在某一方面集中精力突破时,能够撬动学校已然固化的现状,启动寻求新一轮发展的路程。

第三,如何乘胜追击获得整体发展?

每一所学校在具体领域取得提升后,需要思考的是:如何发挥已有优势,达到"乘胜追击"的效果?对于学校来说,这一步要求学校总结经验和优势,全面思考学校整体发展。比如,学校在学业质量或者特色发展方面获得一定程度的改观后,需要通过及时放大效益,推动学校迈上新发展。比如,学校在学业质量、特色发展等方面取得一些进步后,如何逐步地建设高效的教师团队,建立与之相匹配的管理机制,围绕学校办学目标营造学校文化,不断深化课程改革促进学生全面发展等,都是在"乘胜追击"阶段需要解决的关键问题。

在这个过程中,依托具体领域取得的典型经验,带动学校组织整体的发展变化,是学校能够真正走出低谷的最艰难的一步。完成这一步,需要学校将已取得的成绩逐步地迁移到学校办学的方方面面,完成组织层面上的变化,比如学校文化和管理、教科研体系、课程教学改革等学校发展的关键维度。

2. 突破问题的策略

第一,主动发展,提升学校的课程教学质量。

处于低谷的学校因长期处于低位,要想获得发展,需要找到最有可能取得突破的方向,可以是学校有前期基础的领域,比如在艺术方面的特色,也可以是学校最想改变、最难突破的领域,如学业质量方面的提升需求。

首先,主动发展的学校会适时地将出现的问题转变为变革的起点,将困难视为变革的动力。学校可以全面分析自身的现状,明确学校最有可能取得变革的领域。可以借助学生情况分析、各类办学质量评价、教师队伍发展需求开展有针对性的分析。学校对自身存在问题的客观认知和科学分析,使得学校有了着力点,通过对着力点的集中精力突破,使得学校在某一个具体改革项目中迅速取得成绩。

其次,可引入外部变量或者转换视角,对学校进行变革。挖掘出学校可以利用的外部变量,或者转换视角对学校进行诊断,可以为学校发展提供新的思路和可能。学校引入新的师资力量,比如借助新引进管理人员的管理经验,在学校进行小范围推广,或者发挥出新引进教师的专业能力,启动专项变革行动,这些都比较容易取得明显成效。

最后,提升学校的课程教学质量。任何一所让百姓满意的学校,都少不了让百姓满意的课堂教学质量。因为,教学质量是学校的生命线。提高教学质量对于学校发展的提升作用最为明显。教学质量提升的关键是落实教师的责任,通过对课堂质量的把控,挖掘出师生的潜力,从核心问题上根本性地扭转社会和家长对学校质量的评价。

总之,通过具体的变革,尤其是教学质量的提升,可以极大地振奋学校师生的精神。处于低谷的学校,师生已经对学校失去了信心。师生对学校的信心指导着师生的具体行动。因此,当学校通过具体变革在课程教学上取得成功经验,就可以帮助师生重塑信心,提升学校的凝聚力和向心力。

第二,推动学校管理规范化,培养高效团队。

学校走向规范化的过程是学校发展走向稳定态势的重要一环。因为规范化的管理可以给教师和学生比较稳定的预期,减少不必要的精神内耗,有助于提升学校管理效率,从而推动学校成长为一所优质学校。

首先,对学校的管理和制度进行规范化。管理和制度的规范化要始终围绕学校的办学理念,以促进学生的全面可持续发展为目标。要落实学校的办学目标,管理和制度往往要充分考虑学校发展的需求,具有鲜明的学校特点,而不是不加选择地套用千篇一律的管理制度文本。

其次,学校管理和制度切实贯彻到课程教学和改革的行动中。学校的管理制度如果停留在制度的层面,就难以带动学校总体的发展变革。学校依照章程制定所有岗位的职责和工作历程,厘清分管校长、中层干部等管理层的职责界定,从制度设计上保障干部能够分工合作、互相补台。当把学校的管理制度切实地落实到具体的课堂教学、学校管理中,落实到学校的改革行动中时,才能实现行动层面的改革。

最后,整体关注团队的成长,发挥出团队优势。学校可以通过团队内教师间的合作与竞争,比如在教研组中的协同互动,营造出学校内部教师专业成长的有利环境,激发团队中每一位教师的活力。团队的成长是学校内教师队伍的整体发展,具体表现为每位老师的专业成长。当每位老师都有所发展,每位老师都积极而负责,对未来充满期待时,学校的教师队伍就更容易凝聚为一体。

第三,培育文化系统,营造积极向上的氛围。

学校突破低谷,逐步取得发展,达到一定阶段后,会促动学校构建新的文化系统,并重塑价值、愿景和风貌。构建文化系统,需结合学校发展的特点,挖掘学校占据的优势,逐步建构出学校的办学理念、校训、学校精神、校风、教风、学风等文化符号,并推动学校文化符号的具象化,最终化为每一位师生的价值认同和自觉行动,是学校发展为具有特色的新优质学校的必要条件。

首先,构建学校文化系统,从观念和理念上凝聚人心。通过办学目标、育人目标等的确定,具体细化为校风、学风、班风等师生可操作的行动指南。学校可结合自身文化开展专题宣讲活动、主题教育等常规活动形式,带领师生在具体的主题活动中,加深对学校文化的理解,促进师生深入认知学校文化,内化为个人自觉践行的行为。

其次,把文化系统转换成学校课程变革的价值观和行动。学校构建比较完整的文化系统后,更重要的是要把学校的文化基因适时地融入学校课程变革的具体行动中,带动学校具体工作上的改进和变化,实现学校文化育人,也推动学校文化"实至名归"。

最后,文化系统的进一步推广与辐射。随着社区的发展变化,有些学校面临着拆并、兼并的可能,在多所学校整合为一所学校的过程中,通过学校文化带动弱势学校发展的过程中,行政强推的难度极大,通过对优质学校文化理解、文化认同直至发展成为文化自觉融合过程,能够避免文化隔阂,促进不同学校的融入和发展。

总体上,用学校文化感化人心,实现学校文化的辐射,是最有力量的工具。学校的文化系统建立完善后,更多地用学校文化感染更多的教师,浸润更多的孩子,使得学校的文化可以在更大范围上推广应用。

(三) 实践案例①

一所处于发展困境和低谷的薄弱学校,如何找到破冰点,办成一所家门口的好学校?上海市普陀区晋元高级中学附属学校的发展让我们看到了这样一种突破的可能性。

---

① 本部分案例参考了上海市普陀区晋元高级中学附属学校骆奇校长访谈内容(2023 年 6 月 15 日),以及骆奇校长在访谈现场提供的有关报告《从薄弱走向优质》《有效教学的理论思考与实践反思》《集团化办学的晋元附校路径》《立己立人 共同成长》。

案例 3.3　薄弱学校如何找到破冰点:普陀区晋元附校的发展探索

1. 提升教学质量,突破学校办学的核心环节

普陀区晋元附校的发展战略之一是质量兴校。在走出低谷的最初阶段,学校非常重视办学的核心,即教育教学质量。为了提升教育教学质量,学校采用落实责任的 PDCA 质量循环,构建合作竞争的环境,重视教师的专业发展,实施有效教学策略,一整套措施的目的在于:引领、指导和督促教师担负起确保教育教学质量的责任。比如:

学校的教育教学质量采用 PDCA 循环(PDCA 即,Plan 计划—Do 实施—Check 检查—Action 处理),通过确定目标、制定计划、执行计划、过程检查、学生家长反馈、质量检测、数据采集处理、质量分析、评价激励的循环过程,使得教学质量得到明显提升。

构建合作竞争的环境。采用"面向全体,平行分班"的方式,关爱每一个学生,实现班级里的学生差异建构,相信每一个学生都能获得成功。采用"单班教学、强强碰撞"的方式,构建既有合作又有竞争的教师关系,把教师的主观能动性调动到极致。

重视教师专业发展。学校注重激发教师的主动性,通过自我优势分析—寻找理论支撑—理论的创造性应用研究—个性专业化成长,使得教师找到自信、体验乐趣、学会研究、学会创造,获得个体的核心发展力。

将差异作为资源,开展差异建构的教与学。学校重视教研组备课组的活动,搭建专业引领和校际教研平台。在教研组内,发现并解决教研组内教师存在的问题和能力短板,持续改进,实现整个教研组教学质量的提升。在班级学生之间,通过同伴互助实现学生间的学习,提升整个班级质量。

2. 细化各项管理秩序,办成规范的学校

学校在教学质量取得初步突破后,紧接着着眼于办成规范学校的目标,逐步细化学校的各项管理秩序,使得学校教学质量稳步提升,学校管理有条不紊,达成了一种固化有效策略,办学质量稳步向上的态势。

学校根据中小学生行为守则,制订《晋元附校学生一日常规》,确定以"培养良好的学习习惯和行为习惯"为总目标的养成教育体系。通过校班会、红领巾广播站、校内外橱窗、班级黑板报等加强宣传教育,通过值周中队、大队纪检部及学校护导教师进行检查评比,每周根据检查评比情况颁发流动红旗。

实施团队自主管理。定期召开少代会,民主推选学校团支部、大队委员、中队干部。团队部实行自主管理运作,培养学生的团队意识、自主管理和问题解决能力。

实施班级民主管理。学校制定《晋元附校班级管理实施方案》,通过课题《我是小当家——九年一贯制学校班级民主管理模式的实践研究》,建立"人人有管理小岗位""人人撰写班级日志""人人都是监督员"实践平台,引导学生承担责任和义务,增长才干、提升能力并完善人格。

3. 建构立人课程体系,推进有效教学

学校围绕"品行端正、学业精进、自主能干、健康活泼"的学生培养目标,从建构立人课程体系,对标实施有效教学、推进学科高地建设、深化信息技术融合、基于数据的教育教学分析与改进等方面持续探索,不断深化课程教学改革,促进学生全面个性化发展。比如:

学校结合国家课程要求和学科课程标准,持续开展有效教学研究,在 2018—2020 学年分别开展"精心备课、有效作业""全员磨课、有效教学""对标有效、教学评优"主题研究和活动,不断提高学校的整体学业品质。

学校构建了体系化的校本课程。针对不同学龄段学生特点,对小学低龄段开设绘本阅读、成语故事、七巧板等课程培养学习习惯,小学高年龄段开设无线电、机器人等课程培养思维能力,开展越剧、书法、陶艺等课程陶冶情操,初中开设生态园、工程学、智能机器人等课程培养创新精神。学校引入晋元高级中学教师开设"生活中的物理""英语报刊阅读""化学趣味实验"等课程拓宽学生视野。

以教研组建设为抓手推进学科高地建设,实施基于问题的研修。充分发挥教研组的力量,根据学校五年规划中的重点研究课题、区教研室课题、教研组教学中存在的问题困惑,进行选择并确定教研组的研修主题,制定出每学期的具体实施内容和达成目标,将"教研训"有机整合为一体,有效地促进教研组的建设和发展。

深化信息技术与课堂教学的深度整合。学校积极探索信息技术环境下的个性化学习,广泛使用互联网交互电视、平板终端、互动反馈技术、微视频等信息技术手段。学校整合并共享教案集、习题集、试卷集、微视频等,积极探索个性化在线学习平台等应用,组织教师深入开展基于微视频等的教学实践。

基于数据的教学质量分析。基于期中、期末学科教学质量检测获得大数据,进行分年级、分学科学生全样本分析,基于数据分析存在的问题,持续改进教学行为和教学策略,提高教学质量。关注学生个体学习差异,深入细致分析学生学习情况,量身定制一对一个性化学习指导。学校每学年围绕对学校及任课教师的满意度、学生睡眠时间、作业量、师德情况等内容开展网上问卷调查,有针对性地改进工作并评选"我心目中的好老师"。

4. 培育学校文化系统,增强学校凝聚力

学校秉持"立己立人,共同成长"的办学理念,持之以恒地贯彻"文化立校、质量兴校、特色强校"的发展战略,实现从薄弱发展成为家门口的好学校的突破。比如:

确立学校办学理念。学校办学理念充分考虑了国家意志、文化传统和学生发展。首先是回应国家对于"培养什么人"的目标定位,坚持立德树人。其次是从中华优秀传统文化精髓出发,以熏陶学生传承民族文化,塑造民族精神,增强民族自信。再次是体现立己达人,安身立命,为每一个学生的终身发展奠基。

全面构建学校文化体系。学校秉持"立己立人,共同成长"的办学理念,坚持"文化立校",通过"厚德而和、行健而立"的精神塑造全校师生的人格,其内涵是"人格至善构建和谐,自强不息铸就卓越",凝练出"仁爱、包容、合作、进取"的核心价值观。校风是"厚德、行健",教风是"学而不厌、诲人不倦",学风是"博学、笃行"。

学校组织编撰了学校精神读本《学校精神十谈》《立己立人　共同成长——学校文化解读》,每学年确定一个师德主题,2017—2022年间的主题依次为:恭宽信敏慧;智者不惑、仁者不忧、勇者不惧;幸福都是奋斗出来的;天之道,利而不害,圣人之道,为而不争;海纳百川,追求卓越,开明睿智,大气谦和;厚德而和,行健而立。围绕每年的主题开展专题讲座,撰写学习体会,组织演讲比赛,精选优秀文章汇编成集,塑造师生的人格,培育"仁爱、包容、合作、进取"的精神风貌。

围绕"立人教育"打造学校特色。学校致力于打造"立人教育"特色,以此为统领,围绕《立人教育之实践研究》主实验项目,从德育、教学等方面开展研究,形成课题群。德育课题包括人格课题、班级民主管理课题、社会实践活动课题、家校协同研究课题、心理课题。学校教学课题包括信息技术支持下智慧课堂的教学案例实践研究和基于学科标准的个性化学习研究。

5. 激发教师内在动力,打造出高效团队

学校制定管理制度和目标要求时贯彻以人为本的理念,重视"让教师满意",给予教师人文关怀,从对学校文化理解、文化认同的角度出发,让老师有安全感和归属感,激发教师的发展动力。比如:

学校在教研组中寻找问题,通过问题导向的教学改革与研究,解决教研组内存在的问题,从学科课程教学的实施层面提升教师的专业能力,通过持续积累,不断解决教研组面临的问题,逐步地提升总体教育质量。

注重人文关怀。学校在短短十几年间,从一所薄弱学校发展成为优质学校,近几年经历了兼并薄弱学校的过程,学校非常重视被兼并学校对学校的文化理解、文化认同再到行为自觉的过程。营造尊重关爱的氛围,接纳包容被兼并校的每一位老师和学生。深化对学校文化的理解,并落实到对学校环境、班级管理等方方面面的改造和改革。

充分挖掘差异资源。学校在兼并薄弱校后,面对不同校区的教学师资和课程差异,实施资源优势互补提升教师的专业性,对四个校区进行校舍、物资、师资进行统配使用,实行由骨干教师领衔的联合教研和备课制度,实施跨校教研,提高所有教师的专业能力。

学校发现问题后,寻找到可解决部分问题的领域,经过一定的实践积累,逐步扩大其效益,最终将解决问题的经验拓展到学校改进的各方面,从而解决学校发展的整体问题。

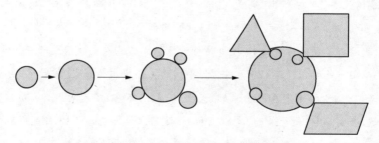

图 3.6　第二类学校发展演变路线(示意图)

六、第三类路径:高位上的再突破

这一部分学校办学质量高,老百姓反映好。他们不仅深切认同新优质学校"回归本原、有教无类、积极探索、百姓满意"的理念,更是用一步一步的实际行动,诠释出一所学校是如何将这些理念转化为办学特色的。但是在学校长期发展的过程中,这一类学校也会碰到再出发的新问题,它们已经发展到一定的高度,需要在新的发展形势下寻求新的突破口。

(一) 价值内涵

学校要实现高位上的再突破,是有规律可循的。从理念上,应坚守新优质学校"回归本原、有教无类、积极探索、百姓满意"的理念;从行动上,做到继往开来,打造有深度又能不断体现时代新追求的学校文化,激活师生的内在驱动力。在挑战与机遇面前寻求平衡,立足现状,化挑战为机遇,再创新的辉煌,促进学校的可持续发展。

1. 始终坚持人的发展,并用持续优质的课程具象化

促进人的发展始终是一所学校的出发点和落脚点,也是新优质学校的本质属性。虽然处于高位发展的学校也一直坚持人的发展,强调育人目标,但是每个学校的学生都是不同的独立个体,会焕发出不同的"新名片"。因此,促进人什么样的发展?凝聚什么样的育人目标?可能需要这类学校再聚焦、再清晰化。有鉴于此,坚持人的发展,需要解读每个孩子的成长需求,激发每个孩子的生长内驱力,在管理、制度、课程、教学等诸多方面都应打造具有本校特色的教育理念,以清晰定位学校未来的发展方向。

首先,解读每位学生的需求。新优质学校理念,倡导以人为本,满足学生的个性化需求,促进每个孩子的健康成长,可见,教育的主体是学生,因此,学校未来的发展方向应基于学生的成长需要,探索促进孩子发展的成长路径。那么,如何解读孩子的需求呢?可以通过大量的学生数据解读、课堂观察、个案研究等,探索出符合本校学生学情的教育路径,以实现学生的个性化发展,实现育人价值。同时,对学生的精准解读,也有利于学校明晰未来的发展方向,开辟别具特色的发展之路。

其次,打造学校的持续优质课程。这一类学校往往有自己特性的课程设置。在新的课程方案下,要促进学生的有效发展,就需要通过不断更新迭代课程,促进学生的内心世界丰富而有追求,打造以学生的需求为中心的、同时又能体现国家要求的课程体系。课程的建构应聚焦人的完整性,既要促进学生知识技能的提升,又要发展学生的学习能力,培育学生素养。如普陀区洵阳路小学提出的"分科+综合"的课程体系就极具洵阳特色,有效促进孩子全面而有个性地发展。

总之,读懂每位孩子的心声,打造持续优质的课程体系,学生的学习内驱力自然而然敞开,有利于真正践行"以人为本"的教育理念,提高教育质量,提升学校的核心竞争力。

2. 营造不断追求卓越的教师文化,持续激活内在动力

教师队伍的持续发展是推动学校前进的根本动力。教师的专业发展不仅是专业知识、技能的发展,更重要的是专业精神和信念的生成。因此,要激活教师的持续发展动力,应形成民主自由的文化氛围,读懂每位教师的发展需求,构建与之相匹配的成长路径,提高教师的职业幸福感,以激活教师的发展内驱力,使教师真正融入学校文化当中,打造乐教善教的优秀教师队伍。

首先,读懂每位教师的需求,给予更多的自由空间。在教师成长过程中,每位教师的需求是不同的,有的希望往行政管理方向发展,有的渴望在教学专业上深耕,有的喜欢科研探究,因此,学校应尽可能满足每个教师的需求,提供其更多自由发挥的空间,激活自主发展的内驱力。当每位教师都能各司其职时,组合起来就是一个强大的教师共同体,焕发出新的活力,共同促进学校的持续发展。

其次,搭建教师成长的支架,提升专业发展水平。促进教师专业发展,学校应提供教师成长的支架,分梯队建设教师队伍,对初职期教师、转型期教师、成熟型教师、专家型教师采取不一样的培训策略。同时开展多层对话,通过专家引领、教师与同伴互助、教师与自我对话等,将这些力量有效整合起来,助力教师的成长,为学校培养强劲的师资力量,为后续的教师团队,甚至领导团队,输送源源不断的生力军。

最后,营造民主氛围,寻找共同价值感。学校应打造一个自由民主的文化氛围,善于听取教师的建议,提供教师自由的创新平台,鼓励所有教师参与到学校建设当中,融入校园文化当中,成为学校的一分子,构建一个有向心力、有文化的、有价值认同感的教师队伍,为学校未来的发展提供持续的动力。

3. 寻找校内外的平衡点,促进可持续发展

新优质学校理念下,要求学校立足自身实际,主动回应校内外变化,积极探索适宜的发展路径。那么,对于处于高位发展的学校而言,要在挑战与机遇中探索出新的发展路径,促进其可持续发展,最重要的是学会寻找平衡点,找到发展突破点。

首先,组织结构的平衡。一般而言,学校的一大特点是管理层级非常多,自上而下地发指令、执行,在这过程中,必然会使指令层层衰减,影响最终的执行实效。因此,学校应变革组织结构,在组织结构中寻找平衡点,既要保证指令的信度,又要保证执行的效度。如可以实行分层管理,实行自下而上的管理制度,打造育人为本的管理团队等,保证组织结构的合理性和科学性,迎合新优质学校的育人理念。

其次,课程改革的平衡。处于高位发展的学校一般致力于课程研究,建构出多种课程框架。那么,在这个理想化的课程框架下,若不与时俱进,不考虑现实存在的问题,就很难促进其长远的发展。因此,课程改革是一个持续变革的过程,需要从校情、学情出发,寻求课程改革的平衡点,做到推陈出新,以不断适应学生的发展,挖掘出课程的潜在价值。同时,还应思考如何将理想的课程落实于实际课堂教学当中、贯穿于学生的日常生活当中,寻找理想课程与现实课堂之间的平衡,为学生提供完整的、真实的学习经历,真正实现课程

育人。

最后,团队发展的平衡。团队发展与学校发展是相辅相成、相互促进的。如何在现有的领导和教师团队中培育出新的后续团队,同样需要寻找平衡点,既要激活现有团队的发展动力,走出舒适区,提高其学习力,为学校发展贡献智慧;又要培育后续团队的师资力量,为学校发展注入新活力,促进学校的持续发展。

总而言之,处于高位发展的学校要坚持回归教育本原,聚焦人的发展,读懂每个孩子的成长需求,满足每个孩子全面而个性化的成长需要;同时,构建民主和谐的教师队伍,以多层对话助力教师的专业发展,以文化信念激活教师的持续动力;最后,立足实际问题,寻求每个阶段发展的平衡点,寻求新的发展突破点,形成可持续发展的内在机制,增强学校发展的内驱力。

(二) 路径阐释

随着教育综合改革的持续深入,对学校的要求与期望也越来越高,旨在办好令人民满意的教育,这对处于“高原期”的学校而言,既是挑战又是机遇。目前,这类学校一直秉承回归育人的本原,致力于学校的高质量发展,已经跑得比大部分学校要快且优。但由于新时代对各类学校提出了新要求,若要想持续高位发展,就必须立足于学校当前的处境,重新审视学校的发展路径,在原有的基础上找到创新突破点,再创佳绩。

在问题突破路径上,这一类路径对应的是一类比较特别的学校。这一类学校是具有新优质典型样本意义的学校,本身发展就有很多可圈可点之处,总体上办学水平高,已经比较成熟,具有较高的社会认可度和影响力。但是,这一类学校的发展仍然会面临新的挑战。

1. 要突破的问题

这一类学校主要存在以下几个问题:

第一,如何走出高原期?

这一类学校在建设新优质学校的过程中,面临着“高原期”发展为特征的高位发展问题。这些学校本身具有较好的基础,在发展过程中,希望取得创新突破,进一步追寻教育本原,超越学校的已有发展水平。但是,如何找到创新突破点,推动学校持续成长和发展,直到找到新的生长点。这一类学校还是有强劲的发展意愿和动力的,它们欠缺的可能只是一个契机,或是突破深水区关键难题的技术与方法。

第二,如何走出衰退期?

这一类学校经历了很好的发展阶段,可能有比较辉煌的过去,但是目前随着核心团队成员的年龄增长,身体心理的变化,领导者的变动等众多原因,学校组织进入了衰退期,学校及教师团队失去了变革的动力和意愿,各方面的发展速度减慢,难以再进一步,更习惯在已有的框架下运行。较长一段时间以来,它们可能都只是在重复自己以往所做的事情,认为自己已经形成了固化的操作方式,是在以往的惯性下做事,而失去了新的活力,以不变应万变。没有找到新的增长点,不愿意寻求突破,失去了创新的动力和意愿。

第三,如何让原有优势不在新情境下被削弱?

这一类学校有比较明显的优势,但是在新的政策、区域、外部环境变化下,学校原有的优势会面临很大的挑战,甚至有可能会成为劣势。比如随着国家课程方案的颁布,很可能学校原有的课程优势会不复存在,面对这种情况,学校原有的在区域内的影响力有可能会遭到削弱。

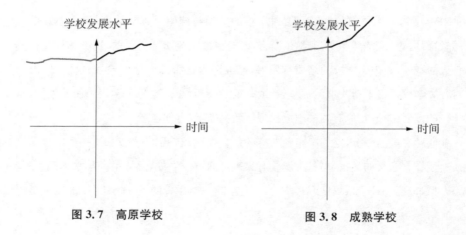

图 3.7　高原学校　　　　　　　　图 3.8　成熟学校

这类学校如果要继续成长,一定要有一种发自内部的成长需求和理想追求。因此,如何一直保持昂扬向上的精神和持续发展的动力是这一类学校面临的主要问题。这一类学校在走向新优质学校的道路上,最大的需求是要不断突破自己,取得发展,实现学校的创新突破和价值追求。

2. 突破问题的策略

基于上述分析可见,这类学校需要重点思考未来持续发展的新方向,在管理机制、教师发展、课程建设、教学革新、学习评价等诸多方面进行审视,认真寻找其存在的主要问题,解决问题,以实现学校的整体优化与全面高质量发展,促进其持续优质。

第一,在继承的基础上确定持续发展的新方向

一所学校要想持续发展,就必须扎根于内涵发展的土壤中,孕育出新的发展战略。当学校本身就享有较高的知名度,在办学理念、课程建设、教育教学质量等方面都颇有建树时,当成效辐射到一定程度,学校优势便会达到饱和。尤其是在"双新"的背景下,原有的学校优势可能会受到限制。因此,如何在原有基础上实现再突破,以创造新优势,持续提高教育教学质量和办学水平,促进学校的可持续发展,是这类学校有待考究的问题。

对这一类学校而言,确认关键难题,并持续深耕关键难题,是有别于其他学校的总体特征,比如如何让每一个孩子都享有公平的教育机会,在不选择生源的条件下,学生在学习能力、行为表现等方面差异比较大,如何尊重学生的个性差异,因材施教,满足个性化需求,整体提升教育教学质量,是一种具有持久性的命题挑战,但是随着时代的发展和研究的积累,这一问题是有不同的表现方式的,如何持续不断地围绕这个问题进行深化累积和探索,是这一类学校面临的挑战。

总体而言,这一类学校因为有过成功的经验,相比较于其他类型的学校而言,这类学校通常会更追求"稳定",要保持自己的优势领域,所以使得它们对新的发展趋势会容易忽略。在这个领域内持续不断获得的优势又使得它们缺少危机意识,缺少一种敏感性。

第二,继往开来,培育新的团队

教师发展是学校发展之根本。有些学校一开始就十分注重教师的专业发展,以教师专业发展水平作为衡量师资质量高低的标杆,采取一系列有效的研修措施,持续提高教师的学习力,旨在打造"四有"教师队伍。然而,随着学校的发展,教师整体年龄偏大,很多教师自身专长进入了长期稳定而无法有更大程度突破的状态。另一方面,这类学校中新晋教师队伍还处于雏形时期,其专业能力有待进一步提升。

与其他学校相比,这一类学校对于学校领导和教师团队的创新精神、开拓精神要求更高。要保持这一类学校的快速增长,需要教师和领导团队在内涵发展的创新、研究方面,始终追踪前沿,了解国内外在相关领域的动态和前瞻性发展,要主动立足于课堂发现问题,更要主动运用科研成果改变课堂教学,实现自发需求和自动传承。因此,如何在现有教师的基础上打造精良的教师队伍,如何高效地培育新生力量,是这类学校亟待解决的难题。

第三,制订激励教师团队的管理制度

科学高效的管理机制是促进学校持续发展的重要保障。有些学校已经在现代学校管理制度的道路上迎风而行,形成了较为成熟的全面管理体系。然而,外部环境和社会需求的日益变化又不得不引起学校的自我反思,如社会对高质量教育的新需求、家长对高质量学校的新期待等。另一方面,随着学校的高位发展,原有的一批教师由于年龄的原因,在经过高位发展后已经到了快退休的年龄。除此之外,随着教育理念的迭代更新以及人工智能的出现,容易导致部分教师对这个变化的时代束手无策,缺乏安全感。因此,如何完善学校现代管理制度,提高运行效率,焕发新的管理机制,激励教师团队不断向前的士气,是这类学校可能面临的考验。

(三) 实践案例

面对上述的问题如何解决?处于高原上的学校如何突破?嘉定区迎园中学的案例将从不同的策略给我们启发。

案例 3.4　高位上的再突破:嘉定区迎园中学的策略

1. 始终回归本原,汲取发展的力量

迎园中学的办学理念中,最为突出的特点是回归育人的本原,也就是,真正关注到人的发展,关注如何让教育过程更丰富、师生关系更和谐、多样化学习需求更充分满足,为学生提供丰富的学习经历和多样的教育体验,让学生在学校健康快乐成长。迎园中学看重的是"育有潜质的学生,办具发展力的学校",使学校成为师生生命成长的乐园。比如:

构建全民育人体系。学校在"生活德育"良好氛围下,结合十二五期间承接的上海市学科德育重点项目"初中教师学科育德能力的实践和探索"和上海市"大中小德育课程一体化建设研究"项目,不断探索为迎中的每位孩子提供全人格教育,培育"立身以正之善良公民、立志致远之终身学者、立功为国之业界精英"。"十三五"期间又把公民教育贯穿于育人的各个环节,贯穿于学校教育、家庭教育和社会教育的各个方面,以增强德育的针对性、实效性、感染力,使学生的道德情感、道德判断和道德行为得到和谐发展。

学校德育活动课程化。深化"爱嘉学子"五大行动,组织好"三爱"教育主题活动,将心理健康教育、安全教育、行为规范教育、"非遗进校园"、美育实践、科技创新、社会实践等主题、专题教育项目与学校德育活动有效融合,形成学生"成长档案"校本德育课程,完善学校活动育人特色。

建立"博约"文化强校工程。学校在继承原有文化的基础上,深入挖掘"博约"文化的内涵,从环境、行为、精神、课程、制度五方面建设"博约"文化,以校园文化为引领,使师生融入迎中文化的氛围中,产生持久不衰的学习和工作激情,保持学校持续发展的后劲,推动学校不断发展。

2. 聚焦关键问题,在课程教学上不断取得高位突破

迎园中学的各项教改项目和教育教学,都最终落脚到"校本化落实"上。从开齐开足国家课程、学校德育课程,到教师专业质量、阅读素养培育、学生学习素养跨学科项目化学习活动,再到体质、睡眠等五项管理,学校的每一项工作都以本校的具体落实作为闭环,推动学校在高位上不断取得新突破。比如:

国家课程的校本化落实。根据学生的培养目标及学校发展的特点,探索国家课程校本化实施的路径,由此形成课程结构与内容体系,包括学校设置的各种特色科目及选用、增加的特色内容。目前,学校的校本课程内容丰富,在项目组老师的共同努力和专家指导下,我们完成了部分学科类课程的校本化实施图谱。

迎园中学秉承"育有潜质的学生"的办学目标,强调每个孩子都是有潜质的,教育的责任在于保护他们的潜质,激发学生的潜能,将"潜能性"转化为"实在性",促进每个孩子的个性化发展。比如:

尝试 AB 制分层走班教学。学校实行教学设计分层、作业分层、评价分层,尽量做到因势利导、因时制宜,使不同层次的学生都能有机会找到适切的学习资源和学习方式,在原有基础上有所提高。

为了更精准认识学生差异,进行学生学习力测试,在学习潜力、学习效力、学习动力三方面对学生学习力进行测评分析。同时普查学生的心理健康状态,帮助老师有针对性地采取教育教学措施。

搭建多元展示平台,如写作能力的展示、艺术节舞台的演出、"生活德育"班级文化建设成果展示等,并设计文艺、创新等各类主题活动,引导学生充分地展示自己的才能,努力地培养锻炼自己的综合能力。

关注个性的学生生涯规划。学校确定学生生涯规划项目的目标,确定学生成长档案,填补教育数据的空白、实现个性化教育。所有的迎园中学毕业生,都可以在毕业时获得详

细的《迎园中学学生成长档案》,这份档案将作为高中自主招生时了解迎园中学学生的最重要途径,学校也可以根据孩子的特点为其推荐合适的高中。

教学质量是学校工作的生命线,迎园中学秉承"让课程成全每一位师生的生命成长"的理念,积极参加各类教改项目。比如:

作为嘉定区幸福课程项目领衔校,学校将《幸福课程》理念融入班级建设中,把"幸福课程"的开发和实施与班级"生活德育"理念融合起来。学校的生活德育理念为"让德育回归生活",也就是立足学生真实生活,精心建立彼此间友好和谐的关系,设计了符合校情的1+X德育课程。

积极参加嘉定区"慧雅阅读"项目,经过研究探索,寻找到学生阅读内动力培养的突破口,最终建立"激动—培趣—提能—立德"的学生语文阅读内动力培养模式。项目研究经验带动全体语文教师探索教学新模式,近两年在大单元情境化阅读教学模式、语文阅读活动形式的多样化、阅读素养培育以及"聚焦专题阅读策略"的课堂转型方面取得不少成果。最近,学校更是将阅读素养培育延伸到数学、英语、地理、化学等学科。

学校从2008年起,为丰富学生的学习经历,各学科教师关注学生学习素养的培育和学习能力的提高,采用了PBT(Project—Based—Teaching,基于项目管理的教学)和PBL(Project—Based—Learning,以问题为导向的教学)开展跨学科活动,让学生通过调查、研究、探索、展示、分享等完整的学习活动,最终完成一系列若干真实性任务和教学性任务,最终解决生活中的实际问题。

为促进学校持续发展,推动教师专业成长,学校从2017年起制定了《迎园中学教师专业质量标准》,从专业精神、专业能力和专业提升三个维度评价教师专业质量,并指导教师结合个人实际制定个人发展规划,引导帮助教师学着与自己对话,更清楚地认识自己,明确个人发展的努力方向和需要改进的方法。2018年又开发了电子化的成长轨迹平台,为管理层决策和后续培训培养提供依据。

实施教学过程的精细化管理,落实学生主体地位,引导学生自主学习、合作学习,转化教师角色。推进"课堂转型十步法",形成教师少教、学生多学的课堂教学模式,以提升学生学习品质来构建课堂教学品质。同时,抓教学设计、课堂效率、布置作业等教学常规,促进教师对教学策略、调动参与、小组合作、课内与课外等教学与学习策略的研究,继续加强资源库建设,特别是校本作业板块。

3. 用好项目平台,不断取得新发展

充分用好各级各类平台和项目,在每一项看似普通的工作中,发现价值点,发挥带动作用,在一步一步的日常工作落实和不断积累中,逐步带动学校全方位发展。比如:

作为嘉定区第一批上海市见习教师规范化培训基地学校,迎园中学选派优秀教师团队承担带教工作,将带教过程视为带领新教师成长的过程,更是以此为契机,带领优秀的老教师提高自我认同感和职业使命感,同步促进了学校优秀的老教师的专业成长,达到双赢效果。

作为全员导师制试点校,学校重视心理健康教育,将心育工作融入学校教育大环境中,各条线协同配合,多途径多角度全方位渗透心理健康教育,使心理健康教育的理念、方法和技能被广泛、和谐地融入学校教育教学工作之中。学校积极提升导师队伍素质,努力成为学生的良师益友,助力孩子们健康成长。导师制经验在区暑期校园长培训中作交流,并承办区"全员导师制"推进会。

4. 聚焦细节,不断健全和更新管理机制

迎园中学深化育人方式变革,坚持以政策为导向,立足于国家、社会、家长、教师、学生等的综合需求,坚持在新的政策下不断优化全面的高质量管理,以"小切口"推动"大改革",建立健全长效的管理机制。比如:

加强领导班子建设。学校秉承依法治校、民主管理、学生自治和参与等本土优秀学校管理理念,通过班级管理、课堂教学中试点全面质量管理,加深教师、学生、家长对现代学校制度的认识和理解。除此之外,还注重后备管理人才的培养。结合教师专业发展规划,做好后备干部培养工作,严格实行中层干部竞争上岗制度和中层助理、见习锻炼制度。

落实"五项管理"工作。学校以教育部出台的关于加强中小学生作业、睡眠、手机、读物、体质"五项管理"文件精神为指导,结合学校实际,聚焦"五个强化",即强化学生作业源头管理、强化学生睡眠综合管理、强化学生手机进校园管理、强化课外读物进校园的程序管理、加强学生体质健康的程序管理,以减轻学生过重的课业负担,培养学生科学合理的学习生活方式,全方位促进学生身心健康发展。

精准排摸,高效管理。学校运用平衡积分卡和SWOT分析等工具,排摸学校管理中的盲点,找出制约发展的瓶颈,不断创造发展的新机遇。构建严谨的战略管理体系,将战略方案落实为可操作的行动计划,定期召开阶段专题会议进行分析、评价和改进。

民主监督,完善管理。学校建立教师、学生、家长共同参与的民主监督机制,认真倾听教师、学生、家长、社区以及督学的意见和建议。发挥教职工代表大会、家长委员会、少代会等职能,加强校务公开、民主管理监督和精细化管理,引导学生、教师、家长和社区人士参与学校各项改革与创新,以不断推进和完善学校管理。

5. 评价驱动,推动可持续发展

迎园中学一直致力于践行科学评价观,在构建全面评价、多元评价、精准评价等方面做了很多的尝试和努力。比如:

完善学校的"评价九问"教育质量评价指标体系,以评价引导教师科学施教,学生科学学习,促进学校可持续发展。具体而言,"评价九问"包括"考前三问问前提",即:成绩评定的前提是什么? 成绩比较的前提是什么? 成绩的定位是什么?"考后三问问质量",即:学生成绩如何? 学生的成绩如何而来? 除了成绩还给了学生什么?"今后三问问发展",即:"成绩三线"是否需要重新定位?"成绩路径"如何调整?"成绩经验"是否可以传承、共享?

完善"教学质量检测平台"的建设,收集教师平时课堂教学的表现,对课堂学与教的数据进行精准分析、数据实时汇总与后续的深度分析,在数据聚类中体现课堂特征与风格,促进教师学科教学的自我反省,积极实践数字化课堂。

打造绿色学业评价体系。通过教育信息化手段,清晰了解某位学生的各学科的学业情况以及一门学科中各个学习环节的差异表现,并深入了解学生学习成绩和师生关系、学习压力、课业负担等相关影响,充分分析学生成绩背后的内容,引导教师进一步关注绿色指标,提升对于绿色指标测试意义的理解,适当改变教学方式,改变评价方式,让学生全面成长,从而使评价更具有指导意义。

6. 多元培养,促进教师的专业成长

迎园中学致力于建设一支人文底蕴丰厚的创新型教师队伍,提升学校发展的内驱力。有鉴于此,学校采取了一系列教师培训方式,倡导多元培养,从青年教师到骨干教师,从个人发展到集体发展,整体促进教师的专业发展。比如:

注重对后备干部的培养,开展中层岗位和中层助理、中层见习岗位的公开招聘,2016年至今,已有 6 位教师经过竞聘入选中层岗位主任、副主任一职。

实行由班主任和年级主任聘任任课老师的教师聘任机制。建立以班主任为核心的合作团队,对整个班级学生四年的身心发展集体负责。

承担见习教师带教基地,选派优秀教师团队承担带教任务,提高了这些优秀教师的自我认同感和职业使命感,促进教师专业成长。

完善教师科研管理及奖励制度,以外部力量推动同教师自发行动相结合,鼓励教师将当下的教学改进行动作为新的研究起点,聚焦科研解决教育教学真问题、真困难,提升教科研的层次与实效,促进教师在行动中的成长与专业发展。

组建多样化的教学研修活动,如教学论坛、青年教师基本功大赛、导师团教师展风采、教研活动、集体备课活动等方式,聚焦在"教师专业成长"上,努力突破单纯强调掌握学科知识和教学技能,更加注重教育境界和专业能力的提升。

打造教师共同体。根据二八原则,通过抓住每个教研组前 20% 导师团骨干教师,引领中间 60% 的普通合格教师,重点关注后 20% 的弱势教师,使教研组和备课组成为一个共同进步的学习共同体。

学校制定了设有三个维度、六个评价标准的《迎园中学教师专业质量标准》,引导教师培养新型、多元的学科功底和专业素养。注重满足不同层次教师的专业需求,在问需于教师,提升校本培训的针对性和实效性的前提下,形成了干部岗位实习制、班主任工作坊、同心圆青年教师等不同层次教师的培养模式。

总之,迎园中学的发展,可以说是始终坚定地围绕育人,从发现最常见的问题入手,努力解决学校面临的这些常见问题,每一项最平常的工作都努力做到极致,生发而成学校的优势。解决最常见问题过程中形成的多项优势,凝合而成学校的发展力量,自然地形成更高水平的发展态势。依次螺旋式迭代发展,学校在顺应时代发展要求和教育综合改革的变化中,葆有不变的发展定力,不断取得高位上的再突破。

第四章

优势带动路径

2011年,为了缓解社会日益凸显的择校热,办好老百姓家门口的每一所学校,充分彰显教育公平,有力促进义务教育优质均衡发展,上海市教委启动了新优质学校推进项目的研究与实践。项目一开始就面临着"如何看待老百姓家门口平凡又普通的学校"这一问题,由这样一个最基本的问题引发了"如何让这些学校也变得优质"的追问,并采取了相应的策略与对策。

一、价值:看见每一所学校的发展潜能与无限可能

(一)提供一种看待学校发展的积极视角

新优质学校推进项目十多年的探索历程比较清晰和明确地回答了上述问题,即从优势的视角分析和"看见"每一所学校发展的潜能和无限可能。项目组集中一支专业力量,以项目平台为依托,支持项目学校更加自觉主动地孵化孕育潜在的种种可能,直至形成强而有力的力量去实现学校的瓶颈突破和跨越发展,成为实实在在老百姓家门口的好学校。这种看待学校的优势视角跟20世纪90年代在欧美社会工作领域兴起流行的优势视角理论有着异曲同工之妙。

20世纪90年代,在欧美社会工作领域兴起流行的"优势视角理论"①,不同于问题视角

---

① Dennis Saleebey. 优势视角——社会工作实践的新模式[M]. 李亚文,杜立婕,译. 上海:华东理工大学出版社,2004.

理论,它是依据积极心理学的原理,更关注对象自身的内在潜能和各种可能性,重视对象面对环境和外部挑战时有效组织应对的抗逆能力和精神原动力,也正是从这种视角就能够比较合理地解释薄弱逆袭和自立自强的种种案例的合理性。优势视角的工作模式可以归纳为:了解环境形势—分析对象内在优势—审视对象外在资源—整体解释对象发展的多种可能—事实表明对象能够自助甚或助人。[1][2]

优势视角给人们认知和理解所面对的对象提供的是一种社会建构的理论和方法[3],它关注个人与环境的潜在优势,"以理想为指引、以优势激发为策略和方法、以复元为最终目的"的理论观点颠覆了长久以来专业人员对社会中弱势群体的消极假设,旨在促进工作对象实现且保持长久的幸福。[4] 这对于认识和理解学校所发生的变化与转变也同样具有积极的启示和借鉴作用。哈佛大学校长中心创始人罗兰·贝茨(Rolands Barth)在1990年也提出,学校有能力进行自我改进,一切努力都是从学校外部或内部为了促进、维持校内成员(包括成人和孩子)的学习而创造条件[5],因为当下学校已从"学校改进的对象"跃升为"学校改进的主体",已从"教育改革的对象"变成"教育改革的主体",已从"被动的改革者"变成"主动的改革者"。[6] 如表4.1所示:

表 4.1　优势理论的意蕴分析

理论	意蕴及价值分析
优势视角理论	依据:积极心理学,因为相信所以成就 关注点:已有优势、潜能、发展可能性 态度:欣赏、激励、期待

在新优质学校推进项目启动伊始,首先就是学校主动申请,教育局权衡推荐,成为项目学校之后,项目组也是选择相信学校具有发展潜能、相信学校具有持续发展动力、相信学校具有攻坚克难智慧,尊重学校发展的选择,并始终以研究共同体的姿态与学校协同

① 赵罗英.社会工作理论与实务的"优势视角"模式[J].国际关系学院学报,2010(2).
② 陈友华,祝西冰.中国社会工作实践中理论视角的选择——基于问题视角与优势视角的比较分析[J].山东社会科学,2016(11):73—79.
③ 赵明思.优势视角:社会工作理论与实践新模式[J].社会福利(理论版),2013(8):15—19.
④ 孟洁.社会工作优势视角理论内涵探究[J].华东理工大学学报(社会科学版),2019(1):55—64.
⑤ 张新平.义务教育优质学校的建设路径[J].教师教育学报,2016(2):78—92.
⑥ 张爽.重新认识学校推动学校改进[J].中国教育学刊,2006(8):42—54.

发展。

正是每一所老百姓家门口的普普通通的学校和每一位协同支持的专业研究人员不约而同地积极理性地选择这种"优势视角",积极主动地分析和发掘学校自身潜在的优势所在和率先可以获得突破的可能,随之朝着既定的目标付出矢志不渝的努力,直至成为理想中最好的样子。其坚信和选择的这种优势视角,既是一种价值观,也是一种专业立场。

(二) 提供一种鼓励学校主动发展的方法论

正是因为新优质学校推进项目坚持"每一所老百姓家门口的学校都有发展的潜能和自身独特优势"的这样一种价值观,因此在促进和支持项目学校发展的过程中也是以积极的肯定与助力为主,富有期待地去发掘每一所学校潜在的优势和发展的潜能。究其实践范式与美国学者大卫·库珀里德(David Cooperider)等提出的一种被称为"欣赏型探究"(Appreciative Inquiry)的有关组织变革的方法论不谋而合。

从对这种范式的深入分析可以看出,对于组织变革而言,这种"欣赏型探究"旨在鼓励人们带着"珍视"的眼光,充满"增值"的期待,去"探索"和"发现"组织内部蕴藏着的新的潜能以及发展的多种可能性,通过发现自身、组织及周围环境中的"亮点",并以一种积极的方式使这些"亮点"成为共识和宝贵的资源和财富,加以合理且丰富的"想象"以及开放的行动方案设计,进而调动自身或组织内在的优势来积极构想未来可能实现的理想状况。当这种未来的理想状况成为个体或组织共同认可并努力实现的愿景时,再经由具体方案的合理设计与实施,这种愿景就有望在共同的社会建构中由理想变成现实。库珀里德等为此还提出了一个"4-D"流程,即从选择一个"肯定性话题"(An Affirmative Topic)开始,依次经历发现(Discovery)、梦想(Dream)、设计(Design)、实现(Destiny Implement)四个阶段。4-D直观明了地表现出这种欣赏型探究的渐进过程,"话题"本身就让人充满期待,"梦想"和"设计"一起成就一幅行动的蓝图,最终收获的就是心心念念的期待本身。[①] 因为肯定,所以坚持;因为"探究",所以"发现";因为实实在在的行动,所以见证理想变成现实。如表 4.2所示:

[①] 张新平. 义务教育优质学校的建设路径[J]. 教师教育学报,2016(2):78—92.

表 4.2　实践范式的特点分析

范式	行动及特点分析
欣赏型探究	情感:关心、关爱、关注 态度:相信、信任、积极助力、静待花开 价值观:"美"因为发现所以看见,隐藏的"富矿"有待智慧发掘

当欣赏型探究这种范式的卓越特质与学校变革发展的愿望叠加碰撞交织在一起,自然就会极大地激发起学校组织内部各种潜能,并一起汇聚成促进学校积极向好和变革发展的力量。新优质学校的建设过程也同样是这样一个欣赏型探究的过程,从明确的一个点开始,这个"点"或是一个影响学校发展的现实瓶颈,或是一个"跳一跳可以摘到的桃子"的发展愿景,也就是从所谓"最常见的学校解决最常见的问题"①开始,为此进行头脑风暴、集思广益的分析与发现,发现潜在的优势和可以利用的资源,据此形成可以有所作为的方案或规划,随之是咬定青山不放松的努力与争取,最终实现预期的目标和愿景。

上海市新优质学校推进过程中,一开始进行的就是地毯式的调研,倾听学校不忘教育初心的故事与心声,发现学校可圈可点的实践智慧,进一步探究优化完善和突破的发展空间,组织学校集群发展并实现项目学校之间的交替引领,并进而搭建全市展示和推介学校优秀实践的平台。新优质学校建设就是一个"欣赏型探究"和"主动发展"共生互促的过程。

行动源自"珍视"已有基础和发展可能,变化因为聚智克难和探索突破,最终遇见不一样的、更好的自己。欣赏型探究成为这种积极改变最根本和有力的动因。

在当前"双减""双新"的背景下,如何强化学校教育的主阵地作用?如何促进核心素养育人目标在日常教育教学活动中的体现与落实?同样需要有优势视角理论为指导,以欣赏型探究为方法,发现一线学校难能可贵的实践探索雏形和思想认识火花,专业研究团队和一线学校一道交流研讨和集思广益,以科学研究的精神、合作共育的热情以及静待花开的心境,孵化和迎接瓶颈突围突破的智慧策略与解决方案。因为优势视角,所以学校实践创新的主体地位彰显;因为欣赏探究,学校发展的多种可能性和潜能得到充分发掘和释放。

① 尹后庆.新优质学校的价值追求与现实关照[J].上海教育,2021(21):28—29.

二、内涵：发挥牵一发而动全身的优势张力

（一）基本含义

优势是一个相对概念，主要是指学校业已形成的相较于其他方面或其他学校具有明显优势之处，具体可以表现为：相关内容建设形成体系（如课程）、相关做法（如教学、管理等）形成成熟稳定的操作模式或建立起行之有效的运行机制、相关人员经由实践历练而专业素养厚实、相关认识理解经由萃取升华形成强而有力的思想主张等，是"人无我有、人有我优"的具体体现和承载。

每一所新优质学校项目校在创建新优质的过程中，都会不约而同地选择各自不同的切入点作为改革发展的突破口，历经多年矢志不渝的探索实践，不断迭代更新，渐进聚沙成塔，最终形成各自学校精彩各异的亮色品牌，并由此带动相关领域连环式的变革发展，成为名副其实"牵一发而动全身"的优势"张力"。① 如，上海财经大学附属初级中学就是从教师研修的针对性和实效性入手，以学生思维品质提升为核心，不断完善与精进，逐渐完善并形成了"544 教师研修模式"，即构建和强化"备教材、备课件、备课堂组织形式、备关键问题、备有效追问"的备课 5 要素，针对并促进教学过程中的"学生兴趣点、内容分层点、主体互动点、深入探究点"4 个关键点开展课堂观察和深度研讨，同时教师的研讨覆盖新授课、习题课、复习课、试卷讲评课 4 种不同的课型，在提升校本研修质量的同时也促进了思维课堂的打造。学校这种优势的形成也是经历了一个逐步探索的过程。从当初一个备课组几个人的先行先试到整个教研组一群人的一起行动，再到学校多个学科教研组的共同行动，直至当前在集团多所成员校中广泛推行。"544 教师研修模式"助力下的"思维课堂"成为学校以及学校所在集团的一个特色亮点和品牌优势。

（二）典型类型

新优质学校项目校在实践探索过程中形成了丰富多样的优势类型，呈现出蓬勃发展的千姿百态。从学校教育不可或缺的要素参与着眼，即课程提供、教学实施、教师胜任、内部

---

① 胡庆芳,等.捕捉教师智慧：教师成长档案袋[M].北京：教育科学出版社,2006(7)：11.

管理、外部协调等,这些丰富多样的优势类型表现如下:

1. 课程创生类型,即学校从校本课程的建设入手,充分利用教师的专业资源和在地教育资源,积极建设生动鲜活的课程,并逐渐形成系统的校本课程群,适应学生的兴趣,发展学生的潜能,为学生健康快乐地成长提供丰富的精神给养,学校教育也因此焕发勃勃生机。如,上海市徐汇区园南中学在调研学生及家长需求和研究多元智能理论的基础上,积极开发校本课程并促进与国家课程的整合,最后逐渐形成由语言与文学、人文与社会、科学与探索、逻辑与思维、艺术与审美、运动与健康等系列主题组成的"满园春课程群"。

2. 教学创新类型,即学校本着国家课程的校本化实施的原则,充分关照学生的学情,密切联系学生的经验和现实生活,积极开展寓教于乐、关注学生个性和差异的高质量教学,逐渐形成本校行之有效的教学模式和鲜明主张。如,上海市敬业初级中学就根据本校学生的实情,并兼顾不同学科教学共性,提出"低开·高走""缓步·快评""分享·共赢"的十二字教学模式,有力支撑起学校轻负担、高质量的教学探索。

3. 研训强师类型,即学校以"磨刀不误砍柴工"的精神,从日常的校本研修入手,增强针对性和实效性,不断促进教师职业道德、专业素养和生命品质的全面提升,形成校本研修的良好运行机制。如,上海市奉贤区教育学院附属实验小学历经建校十多年的探索,校本研修不断迭代升级,从学校当初关注教师基本教育教学能力启动的"987教师培训工程",到充分满足教师发展需求建立的"四单式螺旋提升机制",直至近年来作为教育集团领头校推行的"集团化教师立体式教师成长链",积极促进了各个阶段教师队伍的专业发展。

4. 管理赋能类型,即学校通过内部制度的建立健全、组织机构的优化调整以及运行机制的创新创设,提升学校管理的综合能级。如,上海市闵行区第四中学在赋权学校年级组等中层管理组织的同时,积极赋能学校教师各类自育组织的建设,学校管理有规范,发展有空间。

5. 家校社共育类型,即学校充分重视和谐的家校关系的建立以及互动协作机制的搭建,形成"家校共育"的良好教育生态。如,上海市实验学校东校鲜明提出"无墙公校"的办学思想,从与家长、社区良好沟通起步建立互信,到家长、社区有益资源利用实现共享,直至现如今家校社命运共同体共识主导而形成和合共生的学校教育新生态。

上述不同类型的优势表现如表4.3所示:

表 4.3 不同类型的优势表现

类型	优势表现
课程创生	资源利用充分,课程内容丰富,结构体系形成,学生喜闻乐见
教学创新	回应改革发展,适应学生学情,设计创意创新,实施灵活多样
研训强师	关照教师需求,彰显优质有序,形成模式机制,常态促进见效
管理赋能	制度建立健全,责任主体明确,信息技术助力,成事达人有力
家校社共育	合作成为共识,沟通渠道通畅,资源得到共享,多赢展现成效

新优质学校建设的过程,同时也是学校自身和相关专业支持力量共同理性选择优势视角展开欣赏型探究,发现现实的突破点和新的增长点,并汇聚一切有利于积极变革与发展的力量,协同一致地实现"老百姓家门口好学校"理想愿景的过程。具体有以下发展轨迹:

1. 以点带面。学校争办"老百姓家门口好学校"这种愿景的实现既包括学校围绕某一点,或课程,或教学,或管理,或文化,或家校关系,进行锲而不舍的改进与优化,直至最终呈现出相对明显的优势或亮点,如业已比较完善和鲜明的实践策略、行动模式或运行机制,同时还包括学校业已形成的某种优势进一步带动密切相关的诸多方面一起联动变革与发展,从而产生出一种连环或连锁的整体效应,直至实现了从某方面优势到多方面综合优势的形成,因为学校是一个诸多要素组成的有机系统,各个要素之间本来就存在着彼此相互的关联与影响,所以整合和联动成为一种必然。

2. 辐射带动。每一所学校都不可能成为一个"孤岛"的存在,而总是与周边学校一起构成一个教育的生态和发展的共同体,特别是在义务教育优质均衡发展的宏观政策背景下,集团化、学区化的办学更是强化了成员学校之间命运共同体的关联,因此其中相对具有某种优势(如某一个学科)或综合优势(如是集团或学区牵头校)的学校本身也承担着带领同伴学校可持续发展的责任,追求让每一所学校都变得优质。新时代的公立学校之间本身就不是"丛林法则"下的竞争对手[1],而是具有共同价值观的合作伙伴一起为更好地履行社会公共服务的使命共同体、责任共同体和实践共同体。

学校优势本身,与应具有的辐射带动、专业引领的责任与行动,密切联系在一起,同时

---

① 胡兴宏.走向新优质:"新优质学校推进"项目指导手册[M],上海:上海教育出版社,2014:7.

这也是一个从"走向优质"到"共同优质"的实现过程。①

　　大部分新优质学校在发展过程中，一开始都不约而同地面临学校教师专业能力基础单薄，士气不足，社区环境、生源多样性巨大等问题，而围绕学校课程、教学、教师发展采取校本动、下沉管理是新优质学校通过"练内功"获得转变的不二法门。在一个学校发展的自身逻辑中，逐渐积累自己在课程教学、教师发展上的实践优势，去应对复杂的生源环境，去实现作为学校的独特教育价值与影响力是一个漫长的过程，并不是一蹴而就的。当学校所专注的专业积淀达到可以称之为优势的程度时，才可以积累足够的势能，去推动整体学校教育能力的提升，这个时间轴往往以十年为记，而不是一个三年的项目、课题这样的周期就可以完成的。

　　因而本节将围绕课程、教学、教师发展这三个维度，呈现四个案例，案例来源校都是在一个核心优势上积累超过 10 年的学校，他们的实践经验弥足珍贵。需要说明的是，并不是说一个学校教学有优势，它的教师队伍乏善可陈，或者是一个学校教师队伍发展的经验很多，但可能课程与教学比较普通，这里限于篇幅无法把一个学校多方位展示，希望读者能够理解的是，课程、教学与教师发展是三位一体的，一起指向学校整体教育能力的高质量发展。

三、基于儿童立场的课程创新路径

　　新优质学校的课程创新的确有一些不寻常之处，除了和其他公立学校一样跟随国家课程改革要求与上海市课程教学改革具体项目推进之外，考虑的起点并不是教师的优势或学校现有的资源，而是来自学生的需求与差异。学校在课程创新的具体做法中会呈现出一种始终换位思考，基于儿童立场关注本校学生学习特质，试图用课程去打开学生，激发学生学习内驱力的特点。而从许多新优质学校的实践研究来看，学生内驱力的激发对学生的学习普遍有杠杆作用，可以四两拨千斤。

　　为什么基于儿童立场是新优质课程创新的动力所在呢？这与新优质学校是家门口学校，学生差异较大有关；与新优质学校在学校发展的思考中重视内涵发展，并不积聚特殊资源，或致力于改变生源有关。这是一种回归教育本原的思考方式，使得学校的课程创新与

---

① 汤林春.破解上海"新优质学校"的密码[J].上海教育,2021(7).

学生需求紧密相联。

(一) 价值内涵

1. 价值。新优质学校的课程创新是国家课程的校本化发展(SBCD)行动,具有鲜明的在学校中决策,为了学校的学生决策,着眼于学校学生的发展与学习的特点。这样的课程行动并不是跟随着某一时期教育的热点,或照搬一些来自西方的课程概念、框架或教育实验。而是立足于学校实际的学生学习需求,去确定各类学生在不同年级、能力倾向上发展所需要补偿、适应、成全的学习内容,再去调整相应的课程资源,让课程稳稳地扎根在学校中,一点点生长出学生所需要的课程形态。它的价值是为学校创造了一套具有生命力,不断迭代成长的课程创新机制,让学校课程能不断适应学生的变化。

2. 内涵。学校基于儿童立场的课程创新路径,即从国家课程的校本化实施入手,在学校课程实施的具体规划落实层面,基于本校学生的具体情况,将国家课程与校本课程、分科课程与综合课程、学科课程与跨学科课程不断整合,在课程实施的具体目标、时间空间、实施样态、评价方式等方面进行校本化创新,从而带动学校整体教育质量提升的过程。上海市普陀区洵阳路小学是一所典型的样本学校,通过二十多年的课程教学改革,学校研究从"分科教学"走向"课程整合实施",走出了一条独特的国家课程校本化实施之路,形成了"洵美课程"。在整个"洵美课程"的形成和建构过程中,始终不变的是对儿童成长需求的研究,对人的成长和发展的深切关注。

(二) 路径诠释

"结构不变,性质难变。"这是谈论到学校课程改革时,普陀区洵阳路小学朱校长时常会提到的一个关键话语。在学校看来,一所真正优质的学校,一所真正以学生为主体的学校,必须在一个更长的课程链上来思考学校的课程架构。因此只有撼动结构,才能让教师的教学方式转型,让学生的学习方式得到真实的转变。

普陀区洵阳路小学的课程优势的积累分三个阶段:第一阶段(1998—2011年):实施将学法融入学科教学的"类结构"研究。第二阶段(2012—2014年):实施基于诊断的学生差异评估和循证研究。第三阶段(2015年至今):以学科教学改革经验为基础,进行学校课程体系整建设和实施。在这个20多年的发展历程中,学校课程改革的课时有保障、指导到位、效果明确,很少去追逐教育的热点与创造教育改革的新概念。因此,在学校课程发展过程中,用什么理念指导学校课程建设,如何丰富学生的学习经历,让每一个孩子有丰富的课程可以选择,运用系统思维形成学校课程架构是关键。从普陀区洵阳路小学已有的经验来看,运用"系统思维",关注学校课程的结构化、系统化、在地化,形成丰富的学校课程架构是重要的。当课程的优势积累到形成势能,也就是学校课程建设的优势远远超过其他学校在这方面的积累与研究时,这些势能才能转化为学校整体提升与变革的内在动力,学校教师队伍、管理水平就能够趁势而上,建立起系统性的变革动力。

(三) 实践案例

案例 4.1　儿童立场——普陀区洵阳路小学发展探索[①]

2011 年,普陀区洵阳路小学获评首批"上海市新优质学校"。11 月"新优质学校推进项目展示研讨会"后,各界媒体争相报道学校改革经验,对外来访、推广活动络绎不绝。此时,学校上一轮的国家课题结题,"基于学生成长需要的小学语文教学长程结构研究"的教改实验也获市教育科学优秀成果奖。而持续的研究却因频繁的宣传活动渐渐停滞了下来。

"沉醉于荣誉实不可取,学校的研究不能停!"

"教学方式的改变,学习方法的获得只是实现有效的一方面,要做更多努力!"

未来的方向在哪?新的发展空间又是什么?2012 年,学校婉拒所有媒体的推广与采访,开始关起门来潜心做研究。

"要发展,持续研究的内驱力是关键。"学校发现"语文教学长程结构研究"这一成果不仅提升了语文教师的教学能力,更让他们转变了研究的视角。其所提到的教材重组等是在研究学生学习规律、学科思维方式上的重组。渐渐地,更多的教师意识到"研究学生,以儿童的视角开展教学改革"是一件非常有意义的事。

似乎是不谋而合,"新优质"项目所提倡的"不靠生源,不靠政策,不加负担"前提下的教育,其根本也是关注人的发展。于是,当新优质项目开启时,学校依然把儿童的视角作为持续研究的巨大内驱力,不断前行。

---

① 本案例由上海市普陀区洵阳路小学提供初稿。

"花了大量时间研究'教的结构',而缺少的是对'成长需求'的真正解读!"

"虽然有对学生前在基础的研究,但判断与解读多数还处于经验层面!"

一年多的时间,学校就"新优质"核心理念"回归育人本原"做实践分析,阐述观点、提出思考,明确了以学生学习为中心的课程改革方向。

1. 学生差异的科学诊断与深入理解

普陀区洵阳路小学创办于 1958 年,是普陀区一所普通的公办小学。学校地处"三湾一弄",是普通劳动人民的聚居地,当年有名的"棚户区"。居民经济条件、文化程度偏低,导致生源薄弱。学校从 1998 年开始,参加华东师范大学叶澜教授主持的国家级课题"新基础教育"研究,学校依据"结构迁移"原理,建立学习方法与内容间的关联,探索了 15 种课型,创建了以结构优化为特征的教学范式。这样的范式实现了教学有效性整体突破,教师思维结构性提升,学生自主能力提高,关注学生的共性发展。而恰恰也是在研究中,教师明显看到了学生间的差异。

2011 年洵阳路小学被评为上海市"新优质学校",是首批 25 所之一。"新优质"的理念极大鼓舞着洵阳路小学的教师们:"一所优质学校追求的是让每个孩子都能得到合适的教育,关注到每个孩子的内心世界,进而通过课程的浸润使得其内心世界变得丰富而有追求。"它给了学校继续探究学生差异的勇气和前行的力量。2012 年,为了精准地解读学生的差异和需求,学校与第三方教育专业机构合作,利用信息技术对一年级所有学生从认知、运动、语言三方面进行 PCDP 儿童发展评估。以起始年级认知、语言、动作机能、社会化情绪、适应性行为五大领域进行的儿童发展评估,通过数据识别出凤凰型、云雀型、猎豹型等 6 种特征,如云雀型的孩子语言有优势,运动与认知偏弱,海豚型的孩子认知水平高,语言一般,但运动与精细化动作较弱。

为帮助教师更好研判每个学生的特点,学校还借助数据库支持的"课堂观察",根据"参与、跟随、走神"三种不同表现,在课堂中对学生进行表现性分析。之后,学校运用弗莱明的 VARK 量表客观解读学生,识别出视觉型、听觉型、动觉型及读写型学习风格偏好。

三个维度,多角度数据分析,画像式学生评估的新方法,刻画出学生在学习中表现出的一种整体性的、持久性的,并具有个性化的特征,为实现学生精准学习提供了极有力的支持和帮助,更为教师实施因材施教提供了依据。

评估报告给学校带来更大的震撼是:尽管有大致相同的类学生和类差异,但是每一个生命都是独特和完整的,不是不同学科知识"拼凑"的结果。而"学的结构"更多的是在研究

"学科中的学生"。如果学校始终在学科教学中打转，就永远是局限的，永远看不到生命成长的丰富和多元。

2. "补偿教育课程"让学生准备好学习

学校在运用 PCDP 解读学生数据时发现，学校一年级学生的认知、语言、动作机能的发展（流体智能）均低于常模均值，尤其在力量、速度、平衡力和精细化动作方面的能力更弱。这个数据似乎印证了学校教师普遍对本校生源的一种感受：总觉得孩子入校时普遍比较弱，又说不清楚弱在哪里。针对数据分析结果，学校下定决心有意识地从学生入学开始，进行教学策略的调整。

小轩入学后，翻书、写字、管理文具方面频频出现问题，做事拖拖拉拉，注意力分散，每天不能按时完成学习任务。他俨然成了一个令人头疼的"问题学生"。

换作以前，老师们肯定会以经验判断认定小轩的学习习惯和能力均弱。可有了开学初对每个孩子进行的"PCDP 儿童发展评估报告"，教师们也不急于做出判断，而是一起研究小轩的评估数据，"对症下药"。数据显示：小轩的认知水平较高，但语言和运动能力（协调，精细化动作）特别弱。看来，小轩更像是"海豚型"的孩子，思维没有问题，是运动障碍造成孩子诸多的不尽如人意。

这样的孩子靠"拼时间，拼体力"是不能解决问题的。那么，怎样为小轩开出适合他的"学习处方"呢？该班的老师们经过一番讨论后给出了处方：

处方一：增强协调能力训练。体育老师以游戏化的方式，为小轩增加踏步、跑步、跳跃的运动。

处方二：参加木棒 DIY 等精细化课程及软陶社团，锻炼手脑协调能力，训练手部精细动作。

学校欣喜地发现，小轩从一开始的协调能力未达标，到跳绳能突破 100 个，孩子的运动能力在一步步升级。随之带来的写字的习惯也在悄然形成。

自 2013 年起，学校连续 10 年，针对学生动作机能偏弱的情况，在学生 6 岁的最佳矫正时期，开设手工类的串珠、贴画、扭扭棒、撕纸、木棒 DIY 等 12 门"精细动作微课程"，每天 30 分钟。通过精细化微课程，锻炼他们的小手指肌肉，提升精细化水平，在促进运动能力发展的同时，促进大脑的发育，提升学习专注度，并促进学习及生活习惯的养成。

教师们渐渐看到了"补偿教育"微课程的价值：发现问题的症结，针对问题及早干预，在最佳时期助力学生达成相应的成长需求。画像式评估方法帮助教师们更精准地找到每一个学生的学习起点和需求,使教学更好地关照学生差异。

这个时候,学校用更科学的方式"看见"了每个孩子的差异需求,提出更有底气更具有科学性、针对性的课程教学的解决方案;更用精准施策,尝试为每个孩子提供适切的发展通道。

3. 建设让学生喜爱的学校课程

从2012年到2014年,在围绕学习有效性与精准性的研究中,教师们对学校课程建构的认识渐渐发生了变化:很多时候,教师的教学是给了不一样的学生相同的要求,对不一样的个体赋予了相同的期待。教育,要为每个孩子的学习而设计,要让每个孩子都富有个性,都能在校园里找到自己的、独特的成长之路;而学生是具有完整性、具有无限可能的。作为教师,在孩子的成长过程中应该关注的是每一个孩子与生俱来的"潜质",用课程去滋养他们,成就他们。

教师们发现,前期的研究虽卓有成效,但大多数时候学生还是被关在教室里学习,看起来变化了,但是教与学的方式没有发生本质的变化。因此,仅仅只做课堂教学研究是不行的。如何加强课程统整,建设基于学生素养发展本位的既有知识技能学习又有方法、思维、能力训练和价值观形成的课程体系?

结构不变,性质难变。一所真正优质的学校,一所真正以学生为主体的学校,必须在一个更长的课程链上来思考学校的课程架构。因此只有撼动结构,才能彻底性地改变教师的教学方式,让学生的学习方式得到根本性的释放。但动学校课程结构,风险是很大的,学校也很犹豫。此时,是"新优质"理念鼓舞着教师们:"一所优质学校追求的是让每个孩子都能得到合适的教育,关注到每个孩子的内心世界,进而通过课程的浸润使得其内心世界变得丰富而有追求。"它给了大家勇气和前行的力量。

(1) 通过"分科·综合"新形态创造性地实施国家课程

学校采用行动研究和迭代更新方法,遵循"课程整合"理念统整学校课程,建立"生活世界"与"学科世界"的联系,形成"分科·综合"课程教学新形态。上午分科教学,以发展学生学科素养为目标,提升学习的有效性与精准性。下午对部分学科进行整合,形成"主题课程""广域课程""模块课程"三段递进的综合课程新体系,每天两节课全校性地实施。

● **主题课程——建立鲜明的儿童立场**

在大量数据和案例面前,学校认识到必须建立鲜明的儿童立场,因材施教,以儿童为出发点优化学校课程,跨越书本知识与生活世界。

2015年,学校从低年级开始尝试整合实施"主题课程"。学生上午进行语文、数学、英语和体育学科的分科学习,下午的"主题课程"中是在研读各学科的课程标准的基础上通过合理的结构搭配,将唱游、美术、自然、探究等学科进行整合,放置到一个个主题鲜明、生趣盎然的单元中。每个月1个主题,每个主题4个单元。每个单元的学习又包含阅读绘本、绘画、戏剧、科学探究等多种组织形式,用游戏化的学习方式进行教学,让学习贴近生活,把知识的习得融合在游戏中。

主题课程实施以来,学校看到它的价值:第一,自由安全。主题课程满足了低年级儿童年龄认知特点与情感需求,与中高年级区分开来,为低年级儿童适应学校生活提供一个自由的、安全的学习环境,让儿童喜欢学校,喜欢学习;第二,发现可能。学生在融合的课程学习中更容易打开自我,更容易呈现出丰富性和多样性,增加了教师观察学生的多种机会,更看到真实的差异,更好地去深入研究因材施教的问题。

- ● **广域课程——寻找每个孩子的可能**

经历"主题课程"两年学习后的孩子进入中年级,学校课程从高度整合学科与生活的"主题"走向整合程度限定在某个跨学科学习领域的"广域课程"。

"广域课程"意在见"多"识"广",在学习时空、领域内容和学习方式上都有了突破。上午是语文、数学、英语和体育学科的分科学习,下午将其余学科的教学规定时间进行统筹,划分为"科学与发现、艺术与创想、戏剧与表达、哲学与思辨"四个跨学科领域。

广域课程,让学校看到了学生的变化,同一项目支撑的跨界整合、联域学习提供给学生差异化、个性化的学习通道,让他们在不同"域"的学习中不断发现自我,建立学习自信;很多学生在戏剧、科学、艺术创想和哲学课的学习中找到了在语文、数学、英语学科学习中找不到的那份自信和自我实现的快乐,这种自信和快乐将会"反哺"他们的学科学习;学生自我意识得到开启,有了初步的自我发现和自我认同。

- ● **模块课程——让学生形成目标意识**

有了"主题课程"的丰富,"广域课程"的宽广,有了低中年级的综合学习,有了学生的自我认同和评估,高年级的学习如何从"宽广"走向"精深",如何更好地回归学科的理性,与中学的学习接轨?如何让学生能够遵从自己的内心,有一点选择的空间,提供因材施教的个性化学习?基于以上思考,2018年月9日学校在高年级实施了"模块课程",模块课程包括:阅读与写作、数学与思维、艺术与审美、科学与创造、体育与健康五大模块,阅读与写作、数学与思维两个模块,学生根据学习能级进行选择;艺术与审美、科学与创造、体育与健康三个模块,根据学习兴趣进行选择。

"艺术与审美"模块结合电影课程,开设了特效化妆、音效制作、拍摄剪辑、舞台置景四个内容;"体育与健康"模块包含花式跳绳、田径、篮球、艺术体操四个内容;"科学与创造"模块是"梦想+"校园空间改造课程,包含3个项目。每个模块用1或2个课时的教学时间在部分学科的学习中可以"选课走班"进行学习,实现了一种可以以学生自己的学习速度学习进阶的机制。它逐步走向基础型课程模块化,让学生看到自己的优势,看到自己开始长大,对自我发展有目标意识。

仍旧以科学学习为例,科学模块是"梦想+"校园空间改造项目,以指向创造性问题解决的项目化学习为依托,实现打造一间"梦想教室"、改建一个具有博物馆功能的少先队队室、学生艺术作品布展的最终成果。

低段"主题课程"关注低年级儿童生活经验和学科的融合,呵护天性,融通经验,激发兴趣;中段"广域课程"关注多样化课程资源的整合,培育自信,整合资源,拓宽视野;高段"模块课程"关注学科特性与学力差异、个性化的统合,尊重学生差异,提供选择,激活创意。它们统称为"洵美课程",与学校的文化理念"润泽生命,洵美且异"一脉相承。学校也形成了"洵美课程"的总目标——润品性、立志向、养心智、广视野,提炼了"洵美课程"指向的学生核心素养——愿合作、能参与、善行动、会创造。

"洵美课程"是一个生长性的课程,不是从顶层设计开始的,而是实践中不断摸索的产物。八年来,学校形成了自己的研究路径,如图4.1所示。

4. 课程机制创新——让教师专业自主

课程的深度变革,给学校和教师的发展带来巨大的挑战和机遇,学校积极回应教师的发展需求,更新课程管理机制,以支持课程的不断深化和发展。

(1)管理架构变革,实现专业自治

学校将"校长室——中层组织——年级组(教研组)"三级管理的传统模式,转变为"校长室——年级部"二级管理模式,进一步减少管理层级,实现管理重心下移。由校长室直接面对各年级部,实现以年级为单位的级部管理模式,赋予级部组织教育教学研究和教师培养的自主决策权,日常教育教学工作均由年级部全局统筹和实施管理。正因如此,中层职能部门的功能也由原先的教育教学管理执行,逐步转向为"咨询服务系统"。学校成立"课程研究咨询中心",将力量集中到"专业"这一核心上来,为教师提供教育信息和物质资料,提供咨询、研究、培训和评价等服务项目,弱化了它的监督和考核职能,以体现更强的专业支撑和专业自治。

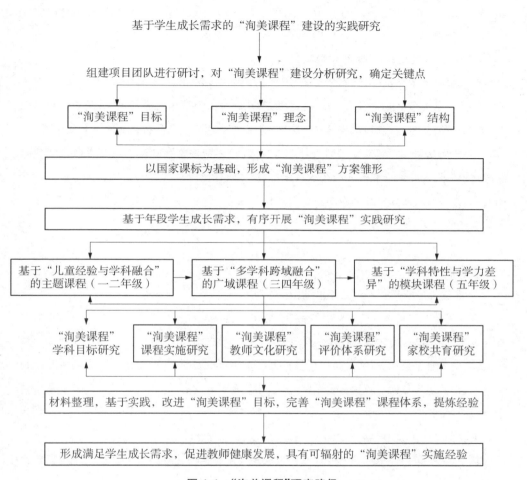

图 4.1　"淘美课程"研究路径

（2）研修方式变革，实现专业自主

基于课程改革项目的驱动，学校鼓励教师主动结伴形成"项目合作组"。如：学科＋儿童哲学研究项目组，德育＋戏剧研究项目组，电影课程项目组，"梦想＋"课程项目组，"淘美课程"增值性评价研究项目组等十多个自发形成的跨学科教研团队。这些团队的成员都是由有共同研究兴趣和发展需求的教师组成，他们来自不同专业、不同年级、不同学科，项目组的活动时间长短不计，不拘形式，有些教师还参与到不同的项目组中。像这样的自发组织的非行政建制的团队活跃在课程改革一线，他们按需组合，主动研究，连接擅长，彼此支持,不再是单纯的任务的执行者。每个人都有意义地卷入其中,转变为教育的思想者、研究者、实践者和创新者。

(3) 专业力量支撑,保障科学严谨

学校提供更多的机会,让教师与大学研究人员、市区教育研究人员、教育名家、教育名师等专业人员开展多元多层的对话,通过自下而上、自上而下的反复沟通,共同商议和制定"洵美课程"的方案,让教师明确课程目标、任务和实施方法。在学校课程改革的进程中,从"课程的开发论证"到"课程方案的设计",从"课程计划的编制"到"课程实施中的诊断""课程的评价"等,始终有专业人士的介入和指导,一方面保障学校课程整合符合国家课程标准的要求,另一方面在课程技术和路径方面提供一些专业支持。例如:研修机制的优化、课程评价工具的开发,等等。

案例评析

1. 课程优势的积累需要系统思维

学校课程架构不是随意的,而是由一定的课程哲学支配着的。每一所学校的课程架构都有鲜明的个性,这突出体现在学校课程哲学上。学校课程哲学体现着课程架构的理性特征,是整个课程框架的灵魂,引领着课程模式的构建和框架的形成,支配课程架构的其他构成要素,并衍生出与之有关的其他范畴;既是对课程变革的行为规定,也是对课程变革的效果检验。

课程创新的系统思维包括以下三个方面:

第一,需要学校的校本课程开发与国家课程具有强烈的内在逻辑一致性。学校课程按开发主体可以分为校本课程与国家课程,校本课程的开发与现有国家课程的关系,是国家课程的校本化设计或是国家课程的拓展与延伸。分科课程与综合课程,学科课程与跨学科课程的关系亦如是。唯有形成内在一致的,有逻辑的课程结构,才能让学生获得真实的成长。

第二,国家课程的校本化设计技术的运用,内容包括帮助教师熟悉和把握各学习领域中最重要的方面和标准的核心,熟练掌握课程标准与课程规划,不断设计迭代学期课程计划、单元课程设计、学科与跨学科内容整合、学科与时间整合的各种课程要素。为学校课程开发从课程目标到评价的整体方案、课程资源包(学具教具、参考资料,网络资源等)。

第三,学校还需要为各种国家课程的校本化设计(含基础型课程校本化)建立课程开发设计的规范流程与组织,体现课程领导力的组织架构,努力建设扁平化的学习型组织。

2. 始终用"儿童立场"审视课程创新的价值与意义

在这所小学的案例中,学校可以发现,站在儿童立场持续研究学生是学校发展的内驱力。在前 10 年的"语文教学长程结构研究"中,更多的教师意识到"研究学生,以儿童的视角开展教学改革"是一件非常有意义的事。成为"新优质"首批项目学校后,学校依然把儿童的视角作为持续研究的巨大内驱力,不断前行。

普陀区洵阳路小学的教师们不断致力于让孩子喜欢学校,喜欢老师,喜欢学习,他们的思维能力、问题解决能力、交流能力、协作能力、信息素养、灵活性和适应性在课程学习中都得到发展与提高。在上海市"绿色指标"调研中,学校学生高层次思维能力发展水平达到最高值"9"。

在 10 多年新优质学校研究中,学校就"新优质"核心理念"回归育人本原"做实践分析,阐述观点、提出思考,明确了以学生学习为中心的改革方向;学校邀请专家指导,解读"新优质"内涵,明晰了在"三不靠"前提下,以关注每一个学生的适宜发展为抓手,探寻促使学生内心世界变得丰富而有追求的改革路径。2015 年 9 月,学校从风险最小的低年段开始,尝试从"分科"走向"融合",实施主题课程。没有人知道前行的路有多么曲折,带着坚持以学生发展需求为导向的初心,学校开展了长达 8 年的实践探索。从儿童的立场出发,完成两种课程的优化实施与设计:一是学科课程,二是跨学科课程。学科课程是基于学科的逻辑体系开发的,目的是要让学生掌握学科知识的间接经验。跨学科课程是学生获得直接经验的过程,它关注的是学生面对真实世界时的真实体验和直接经验,是以社会生活统合和调动已学的书本知识。它有利于学生获得对世界完整的认识,有利于培养学生的创新精神和解决实际问题的能力。

为了用课程满足学生有差异的个性化发展,学校整体设计课程,建构起一个分科与综合有机融通的一体化课程实施体系,尽管课程管理机制在变,但是不变的是学校教育的初心和使命,是始终坚守的对教育本质的理解与实践。学校尽其所能让每个孩子都能得到合适的教育,关注到每个孩子的内心世界,进而通过课程的浸润使其内心的世界变得丰富而有追求,诠释了一种真正的均衡和公平,是基于差异的满足和个性需求的公平。让学校呈现出"润泽生命,洵美且异"的样态。

四、基于因材施教的课堂变革路径

义务教育阶段的上海新优质学校,在均衡发展,基本实现"有教无类"的普惠性公平之后,正在进一步思考如何"因材施教",让每一个学生都能够接受到适合的教育,帮助每一个孩子成为更好的自己。认识并尊重孩子间的差异,让不同的孩子,通过不同的方式,得到不同的发展,去追求较之于普惠性公平更高一层的差异性公平。

(一) 价值内涵

1. 价值。课堂变革的目的是以学生为中心,构建适宜的情境,让学生在主动探索中理解知识、提升能力、丰富内心。其特点是立足差异、激活主体、真实学习、多元发展。新优质学校由于生源差异较大,学生受先天发展因素、后天学校教育及家庭教育,包括社会生活环境等因素的影响,在个性特长、智力水平、学习能力、生活习惯、人际交往等各个方面都存在较大的个体差异。因此,在新优质学校里实施因材施教的教学,既是其内在的需要,也是其显著的特征。

2. 内涵。学校基于因材施教的教学变革路径,即本着因材施教、坚持教育公平而高质量发展的原则,充分关照学生的学情,密切联系学生的经验和现实生活,积极开展寓教于乐、关注学生个性和差异的高质量教学,逐渐形成本校行之有效的教学模式和鲜明主张。

(二) 路径诠释

基于因材施教的课堂教学变革有两个路径:

(1) 适应:学校教学管理中是否能系统化地针对学生学习差异设计不同的教学方法和策略,使学习的深度、广度、进度适合不同学生的知识水平和接受能力。

(2) 激发:根据学生的学习能力、思维能力、理解能力选择适合的教学方法,激发学生的主动性与创造性。

徐汇区园南中学是在研究学生学习深度、广度、进度等差异化学习需求,适应学生学习水平差异作为起点来变革课堂的。根据"最近发展区"理论,学校立足学生的个性差异,主动对学生水平差异进行具体分析,在明确了需求差异的基础上,通过课程教学、综合实践活动、评价反馈等多途径的实践开展研究,设定有差异的学习目标,通过分层设计学习内容、挖掘有针对性的教育资源,采用多样化的教学方式,实施精准施教,满足学生的不同学习需要,扬长补短,开发潜能,帮助每个学生实现自我超越。

上理工附小研究了学生个性差异的表现,提出异质分组,相异构想等,利用学生差异作为资源,形成学生合作与分享的学习样态,在开放性的学习过程设计中激发不同思维特点、个性风格不同学生的学习主动性。

两所学校因材施教的实践各有侧重点,但对学生差异的关注与研究延续了多年,积累了许多卓有成效的教学机制,在这样的积累中,学校形成了教师在教学工作中研究学情的习惯,也逐步形成了针对本校生源特点,有别于其他学校的教学管理机制,在这样的优势积累中,也形成学校管理的严谨细致,逐步带动学校其他工作的良好发展。

(三) 实践案例

案例 4.2　适应差异——徐汇区园南中学的课堂变革路径①

上海市徐汇区园南中学长期开展因材施教的课堂教学变革。关注学生学习倾向与水平差异的学校,对学生学习水平的把握体现在教学中,就是在教学中应结合学生的既有水平与学习能力,有针对性地开展教学。根据学生的实际需求开展教学。对教学管理机制进行不断创新,从一所薄弱学校走上高质量发展之路。

上海市徐汇区园南中学创办于 1994 年,地处徐汇之南,毗邻上海植物园和上海中学,学校对口小区多为动迁安置房,整体学生家庭社会背景处于区域弱势地位。2010 年开始,学校抓住机遇,作为区首批新优质学校,把创建新优质学校项目贯穿在各项工作中,学校聚焦课堂,关注适应差异,将有效教学作为提高学校教学质量的重要抓手,在数学、物理等学科教学方面形成了鲜明的特色。

1. 学习差异——教学的一种资源

在思考教育的未来走向之时,学校密切关注国家和地方教育政策的变化,关注这些变

---

① 本案例由上海市徐汇区园南中学提供初稿。

化对教育教学理念与实践产生的影响。为了适应新时代对人才培养的新需求,中国正在进行自上而下的教育综合改革。上海市的新中考改革的变化意味着,中小学校需要早做准备,切实转变育人方式,着力推动课程改革与创新。

(1) 研究学生的差异化学习需求

2016 年在校长室统筹规划、各职能部门协同落实、专家指导下,编制调查问卷,学校开展了课程发展现状的调查与研究。基于调查结果中师生、家长的需求及教育综合改革对学生综合素质培养的需求,确定学校课程愿景与目标,制定学校整体课程规划,形成研究思路。调查显示,在职教师对教育综合改革的态度十分积极,即使感觉到转变过程中存在困难,也仍然表示会被动适应。不过,他们也普遍感受到了压力,一种压力来自课程观念的更新,一种是向来存在的升学压力。同时,他们对自身知识与技能储备缺乏信心,渴望得到更多的专家引领,也希望学校能够完善绩效考核与评价机制,能够通过制度杠杆提升全校教师投身校本课程开发的积极性。

调查也显示,学生的差异主要包括学习风格和学习态度、学习能力的差异,由此而产生的对学习内容、学习方式的不同需求。如,学生认为影响学习成效最主要的几大因素依次分别是个人的学习动力和态度、个人的学习方式和方法、老师的授课方式、班级学习氛围、授课内容。学生在制定学习目标、选择学习资源、掌握学习方式、管理学习过程等几个方面都产生了不同的差异。基于调查结果所显示的广大师生家长的需求,也基于教育综合改革对学生综合素质培养的需求,2018 年,学校首先从地理和生命科学学科尝试开始了因材施教的教学改革之路。学校提出,"立足学生的个性差异,满足学生的不同学习需要,以促进每个学生最大限度发展",把学习差异当成教学的一种资源。然而,这对于一向勤勤恳恳、乐于奉献的园南教师而言无疑是一次全新的突破。2020 年 7 月学校继续积极响应市教委教研室"基于学情进行因材施教的教学、作业、评价、资源设计与实施的策略研究——初中学科教学组织形式研究",语文、数学、地理学科也共同加入开展"因材施教"实践研究。

学校提出实施差异化教学,立足于学生的视角,探索因材施教的有效途径,其核心在于:一是科学分析学生的个性特征,并把他作为教学活动的前提;二是教学措施的针对性;三是尊重差异;四是关注每一个学生的发展。

(2) 设置丰富可选择的学习资源

学校通过选课平台,由学生自主选择喜欢的课程,充分尊重学生个体差异,同时根据实际情况与师资力量,一方面严格执行国家课程计划内的基础性课程实施,开足开齐,落实好国家课程;另一方面又基于学校实际情况和学生个性发展的特点和需求,因地制宜进行创造性的合理开发与设计。从课程结构、目标、内容、评价等各方面对课程进行整合、重构和融合,将教育资源、人文、环境、硬件设施等教育因素有机整合,对场地资源、社区资源、专家资源等进行开发,充分挖掘学习资源,打破教室、时间、教材的限制,为学生的成长开拓更为广阔的空间。

例如,开设的"体育品格塑造"课程由旱地冰球、棒球、篮球等多门课程组成,紧紧围绕着"学生品格塑造"这一核心,贯穿于系列课程的整个过程,形成一个全面发展的整体。《跟着节气去探究》课程,引导学生关注生活,发现气象与动植物以及人类生活之间存在密切的关系。为满足现代信息环境对未来人才的需求,学校开设"机器人"探究课程,这一课程打破年龄界限,以面向不同群体开设层次分明的课程,机器人搭建、编程、创意等活动,让学生爱科学、学科学、用科学。并将机器人课程引入到物理实验中,突破传统物理实验教学。黄道婆棉纺文化的系列课程,学校打造一期黄道婆陈列室、二期蓝韵坊、三期向日葵手作社,筹建系列特色场馆,组建学生小社团,开发纺车、扎染、手创等体现棉纺文化特色的一系列特色课程,每一门课程相对独立,但又因主题或形式而紧密联系,融德育、智育、美育、劳动为一体,以丰富多样的形式传承非遗文化。"自然笔记"课程让学生了解与棉花有关的诗词、植物学知识,指导绘画时展现植物特点,记录棉花叶片、花、棉铃等代表性阶段,将语文、生命科学、美术等不同学科的学习融为一体。

这些课程做到了整体性与开放性兼顾、多样性与层次性并重、独立性与系列化呼应。学科内容的深化与学科间的协调、关联与融合的同时,拓展了课内学科学习的外延,丰富了学习内容,也针对学生的能力差异进行教学,满足了个性化需求。课程的多样性和选择性,让学生的兴趣、特长和个性得到充分的尊重与发展。在兴趣激发和问题驱动下,学生掌握了主动权,学生自主学习能力和创新能力都得到提升,学生在实践中享受着课程带来的获得感。

2. 分层与问题化——学科学习适应学生水平

(1)分层学习任务设计

学校各教研组开展基于学生需求分层设计学习任务、作业批阅与指导、指导学生如何开展小组合作学习等策略开展研究。从制定目标、设计任务、推送资源、搭建支架、课堂教学、作业设计、评价等各阶段都始终基于学生需求,关注差异,有针对性地施教。

例如,学校语文组开展基于学生需求分层设计学习任务的研究。通过研读课标,分析教材,确定学习主要内容;通过分析学生学习基础,借助调研,了解学生学习需求;通过确定有层次的学习目标,分层设计有梯度的学习任务;通过推送合适的学习资源、提供合适的思维支架,指导学生完成学习任务。从制定目标、设计任务、推送资源、搭建支架、开展评价各阶段都始终基于学生需求,落实分层思想,贯彻个性化理念。

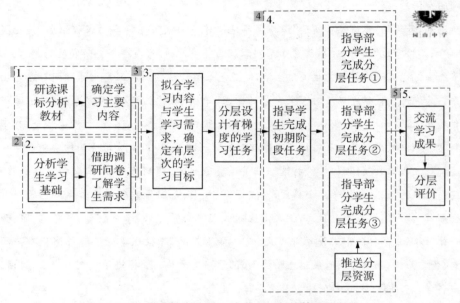

图4.2 学生需求分层设计学习任务的策略流程图

学校着力培养学生的认知能力,促进思维发展,激发创新意识。坚持教学相长,注重启发式、互动式、探究式教学,引导学生主动思考、积极提问、自主探究。通过丰富的教学形式,探索因材施教的有效路径和深度学习的实践模式。经过多年实践与努力,我校学生对教师的教学理念、教学方式等绿色指标表明园南学生们切实感受到教师教学模式的优化,极大程度上促进他们课堂学习效率的提高。

(2)问题化学习任务的设计

对学生来讲,缺乏体验,就难以把外部的指导转为自己的内部需要。因而,学校挖掘学科与生活、社会的关联,以问题为导向,引导学生运用所学知识和习得能力解决情景中的问题;通过设疑激趣,调动学生学习的主动性和积极性;注重实验探究,增强学生学习体验,深入挖掘学生的内在创造力；通过活动的设计，将知识进行转化和迁移，提升能力，促进学科核心素养培养。

在校园里分布着许多植物，它们是谁？生长习性怎样？细心呵护种植，却依然眼见叶片萎靡，排除阳光和肥料的因素，难道是土壤的问题吗？土壤的酸碱性是否影响植物的生长？倘若植物生长与土壤有关，学校应该怎样去测量呢？若能准确地测出土壤实际酸碱度，从而进行精确的土壤改良，以保证每一次用肥都是科学合理的，是否就能够促进植物的健康生长？七年级科学课上，学生刚刚学习了身边的溶液这一知识，能不能用所学的检测溶液酸碱度的方法检测一下这些植物生长的土壤呢？带着这些问题，学校开始了"土壤的秘密"这一主题的研究。

在七年级开展"土壤的秘密"主题的设计共有四大环节：植物科普、植物寻踪、植物探秘、土壤探秘。每一个环节都设计了教师的导与学生的学。从了解校园内的常见植物，到了解植物在全球种植的地理分布情况、了解植物的生长习性、生长环境等，到进行土壤 pH 检测，完成土壤酸碱度检测实验报告，分析校园内的土壤是否适合该种植物生长，了解土壤对植物生长的影响，再到从气候、土壤、植物自身的特性等方面综合分析该植物能够在上海种植的原因，为我校养护绿化植被建言献策，如根据植物生长环境因素，提出改良校园土质、改进灌溉方式等建议。

通过这一主题的学习，能够让学生在理论知识的基础上深入了解生活实践，需要学生主动去认识校园中的植物，了解影响它们生长的因素，通过在校园进行实地考察，借助土壤酸碱测量仪去检测自选的校园某一植物的酸碱度及湿度，探究土壤和植物相互影响的秘密，学生必然要运用地理、生物、化学、科学等知识来解决问题。学习了土壤酸碱的检测方法的同时，加深了对生物多样性与地理信息分布的理解，也能让学生更加了解学校的校园，引导学生做个善于观察、乐于思考的有心人，并且积极地将课堂上学到的知识加以运用。

3. "真实情境"——实践中呈现社会情感差异

教师的教学方式的改进，主导着学生学习方式的优化，学生学习兴趣、学习习惯、学习能力的形成以及精神面貌的积极变化。徐汇区园南中学注重"做中学"与"玩中学"，基于课堂教学实践，结合主题式学习、体验式学习、项目式学习等多种形式，使校园资源惠及所有学生，并不断优化学生的学习方式，丰富阅历，开拓视野。

古人云：读万卷书，行万里路。书本知识的学习离不开社会实践的检验，然而，刚刚步入初中校园的孩子们如何用自己所学的各种知识进行社会实践,从而再促进未来的学习呢? 为了给他们提供更大的实践平台,2018 年 5 月 4 日,徐汇区园南中学六年级 218 名学生参与了"寻文化密码·访古今中外·传家风家训""小脚丫走大社区""'一元钱'城市生存体验"综合实践活动。这是一次前所未有、社校联合、家校联合的大型社会实践活动。通过行走、触摸历史、访古问今,了解徐汇区的历史变迁,了解社区里弄里的先贤事迹,了解市井百态,在活动中学会自我保护,提升团队合作能力。

学校组成了 37 支学生团队,分别由 6 位学生、1 位家长志愿者和 1 位教师志愿者组成,学生组队后,根据自己的特长与岗位设定的需要,确定自己的相关岗位。在制定的 5 条线路中按随机分配的小队编号分配路线。每一条行走线路均需要完成指定的任务。

例如:其中一条小队路线为:徐汇区园南中学——汇城中心街花园(黄杨木雕)——聋哑青年技术学校(手语艺术)——华轻梅陇购物中心——上海交大(名校历史与文化)——徐汇区园南中学。活动设定为五个任务,分别是:寻找黄杨木雕;前往聋哑人学校学习手语;在壹街坊解决午饭,并在队友面前打电话给妈妈,说出:妈妈我爱你;前往交通大学,找到门口的一块牌匾,填写任务单;前往土山湾博物馆参观,并在路上对路人朗读家训十则。

在全体学生回校后,开展经验分享会,现场依据完成情况颁发奖品、证书。最值得记录的是学生现场的交流分享。每个小队的代表上台发表感言。孩子们真情流露,成功完成任务的同学有欣喜、感慨、成长,也有很多没有完成任务的同学,有遗憾、失落、反思。有的同学当场落泪:"我们在一家饭店和老板说好,为他擦桌子、发传单,他会安排午餐,但事实上,干完活后,他没有兑现承诺,我们感到很委屈,但也明白了这就是社会的一面,也吸取了教训……"也有的同学激动万分:"出发的时候不能带水、食物,身上只有一元钱,还有任务包里的一些书签、卡片,我们就策划怎么换取路费、餐费,我们组同学现场表演朗诵、唱歌,分发小书签,赚了一些钱,我觉得自己也挺了不起的,靠自己的本领和劳动换取了报酬……"台下所有同学报以热烈掌声。后续也有很多老师、家长志愿者感慨万千,主动发来信息表达对活动的认可、对孩子们的赞赏。六年级全体同学更是以一篇名为《感恩有你——致全体家长志愿者和教师志愿者的一封信》的短文表达对志愿者们的感激、对自我成长的感悟。更有很多同学撰写了《成长的收获》一文,在生生之间产生共振辐射。

整个活动以多元的、立体的评价为主,以正面评价、积极鼓励过程性评价为尺度,重过程、重应用、重体验。如评价方法:(1)每一个勇于参与活动的同学都值得表扬和肯定,他们通过亲身实践有所收获,颁发活动证书。(2)在规定时间内完成所有任务,并通过自身的努力筹得最多活动资金的几个小队可以上台领取证书、纪念品并分享自己的经验。(3)获奖的小队成员可以邀请台下的同学与大家分享自己的活动收获及感受。(4)活动后每位参与者通过书面方式对自己和队员的表现给予评价。(5)请家长对孩子的参与及表现给予评价,并同志愿者一起在微信活动群留言。

活动评价表

活动主题		活动时间	
姓名		小组成员	
评价内容		自评(ABCD)	他评(组员)
积极参与活动			
与组员团结互助			
敢于表达观点			
认真完成任务			
活动中提出建设性意见;对任务的完成有所贡献			
老师评价			
家长评价			

4. 跨学科设计——挖掘学习的深度与广度

走进徐汇区园南中学,你可能一眼就会被精致的校园环境所吸引,走廊里窗台下的一个个雨伞架,大厅里墙壁上一幅幅的学生作品,创新实验室里一个个学生的研究成果……这些作品的背后都演绎着学校在进行跨学科项目化学习实践中的一个个学习故事。

故事:《给雨伞找个家》

上海气候温和湿润,全年60%以上的雨量集中在5月至9月的汛期。一旦到了汛期,连续多日的降雨势必需要同学撑伞上下学,诸多雨伞放在教室或者走廊,凌乱无序,空间也有限,而且湿雨伞的水滴则滴得到处都是,不仅影响心情,更有安全隐患。

于是,学校组织开展"给雨伞找个家"项目化学习实践,学生以小组为单位通过设计问卷,了解其他同学对于设置雨伞架必要性的看法,随后实地勘察、测量,确定雨伞架选址,并绘制"雨伞架"设计方案,在教师指导下模拟实验探究"雨伞架"下方排水口的排水效果,同时不断完善方案。在最终确定雨伞架功能性之后,对雨伞架进行美化加工。教师在活动过程中引导学生将所学的物理、数学、艺术等知识付诸实践。活动中,同学们发动头脑风暴,提出"雨伞架"的构想,让雨伞有了美丽"家"园。

根据同学们的设计,学校大修时特意在走廊设置了排水沟,大修后在教室和办公室外走廊上装上了雨伞架。使用过程中大家又发现突出的挂钩也存在安全隐患,于是塑料玻璃保护套应运而生。"给雨伞找个家"的项目化实践活动不仅破解了校园生活的难题,体现了人文关怀,更让学生收获知识与能力,让他们的设计理念化成了真实作品,成为校园亮丽风景线。

"土壤的秘密""小脚丫走社区""给雨伞找个家"是徐汇区园南中学推进教与学方式变革的校本实践中,众多案例的代表。不同学习方式的运用,其目的是更好地实施"五育融合",这正是学校内涵发展的技术保障。"所学即所教""所教即所评",在目标指引下,学校通过探索多维度、过程性量化课程评价,使得学生的学习与教师的教学、教师的教学与对学生评价一致,努力实现教、学、评的一致性。

5. 有温度的校园——感受尊重建立自信

(1)"重生轻师"

校名中的"南"字,有向着太阳之意。学生、教师和学校在发展中,都应以挺拔的姿态,吸收充沛的阳光,以利生长。每天早晨 7 点一到,学校就禁止任何车辆进出校门,大到汽车、小到自行车,只为孩子们安全进出校门。五层教学大楼几乎是孩子们的天下。一楼共 8 间房,其中除了一大一小两间教师办公室外,其余都是孩子的教室。学生占有房间比率 75%;二楼共有大小 15 间屋子,其中教室 7 间,大队部 1 间,广播室 1 间,这些直接和学生有关系的房间占比约 60%;三楼共 11 间房,其中和学生直接有关的有教室 6 间,新生态实验室 2 间,图书馆 1 间,共 9 间,占比 81.8%;另有文印室 1 间,教师办公室 1 间;四楼共有 14 间屋,其中除了大小 2 间办公室外其他都是孩子的天地,包括 6 间教室、2 间物理实验室、2 间化学实验室、1 间书法创新实验室、1 间音乐教室,占比 85.7%;五楼共 6 间房间,除了多功能厅,是老师开会和学生上课合用外,其他都是学生的空间,包括 4 间创新实验室和 1 间电脑房,学生活动空间占比 83.3%。由上述统计数据可见,除了二楼学生占有的空间最低为 75%,其他都在这个比例之上。那二楼为什么特殊呢?

二楼有一间行政办公室,全校所有的中层,除了总务处外都在此办公,包括校长室、校办、学生工作部、课程教学部、教师发展部、人事、团队等。此外该楼层有大小两间会议室,其中小会议室和教务处都是室内面积不足 4 平方米的斗室;209 房间是 3 个部门合用。由此可见二楼的功能有多么强大。

老师们占有地方这么少,那是否很憋屈呢?答案是否定的,恰恰相反,这里充满了人情味。

为了给学生更多的空间,学校将整个年级组的老师集中在了1间办公室,全校共四个年级组办公室,面积相同,以八年级为例,年级组使用面积约48平方米,共放置了16张办公桌,可容纳16位老师办公,人均3平方米。麻雀虽小五脏俱全,每位老师配有1只移动柜,1台电脑,还有14只竖橱,微波炉1台,净水机1台,电风扇3台,中央空调1台,九年级还配置了1台电冰箱。老师们在这里紧张充实地工作着,惟吾德馨,谈笑有学生,往来无白丁,何蜗之有?学校的领导常常到办公室来嘘寒问暖。管理的温度在这里传递到老师,又从老师传递到孩子身上。

在这样的温度里,园南人践行着"成长自觉、全面发展"的办学思想,对标培养"成长自觉、全面发展、阳光自信的新时代好少年"的育人目标,努力向成为上海市中心城区卓越的公办初中学校目标迈进。

(2) 合作共生,成就教师整体水平的提升

新优质学校特点便是以学生为中心,打造让学习真实发生的课堂教学,让学生在主动探索中理解知识、提升能力、丰富学生内心。学校课堂教学在精准把握学情中推进教学改革,始终坚信优秀学生的培养靠教师。

为更好地落实科学施教,外请专家指导,内强教师研修。在教师培养上遵循以下原则:老中青分层推进;各学科齐头并进;教与研互补共生。同时,充分发挥教师的主导作用,通过邀请专家为教师专业发展提供专业化指导,通过下放课程开发权切实提升教师专业发展的积极性与主动性,收效十分显著。引导教师深入理解学科特点、知识结构、思想方法,科学把握学生认知规律,上好每一堂课。开展联合教研、深度备课,丰富教师的研究方法,多个视角的碰撞与交汇生成创造性的设计,使得集体备课由"取众人之长",上升到"取各科之长",教学设计实现学科融合,同时解决了单靠教师"单打独斗"式的个人研究显然无法达到的深度和广度,让科学施教有了保障,促进了学生智育水平的提升。从面对新课程改革的茫然和不自信到……;从进行教学展示到开设校本拓展课程;从撰写教学案例到撰写课程方案,再到开展课题研究,教师的专业能力得到飞速发展。

学校"教-研-训"一体化研修模式,改变以往研训分离、教研主题不明确、培训缺乏实用性的现状,课程实施中提出"基于标准,科学施教;关注体验,有效施教;重视差异,精准施教"的教学方式,为提升教师课程领导力提供了可借鉴的研修模式。

（3）温暖的教育，让学生自信绽放

优质教育发展需要优质师资队伍，因学生群体之间的差异化，更迫使学校加强教师队伍建设与能力培养。质量驱动，引领学校深层次变革，学校牢固树立以德立教、为人师表的思想，要求每一位教师：提高政治站位、各美其美，做学生成长的引路人。以自我高要求为内驱力，徐汇区园南中学教师善用教育智慧，对待学生：感情上，视若己出；兴趣上，热情鼓励；学习上，循循善诱；生活上，关怀备至。

2020年的优秀毕业生何诗喆同学回忆自己在徐汇区园南中学的经历，四年最美好的时光属于最棒的徐汇区园南中学，遇见了最美的老师和同学。四年前那个八月炎热的夏天，在酷暑中迎来了来家访的班主任，当她自信满满地说出了自己未来的目标时，班主任老师给出了热情的鼓励；自己第一次上台发言的时候，声音都是抖的；第一次完成老师托付的任务，手忙脚乱一团糟……在放学时犹豫踟蹰，被老师请去谈心；她在师长的影响下，对古诗文产生了浓厚的兴趣，早在预初年级就有计划地熟读《古文观止》，为古诗文学习打下了坚实的基础；初三一模的时候发挥不理想，在老师的帮助下卸下负担，继续为接下来的学习和自己的梦想加油努力。今天想来，正是园南给了她这个平台，让她有了一次又一次尝试的机会。她很庆幸，有这么多人给予帮助和鼓励，让她摆脱了各种诱惑，一次次从低谷中走出来。在父母亲友和老师同学的支持与陪伴下，终于一路凯歌，坚持到底。求学路漫漫，行行重行行，但无论走到哪里，她觉得都是"向阳而立　各美其美"的园南人。

可以看见学校对人的重视。自立自强的好少年——"最美少年"孙鹤安同学，尽管身有残疾，但她意志坚强，她用自己独特的方式，给周围的同学以激励，让周围的同学感受温暖。虽然已经毕业数年，但是母校还记着她，将她的事迹展现在教学楼的门厅里，记诵于师生员工的心头与口头。

徐汇区园南中学之所以具有这种教育智慧，之所以取得了如此喜人的成绩，究其原因，根本不在教育理论的先进与办学硬件的现代化之上，而在于始终以人为本。正如校训中所写"守正出新，久久为功"。

案例4.3　激发不同学生学习主动性——以上理工附小为例①

上海理工大学附属小学创办于1953年，前身为长白二村小学，2006年重建，在经历了

---

① 本案例由上海理工大学附属小学提供初稿。

所在地区 7 所学校的不断调整兼并后,形成了目前的办学规模。学校有 40 个教学班,1 200 多名学生,117 位教师,当时的学校,师资水平参差不齐,教师教育观念滞后,学校更缺乏明确的办学理念和目标,亟需凝聚大家共同发展的愿景。

2011 年 6 月,学校成为上海市首批新优质学校项目校。"新优质"的理念与学校的办学目标不谋而合。从学校发展中的真实问题出发的校本培训,以唤醒教师自觉的反省,是带领教师共同走向理解新优质、寻找身边的新优质、走向新优质的具体路径。"你怎样理解新优质学校""哪个教育故事令你印象最深刻""说说你身边的新优质故事""怎样做可以更优质",围绕这些主题共同讨论,解决教师心中对"新优质"的困惑,逐渐形成对"新优质"的认知——不再把学业成绩、分数排名作为衡量学校优质与否的唯一标准,取而代之的是回归教育的原点,真正关注到人的发展。

学校提出"不一样的生命,一样的精彩"的办学理念,体现了学校对因材施教的理解:顺应每个学生的禀赋,肯定和尊重个体的生命价值、特殊才能、个性差异。在多年的内涵式发展中,学校始终用因材施教的理念去研究课堂和学生,打破唯分数的价值观,回应不同学生的学习需求。建立了研究差异,不断提高教师教学适应性的优势。通过这个优势带动学校课程发展,将课程教学这个学校的核心专业领域能力提升,促进了教师群体的专业水平提高。

1. 解读差异:用"第三只眼"看男孩

学校关注和回应学生的真实需求,以此作为课程创新的起点,"我从哪里来",学生的一个问题,引发了学校十年磨一剑,打造性别教育课程。

(1) 回应"我从哪里来"的儿童问题

"小雨、小雨,沙沙沙,沙沙沙,种子、种子,在说话,在说话……"小朋友通过唱儿歌,知道了植物可以通过种子延续后代,再通过鱼妈妈、鸡妈妈、兔妈妈等找孩子的游戏,了解动物有"胎生"和"卵生"两种方式,老师又播放了一段科普录像,演示精子和卵子如何相遇、结合、孕育……

缘起于学生的一个问题"我从哪里来",2000 年,附小老师为一年级学生上了性别教育第一课,了解了动植物的繁衍到人类诞生的过程。

孩子们打开父亲母亲写给他们的信,信里饱含并流淌出的孩子出生后父母亲们激动的心情深深感动了孩子。不少孩子边读边流泪,惊讶生命的神奇,感动双亲对自己深切的爱,整个性别教育都在诠释一个主题——爱与生命。

（2）十年建设《男孩女孩》主题教育课程与读本

教师在不断回应孩子的生命成长需求中研发了一堂堂性别教育课——《男孩和女孩》《X和Y》《身体红绿灯》等，学校初步形成了该主题的课程框架。经过十年的教学实践，这项课程渐趋成熟，显现出良好的教育成效和社会效应。

2011年9月，上海教育出版社联合学校出版了全国首套小学性别教育实验教材《男孩女孩》。① 帮助学生了解生命的由来，了解男女性别的差异和变化，真诚贴心地剖析少男少女的"朦胧"情感，尽可能减少成长过程中的一些不愿或不便启齿的烦恼，真切有效地给出保护自己身体的方法，引导学生学会做自己身体和生活的主人。

近年来，课程组联合出版社推出全国首套小学性别教育实验教材《男孩女孩》和家庭版读本。2015年起，学校成为杨浦区"生命教育"研训基地（性别教育研训基地），联手大学、高中、初中10所基地学校，开始主持编写大中小一体的课程指南、学段教材和教师培训课程。

（3）全面解读性别差异在学习中的表现

2013年，在《男孩女孩》实践基础上，为让老师真正理解学校发展优质教育的内涵，并内化为自身发展的需要，从而使学校走向优质，策划并开展了一场"新优质路上"的校本培训。将研讨聚焦到男孩的教育困惑，诠释男孩的成长秘密，深入理解生命个体的差异。培训中，由第三方公司解读前期调研结果，分析男女生在学科喜好、学习动机、学习风格等方面的差异，呈现了这样一组数据：

"男女生在学科喜好、兴趣爱好、学习动机、学习风格等方面均显示出明显差异。"

"教师总体思维特质与男生存在冲突。男生的思维模式，逻辑观念强，分析能力强，重视宏观与结构，喜欢搜集与分类信息，较自律，组织性强，情绪影响弱。而学校教师整体思维模式偏女性化，情感丰富，喜爱欣赏或创作文艺，凭直觉与感觉做决定，通过很少的资讯做出判断。"

"在对于著名社会人物的认同度上，教师与男生显示出了明显的代际差距。在多项调研中发现，相比男女生之间的差异，教师与学生之间的差异更为显著。"

"教师对学生评判标准与男生特质存在冲突。教师最喜欢稳健型的学生，恰恰是男生

---

① 该课程获得国家教育部基础教育课程改革教学研究成果二等奖，上海市级教学成果一等奖。该课程不仅在杨浦区所有小学全面实施，还推广至河南、广东、内蒙古、甘肃、厦门、福州、西藏等地区，并成为广东省小学的配套教材，社会教育效应显著。

比例最低的。"

"从课堂观察看,几乎每一堂课都充满了'又快又好'的要求。而男女生不同的胼胝体决定了快节奏的课堂转换不利于男生的学习,因为男性需要更长时间的深度学习。"

围绕"发现男孩、解读男孩、为了男孩"三个环节四个核心问题展开,从数据分析看"男孩危机",写下我们面对男孩最受困扰的问题,通过案例"妈妈的焦虑"发现男孩,通过观看"脑差异"的视频来揭示性别对思维方式的影响,学习《为了男孩的 28 条建议》,解读学校《男女生认识差异调研》和《课堂观察数据分析报告》……在学习交流中共享智慧,共同坦诚地面对男女生差异给教育教学带来的苦恼与困惑,共同经历着观念的碰撞和理念的更新,经历了一场至今令人回味无穷的"头脑风暴""饕餮盛宴"。

培训最后,《相同亦不同》的数字故事,呈现了一对双生子的生活片段,同样的成长环境,迥然不同的性格表现,进一步打开视野,从"男女生差异"到"个体差异",澄清理念认知——性别差异值得关注,而个体之间的差异远远大于性别之间的差异。

2. 转识成智:用课堂实践的变革回应学习差异

到了课堂中,如何回应差异,因材施教是一个个具体而繁复的实践问题。教师会为难:"我以前就是这么教的""学情看不到摸不着""什么是学情差异""学生差异怎么弥补"。如何引领教师知行合一,从学生的实际情况、个别差异出发,有的放矢地进行有差别的教学,使每个学生都能扬长避短,从而获得最佳发展?学校将课堂教学研究项目纳入三年发展规划,采用以点带面的方式,驱动课堂学与教的转型。

(1)视、听、动觉齐上阵,适应学习风格差异

2014 年,数学学科先行先试,就"基于学生学习风格差异的课堂观察及研究"开启实践,探索"体验、探究、自主、合作"的学习方式。借助课堂观察工具,谋求课堂学习的改善。

课例(1):平行四边形的认识

数学学科以"平行四边形的认识"为切入口,打破以往教学模式,为了使研究更具参照性,五年级组设立了实验班与对照班,对照班中执教教师以传统的授课方式进行教学,而实验班中,教师则基于学生认知特点,在教室内安排了"视觉""听觉""动觉"三个自主学习的区域,学生自主选择学习区域进行学习,教师只是在一边予以支持性的帮助。

在动觉区域,教师为学生提供了很多动手实践的材料:有各种图形、剪刀、尺、可拼搭成平行四边形的小棒等,学生需要自己去选择使用。课堂伊始,一拨学生直奔"动觉"区域去了,他们新鲜地看这个,摆摆那个,"玩"得不亦乐乎。一边的老师却在干着急,担心这些

孩子到处折腾,却不知道该如何使用这些材料,完不成今天的学习任务。

就在这部分学生毫无头绪的时候,过来了一批已经完成了听觉或视觉操作的学生,于是,学生之间进行了看似"混乱"的互相帮助:

动觉问:这个到底是怎么一回事呀?

听觉或视觉回答:就是这样的呀! 我听到了呀!(或者我看到了呀!)

动觉:是这样的吗? 不相信似的动手摆弄自己手中的学具。

听觉或视觉:是的呀! 不相信你折一下。

看着这些孩子们在那里东摸摸、西碰碰,却没有头绪时,老师们甚至开玩笑地说:回去补课吧!

转变发生在临近期末的考试中。试题中有一道关于平行四边形特征的选择题,那位执教的青年教师在研究课后并没有再额外补过课,而这道具有一定思考力度的选择题,实验班的正确率在整个年级中是最高的! 而对照班对于这个知识点的掌握反而远远落后。

这一打破"常规"的意外发现极具震撼。教师们意识到,那节课上学生可以根据自己的学习需求进行自由选择;教师不需要过多地去干涉学习的进程,只需要做一个组织者,给学生犯错误的时间和机会。他们经历了一个摸索,思考并试错的过程。可能正是这个不知所措的失败让他们有了更多独立思考的机会。只有在充分放权的情况下,学习才能真正地发生。

尝试"吃螃蟹"的这节研究课打开了数学组研究的大门,为理念的转变、课堂教学的转型播下了一颗充满希望的种子。这次研究对教师们来说无疑是震撼与颠覆的,这也更坚定了数学组教师开展课题研究的信念与执着。

(2) 设计主动学习路径,适应认知基础差异

然而学习风格并不是一成不变或单一存在的。为了避免标签效应,2016 年,行动小组把关注差异的切入点转向更具操作性的学生认知基础差异,并尝试设计针对差异的学习活动。2018 年,通过进一步对研究方向的调整,确立了"基于学生认知基础差异的小学数学驱动性任务设计与实施"这一研究专题。聚焦学生学情差异及课堂学习方式,探索从"被动接受"向"体验、探究、自主、合作"的学习方式转变。从"顶层设计""理念澄清""行动突破"至"纵深探索",我们着力在整体规划中形成评价先行、目标导向、行动突破、推向纵深的转化路径,形成一个有主题,有操作性的研究场。数学学科先行先试,以"驱动性任务(问题)设计与实施"为抓手,开启了基于学生认知基础差异的课堂教学研究。

课例(2):三角形的分类(按角分)

数学课上,针对"三角形分类"的学习内容,老师设计了两项驱动性任务:

驱动性任务一:尝试画一个三角形,并尝试判断,你画的三角形中,都有哪些角呢?

"我画的三角形有3个锐角。"

"我画了2个三角形,其中一个有直角,另外一个我画了一个钝角。"

……

"那会不会有三个角都是直角的三角形? 会不会有三个角都是钝角的三角形?"

"会不会有一个角是直角一个角是钝角的三角形?"

"不可能有两个角都是直角的三角形啊,这个形状很奇怪!"

……

驱动性任务二(验证):你们都只画了一个三角形,除了你们画的这些三角形中的角,还有其他情况吗? 想办法证明你的想法,并在小组中交流。

"不行的,画不出。你看,我先画一个直角,如果再画一个直角,这两条边是不可能相交的,画不出三角形了!"

"那我都不用画! 两个直角都不行,画一个直角和一个钝角,两条边叉得更开了,更加围不成三角形了!"

"那就是说,两个直角、两个钝角、一个直角一个钝角都不可能咯?"

这节课,学生原有的学习起点是能够辨认锐角、直角和钝角;认识了三角形,知道三角形是由3条线段围成的图形,它有三个角。然而每个班级都或多或少有学生知道三角形可以分为锐角三角形、直角三角形和钝角三角形,但其认识仅停留在知识表层,也就是"知其然不知其所以然"。基于这样的学情,在设计教学活动时,着力凸显差异,使不同学习能力及学情的学生在相同的活动环节中,都有不同程度的收获与提升。

本节课的设计亮点,正是在于两次"画"三角形的过程。

第一次"画"是学生随意画,展示出来的画法例如有先定三个顶点,连点成线;有随意画三条边围起来的;有直接沿着三角尺描的;只有少数学生先画出直角或钝角再围成三角形的。这是第一次无意识的操作绘画,在过程中学生呈现出了不同的认知差异及学习起点,画完后再判断角的类型,初步体会三角形中角的情况,对"这些"三角形进行初步的分类。这一环节学生呈现出了较为明显的学习差异。然而,学生根据自己画的三角形,对三角形中角的特征进行研究,运用的是不完全归纳法,得出的结论需要进一步的验证来支撑。为了引导学生们进一步感受分类思想的严谨性,教师提出:"除了这些三角形,三角形中的角还有其他情况吗?"学生一边质疑,一边又直呼不可能,在这样一种差异下,教师及时捕捉差异性问题与争论点,使学生产生了解决问题的驱动力。

所以第二次"画"是学生对于自己提出的猜测进行验证的过程,每个学生通过动手操作体验感受三角形中锐角、直角和钝角存在的情况。这里由于学生学习起点不同,会生成许多个性化的问题,需要教师及时捕捉这些宝贵的生成性问题,而这些问题既是学生差异的体现,也直指本节课的核心问题:明晰三角形按角分,只能分成三类,感悟分类思想的严谨性。

整节课的活动设计,其过程指向呈现学生差异、捕捉差异,提升不同学生的空间观念,学生经历多次体验和感悟后,从一开始无意识地画三角形,到最终能根据角的特点,先画最大的角再完成整个三角形,最终落实本节课所要达成的目标。

课例(3):组合图形的面积

在"组合图形的面积"一课中,教师设计了这样一个驱动性任务:学校大队部要举办一个最美灯笼展,场地至少需要120平方米。大队部的沈老师设计了4片展览区(提供学生4片展览区的模型图),她想知道这4片区域能不能满足展览需求(场地至少需要120平方米),你们愿意帮帮她吗?

面对这样一个开放性的任务,学生呈现了多种不同的解决策略:

① 将4个图形分开计算的小组汇报

师:先说一说你们是怎么合作的?

生:我们就是每人负责一个图形,先量一量它们的边长,然后算它们的面积。

师:就是分工合作对不对?

生:对的。

师:好,那你们说一下自己是怎么算的? 先从这个图形开始吧,哪位同学算的?

学生:反馈自己计算图形的方式,班级学生进行意见补充。

② 将图形两两组合的小组汇报

师:我们再来看这个小组的情况,他们又是怎么计算的呢? 请这组同学来介绍一下。

生:我们发现2号场地和3号场地可以拼嵌起来,正好变成一个长方形,然后1号场地和4号场地也可以拼嵌起来,也变成一个长方形,然后只要算一下这两个长方形的面积就可以了!

③ 将图形完全组合的小组汇报

师：我们再来看最后这个小组，他们只用了一个算式就解决了问题，想知道他们是怎么做的吗？

生：他们可能是把四个图形都拼在一起了！（这个时候有同学开始进行猜测想象）

师：我们来听听他们的介绍。

生：我们发现这4个图形是可以直接拼成一个大长方形的！只要计算一次就能知道结果了！

④ 思维再生，回味无穷

师：最后老师再揭晓一个悬念，其实大队部的沈老师设计的场地，是长这个样子的，你看懂了吗？（出示4个展览区拼成的回字形）

生：看懂了！哇！

师：这是一个什么图形？

生：回字形。

师：下课后你可以想一想，看了这个图，你有什么新的算法？

这节课中，学生的学习基础在于已经能借助方格纸，来计算组合图形的面积。然而，在存在工具支持的情况下，有的学生是利用方格纸一格一格数出面积，也有的学生已经能把组合图形转化为长方形进行计算。

因此，本堂课的设计亮点在于直接以一个大型的开放式任务，放手让学生自主探寻解决问题的策略，教师通过精妙地设计场地的形状，为学生留有了多样性的问题解决途径，而学生在不同策略的对比中，逐步感悟了解决问题策略最优化的思想，同时在拼搭模型的过程中，学生的空间观念得到不断发展。更令人感到惊喜的是，学生在分工合作与拼搭图形的策略对比中，自主发现了无论是"分"还是"合"，都是将未知图形转化为已知图形这一核心策略，进一步感悟了"转化"思想。

初探"驱动性任务"，打开了课堂研究的新思路。把学生置于教学的出发点和核心地位，让学生运用学到的知识、技能和方法来充分开展自主学习。课堂学习的进程中，设计具有情境性、开放性和挑战性的驱动性任务，以其代替教师繁琐的提问，充分激发、调动学生学习的主动性。在研究问题、解决问题的进程中，能充分显露不同层次学生的问题，促进教师对课堂生成性问题的关注与把握。在解决驱动性任务的过程中，形成平等对话、合作互惠的师生学习共同体。

在此基础上,学校结合各学科特质构建核心课堂,将课堂学与教的转型的实践探索延伸、覆盖至基础型课程中的所有学科。通过持续推进,教师渐渐走上主动投入、自觉改变的行列,各教研组结合学科教学的要求,确立了研究专题,如:"基于学生认知基础差异的小学语文课堂中关键学习能力培育的课例研究""小学英语课堂中借助IPAD技术优势促进学生个性化学习与评价的实践研究""'先体验后创作'的小学美术课堂教学探索"等。至2019年度第一学期,教师课堂教学参与度问卷调研数据显示,全学科80%的教师能在课堂中主动运用"自主合作"的方式开展教学;对三至五年级学生开展的"教师教学方式感知度"的问卷调查数据显示,各学科在课堂中采用"自主合作"的教学方式均达92%以上。

(3)指向学生问题解决能力的单元活动任务设计

随着驱动性任务的不断推进,学校逐步提炼总结出了驱动性任务设计与实施的基本策略:渲染情境,激发学习动机;提供学具,满足学习需求;鼓励探索,呈现学情差异;组织讨论,表达相异构想;异质分组,开展合作学习;练习反馈,检验学习效果。

然而,随着研究的纵深探索,我们也发现,驱动性任务虽然为因材施教提供了一条途径,然而单课时的任务就如同一个个散落的点,缺乏一条明确的主线将其串联,教师设计起来也比较吃力。因此,学校从2018年起尝试在单元视角下,进行指向学生问题解决能力的单元活动任务设计,力求通过大单元的任务,将知识点进行串联,在开放性的真实问题解决中呈现学生的相异构想,实现学生的差异化发展。

案例:重建儿童乐园

任务发布:师:同学们,在最近召开的少代会中,有代表提出了重建儿童乐园的提案,并希望学校购买一些新的游乐设施,学校调查了一下市场,有这些游乐设施是比较流行的,如果要选择设施购买,那我们需要知道些什么呢?

生1:我得知道这些设施的占地面积。

生2:要买大家都喜欢的设施!

生3:我要事先了解这些设施的价格。

师:这是设施的购买清单,你可以根据平面图的尺寸去计算你需要的面积,设施旁已经标注了你需要的单价,那人气怎么办呢?

生:可以对学校同学进行调查。

师:那现在请你以小组为单位,讨论一下,你的调查方案。

······

师：同学们，在过去两天中，我们以小组为单位，对这些游乐设施的受欢迎程度进行调查统计，现在，老师请小组进行一个简单的汇报，当一个小组汇报结束后，如果有补充的，可以继续上来分析自己收集到的数据，如果你们小组收集的结果，和之前的小组一样，那就不用重复上来了，听明白了吗？

生：听明白了。

小组逐一汇报数据，师生共同补充评价。

师生共同筛选出 6 个人气最高的游乐设施。

……

师：今天，老师也为你们每个小组，准备了自己方案的模型图，现在，请你以小组为单位，共同探讨分析，自己的方案还有哪里存在问题，或者需要改进的？

小组汇报。

师生共同评价小结。

"重建儿童乐园"这一单元活动任务设计，以《数学课程标准》和《学科基本要求》为引领，在几何单元目标的大背景下，结合单元中的相关重难点内容，围绕"面积单位""长方形、正方形面积计算""组合图形面积"等有关测量计算活动，体会数学与日常生活的密切关系，感知到数学是有趣的和有用的，发展解决问题的能力。

整个活动分为三个课时进行，第一课时：发布任务，提出问题，分工合作。第二课时：收集数据，分析问题，讨论交流。第三课时：呈现方案，反思评价，调整优化。

本活动的设计亮点在于，给予了学生充分尝试、试错的空间，在探索的过程中体会问题解决和各方面要素。学生通过方案改进，在小组讨论修改方案，有的小组舍弃了一个游乐设施，有的小组把一个大的游乐设施换成了一个小的游乐设施等，学生感悟到解决问题方法的多样化。同时学生也体会到解决问题（制定方案）可能不一定一次就成功，有时需要持续的改进，才能使方案更加完善。在这个过程中，学生也初步了解了"解决问题"的一般流程：发现问题，分析问题，解决问题和持续改进，体会到数学在生活中的应用。

"重建儿童乐园"只是学校研究的一个缩影，学校在不断理清概念、提炼策略、形成案例的过程中，初步总结了单元教学活动的一般策略。分别是设计情境，发布活动任务；小组合作，提出初步方案；提供资源，自主收集数据；组织课堂，数据整理分析；整合选择，设计具体方案；呈现差异，调整改进方案。随着研究的深入和成功案例的不断积累，教师们也逐渐地开始改变自己的课堂样态。

(4) 超越学科教学，让全体教师卷入学与教的转型

为引领教师参与课堂实践，让更多的教师卷入这场学与教的转型，在理念认同后走向行为跟进，秉持"评价先行"的原则，设计课堂观察"工具"——《"关注学情关注差异"课堂学习观察与评价量表》。

评价量表从课堂温度、难易度、效度三个维度形成学校课堂文化转型的关键要素，描摹出因材施教的课堂愿景：

期待教师持续接纳学生差异，营造安全的、润泽的课堂环境，生生之间、师生之间相互信赖和倚重。要让所有的学生都自然地学习，当遇到疑难的时候能够清楚地说出来"我不懂"，当思路受阻时会毫无顾忌地咨询伙伴与教师，有了新的发现时会乐于与同伴分享，在说出不甚完善的答案时也能从其他同学的答案中获得灵感。

期待教师基于学生认知基础差异，创设高水准的学习任务，让学生挑战高质量的学习。高水准的学习内容，我们称之为"驱动性任务（或问题）"。这些任务内容不是简单的"是"或"不是"，学生要通过自己动手操作、观察类比，充分调动自己已有的知识和活动经验，并通过与同伴的交流切磋、共同思考才能有所进展。

更期待教师尊重学生个体思维的多样性，通过创设情境、烘托氛围充分给予学生合作、交流、表达的空间与时间。并能及时捕捉与灵活处理学生的生成性问题，尽可能照顾到学生的观点和认识，并围绕学生的发现来继续教学，让学生在差异中收获更多。

(5) 成就差异，研发两类课程

在构建学校基础型课程校本实施的基础上，以"差异"为起点，从个性化的需求出发，加大拓展型和研究型课程的研发力度，最大化地满足每一个学生的学习需求，努力为每一个学生的发展提供更多元、更适切的途径。以"课程门类丰富化、课程需求个性化、活动课程系列化、主题资源融合化"为课程建设核心原则，组合出拳，持续激活课程建设原动力。学校自主拓展科目从 2013 年的 60 余门发展至今储备量已达 114 门，板块内容包含体育健身、艺术语言、社会人文和科学技术四项，其比例分别为 17%、30%、24%、29%。其中，7 门科目已由教师自主编制校本教材（读本），4 门科目升级为区域共享课程。

自 2011 年 6 月，学校成为上海新优质项目校以来，又走过了漫长的 12 年。12 年见证了学校的发展，学校整体办学水平优质提升，近 5 年来，学校历届新生招生人数逐年上升，2020 年新生报名人数与 2015 年对比上升 88%。对比区域同比增长 60% 的数据可见，学校的办学发展吸引了更多家长的目光。回首 12 年的轨迹，通过不断深化的课程与教学改革，

教师们逐渐把视角转向学生,开始关注学生成长的需求,开始研究教学,开始研发课程。在共同奔赴优质教育愿景的路上,价值认同、知行合一,不再把学业成绩、分数排名作为衡量学校优质与否的唯一标准,取而代之的是关注如何让教育过程更丰富、让师生关系更和谐;关注如何用丰富多元的课程满足学生多样化的学习需求,而这些都源于对人作为生命个体的重新打量和深度审视。

教育,终应使每一个人都拥有成长的力量。

案例评析

两所新优质学校基于教育过程公平的出发点,思考班级授课制下的因材施教。这里的因材施教包括两个含义:第一是每一位学生学业质量的达成,即需要遵循国家规定的课程标准,达成学业的基本要求。但每一个学生由于原有基础和学习潜能的不同,在学业上会存在差距,需要研究的是如何寻找学生外显的学业差距背后内隐的原因,借助怎样的方法和手段缩小学生的学业差距,达成学业上的基本目标。第二,根据学生不同的潜能倾向、兴趣特长等开展综合学习、跨学科学习、真实情境的实践学习等,在问题、项目、任务中通过合作学习发展学生的社会情感、高阶思维、创新思辨等学习能力。

两所学校处于不同学段,实践的方式与侧重点有所不同,可以给大家不同的启发,但它们的基于因材施教的课堂变革实践背后有共同的假设,即认同学生与学生在课堂学习之间是有很大差异的。然而班级授课制环境下,即使进行了教学改革,即使尽可能地关注每一个学生,也不一定能满足每个学生的需求。学校也需要为此建立相应的管理机制。

1. 了解学生学习差异化需求

了解学生学习的差异化需求是因材施教的起点,学校只有在充分认识学生、掌握学情的基础上,才能更好地"施教"。学校要因材施教,首先要考虑的是"材"的问题,因什么"材"? 学生是什么样的"材"? 因此,因材施教的第一步便是充分地认识学生,辨析学生的特点,发现学生的需求。"因材施教"在课堂教学实践中落实的基本前提是准确把握学生的实际情况,关注学生的认知基础,学生在制定学习目标、选择学习资源、掌握学习方式、管理学习过程等几个方面都会有不同的差异。因此,将学习差异作为教学资源的目的是真正做到以学定教。深入研究学生的知识、方法等认知基础,找准学生学习的新起点,有利于教师更好地调整课堂,做到以学生为本。

学校根据不同学情类型的学生,结合教学目标,在整体教学管理中不但针对不同学生设计分层教学,并且能够以问题化的形式设计教学,能够实现差异化个性化的教学反馈与针对性的练习,有效帮助不同学习水平的学生巩固课堂所学知识、发展学习能力,养成学习习惯。

2. 实施多样化的学习任务设计

因材施教,"教"是最重要的一环。课堂教学是学校教育的主阵地,是落实因材施教的关键。因材施教的实现,依赖于能满足学生个性化需要的教学方法和适切高效的教学管理,依赖于教师采取不同的教学方法和策略,使学习的深度、广度、进度适合不同学生的知识水平和接受能力,使每一位学生获得最好的发展。因材施教的实现离不开精细的教学管理。要根据学生的学习能力、思维能力、理解能力选择适合的教学方法,激发学生的主动性与创造性,培养其学习能力。

学校在课堂变革中对学习任务进行了多样化的设计:结合真实社会情境的实践学习让学生从学业之外认识自己的社会情感能力,找到自己的长处,获得自信。跨学科的学习设计则让学生进入问题驱动的自主探索与合作学习中,在长时段的沉浸式学习研讨中体验学习的深度与广度所带来的认知经验重组。在这些多样化的设计中,每一位学生可以找到自己独特的定位,发挥长处。

五、基于专业学习的教师素养提升路径

(一) 价值内涵

1. 价值。教师队伍的能力建设是诸多新优质学校寻求变革发展过程中选择的一条"磨刀不误砍柴工"的智慧之道。一所学校一切美好的愿景追求都需要一支师德高尚、专业精湛且生命阳光的高品质的教师队伍的齐心协力、众志成城,以智慧和胆识、能力与毅力矢志不渝地面对现实的问题与瓶颈进行卓有成效的突围突破和攻坚克难。

新优质学校与一般公立学校一样,没有特殊的资源,教师队伍的构成没有什么特别,反而可能因为历史条件,遇到结构不良的问题,比如有的学校以青年教师为主,缺少有经验教师的传帮带,有的学校以中老年教师为主,缺乏活力。尽管教师队伍可能不是那么尽如人意,但学校能够以学校不但是学生学习的地方,也是教师成长、学习的地方,将教师组合成

各种专业发展团队,取长补短,合作共生,不但为他们提供在团队中参与研究、参与专业学习与成长的机会,也形成一种凝聚力较高的具有中国特色的团队文化与人文关怀。教师在一个富有包容、开放的文化组织氛围中,互相依存,共同勉励,积极推进工作,这是一所新优质学校能够培育优秀教师、留住优秀教师的最主要方式。

2. 内涵。学校基于专业学习的教师提升路径,即以"磨刀不误砍柴工"的精神,从日常的校本研修入手,增强针对性和实效性,不断促进教师职业道德、专业素养和生命品质的全面提升,形成教师在职专业学习的良好运行机制。

(二)路径诠释

教师在职学习的持续与精进是保持学校课程与教学质量的重要途径,而教师的学习具有很多职业独特性。教师除了参与教育系统固定的专业培训外,更重要的是在学校情境中通过反思实践去提升实践性、默会的知识。在实践反思过程中,不仅教师的认知需要参与,更需要教师信念、动机、情感的调动。

教师队伍专业的学习与专业发展不单限于个体能力的提升,还涉及他们与教学工作情境互动而形成的理解,后者很大程度上决定其学习与专业发展的效果及方向。学校是教师教学工作开展的重要场域,教师的学习和专业发展无时不同他们所处地区教育改革、学校改进、课程与教学实践及学生学业成就相关联。更为重要的是学校管理中所孕育的教师工作的人文环境,也就是教师们是否能走到一起彼此间就学校教育和课堂教学实践开展专业对话,进行共同学习。专业的研训学习经验持续性影响着教师对教育改革和学校改进的理解与诠释,进而引领着其自身的专业发展。

(三)实践案例

案例 4.4 搭建专业学习的阶梯——以奉教院附小为例①

上海市奉教院附小选择了从强化教师培训、优化常态教研活动等途径进行探索和创新,并经过多年多轮的迭代更新,渐进形成了比较成熟的校本化培训和教研的模式与机制,

① 本案例由上海市奉贤区教育学院附属小学提供初稿。

比较明显地提升了学校教师队伍的专业品质和整体的精神风貌。

2007年,上海市奉贤区教育学院附属实验小学(以下简称奉教院附小)创办,作为一所新建学校,师资短缺,生源不足,周边的百姓观望。当时通过各种途径招聘进来的师资也是成分复杂,发展程度不一,文化信念多样。在学校倡导的"点燃教育"(即点燃师生成长发展的激情,点燃师生思想碰撞的火花,点燃家校合作共育的梦想,点燃校际协同发展的希望,让每一个生命都闪光)的理念指引下,如何尽快让每一位教师融入新的学校文化以及有效地提升整体队伍的专业底线,是摆在奉教院附小领导团队面前的现实挑战。

1. 为每一个教师提供专业发展脚手架

在学校领导团队带领下,从务实的教师培训抓起,奉教院附小建校15年来,渐进探索出了一条不断更新迭代、环环相扣的教师全员培训新模式,成就每一位处在不同发展阶段教师的专业成长。

(1)青年教师快速成长"987工程"

建校之初,学校针对一年期、三年期及五年期以上不同阶段的教师专业发展的阶段特点,尝试制定了"987"青年教师培养工程,即一年期教师要求"9个会",三年期教师"8个会",五年期教师"7个会"。"987"在目标数量上逐年递减,在教育教学能力要求上则逐年递增。

教师类型	教育能力	教学能力
一年期教师	会开家长会、会家访	会演讲、会三笔字、会计划、会听课、会备课、会控班、会仿课
三年期教师	会上班队课、会设计教育活动、会谈心	会独立上课、会命题、会设计作业、会评课、会论文
五年期以上教师	形成教育教学风格	会设计跨学科主题活动、会主持教研、会带徒弟、会做课题、会开设讲座、会公开教学

在"987"师能奠基工程中,学校坚持"阶梯培训,小步递进"的原则。越是细化越是明确的要求越能让教师明晰发展方向,产生更大的发展动力。根据"987"工程阶梯性的培训目标,学校出台了系列化的培训策略。

① 本位知识测试,夯实教师专业水平

我们要求教师通读《新课程标准》和《学科教学基本要求》,梳理本学科教材五年的知识点,清晰把握年段目标和教材要求。每年进行学科本位知识测试:语文教师写下水文,数学教师做思维题,英语教师即兴编故事,音乐老师弹琴谱曲……这样的活动倒逼教师们不断习得"教学生知识的知识",提升自己的专业能力。

② 模块培训,聚焦重难点问题

为了帮助新教师建立学科整体概念,又掌握基本的模块教学模式。各学科梳理教学的模块,如数学学科从教学知识上细化出了"应用题""计算题""概念题"等七个模块教学模式研究,又从课型上细化出"复习课""试卷讲评"等五种课型,骨干教师针对难点进行示范教学,并制成微视频,供青年教师参考。

教师的育德能力常常是新教师最棘手的问题,学校将班主任工作细化出版《班主任工作三十六策》,分为个别学生的访谈、上班队会等三十多个模块,每月由资深班主任任教,新教师有的扮演家长,有的扮演学生,在模拟课堂中解决疑难问题,提升育德能力。

③ 草根研究,增强教师思考力

教师的反思及研究能力对教师的专业发展起到重要作用。开展"照镜子"活动,将教师自己认为最好的一节课录下来,自己来反思,并见证自己的成长,尝试进行草根课题的研究。

"草根课题"紧紧围绕"个人教学问题",如一年级新生注意力的培养,语文朗读的指导……反思日记与草根课题都是基于实践问题,帮助新教师养成善于发现问题、积极解决问题的好习惯。

同时,学校还通过"捉虫课"帮助教师发现问题。每月进行一次"捉虫课",由校内督导组成员捉"虫",成员的组成既有学校行政人员,又有学科组长,还有新教师、家长,跳出师傅看徒弟,所有听课的老师都是"啄木鸟",提出教师课堂上的瑕疵,使他们获得实实在在的进步。

(2) 成熟期教师持续成长的"四单循环"机制

当全校教师都经历了"987"工程的能力强化培训之后,该如何促进教师可持续的发展以及个性化的最佳发展又成为摆在学校面前的一个现实问题。

学校在"987"工程的基础上,开始创建和尝试"四单式"循环螺旋提升计划。"四单"分别是"清单""订单""菜单"和"回单",以此促使教师经历自我修炼的四个步骤,从而获得内因的认可和发展,改变并提升教师的自身素养,拥有职业成就感。

① 以"清单"锚定教师专业发展诉求

"个人清单"就是老师们根据自我需求、特长等,私人定制的"专业发展规划",提出专业主张,寻找新增长点和突破口。教师的诉求"清单"包含"学历进修、公开课、比武课、跨校跟岗挂职、外出听课、培训考察、教育科研、活动策划、师徒结对、工作室学习"十个方面。各个阶段的教师都可以真实表达，选择这一年你最需要的发展需求。

陶怡玮老师，是一位三年期教师。在一段时间的教学教育实践后，她发现，一个好的教师不仅仅需要将教学落实到位，更要对教学实践中形成的有关问题进行思考与探索，形成自己的教育主张。然而，她也很迷茫：似乎除了每天都重复着教育教学的常规工作外，对教育主张却毫无想法。有些气馁的她思索许久后发现，自己虽然是师范毕业，但本科专业是非中文系，没有系统地对语文教学知识进行学习，缺乏专业性的认识，对于语文相关的教育理念了解不深不透……此时，学校"清单"中罗列的学历进修让她眼前一亮。她坚定地在"清单"中选择了学历进修，并填上了申请报名华东师范大学语文学科的在职研究生。

"清单"的征询与调研，在学校中树立了"只要有梦想，每位教师不管你在哪个阶段都有发展的机会、都有发展的希望、都会发展得很好"的教师发展观，给予每一位教师公平的发展机会。每一位教师都有"专业＋特长"，如五位男老师来自不同的学科，但都对科技感兴趣，就组成了"编程""乐高""未来风暴"等科技小组。

此外，每一个教研组也要提出自己的教研清单，确定教研组共同的成长规划。由团队负责人召集团队成员，听取来自大家的诉求，填写团队建设诉求"清单"，统筹安排培训、研修需求。在组长或主持人的带领下，共同研制成长规划，并提出需要学校提供的支持，确立团队专业发展目标。

② 以"菜单"开架教师专业发展资源

推出培训学习菜单。每学期，学校会根据教师的个人清单和教研组清单为教师制定一份优质的"培训菜单"。其中包括所搜集的各级各类培训信息，教师可以外出学习考察，可以选购需要的书籍，可以自己选择订阅有关杂志，可以自主聘请专家，给予教师最好的支持。

推出教研模式菜单。不同发展阶段的教师对教研活动有着不同的需求。如何使高效的教研活动真正成为根植于学校课程建设实际和贴近教师发展需求的活动？我们提出多元的教研模式："课前干预式""连续渐进式""跨科学习式""合作派位式"等。教师们根据"菜单"进行选择，找到最适合自己的，自己最喜欢的教研模式。

推出社团活动菜单。学校对教师施以人文关怀，用"菜单式"征询参加各类社团的项目，如羽毛球、游泳、篮球、太极、瑜伽、烘焙等。每位教师还能邀请自己的家属一同参加社团活动。为教职工创造宽松、愉快的工作环境，强身健体，凝聚团队，构建和谐温馨的幸福家园。

推出经费设施菜单。项目组撰写好活动方案，团队全程的活动经费，学校都尽量满足要求，使活动顺利开展。教师还可以设计自己的工作室，如音乐、美术、自然、劳技、书法等。每一位教师都可以向学校提出设计方案，学校据此实施，老师们拥有了属于自己的个性化工作室，在实现教师更大话语权的同时，让教室走向学生，实现环境育人。

③ 以"订单"精准支持教师研修活动

学校如何持续"点燃"教师的发展激情？"订单"的推出，就是运用期望教育理论，构建教师向更高的目标发展的规划，以"任务式订单"的方式，向教师抛出专业持续发展的"橄榄枝"。

学校根据近阶段项目研究、课题研究、重点任务等向教师和团队发出"订单"，发布招贤令，让那些"有贤之士"（特色教师、骨干教师、教研组长、工作室主持人等）来揭榜"订单"，给予他们更高的发展平台。教师或团队揭榜"订单"后，凝聚团队智慧，制定项目研究目标、拟定规划目标，实施发展任务，调整反馈项目等。

个别化"订单"： 学校依据教师的个性特色，发出项目建设"订单"，这些"订单"，由教师个体可以独立完成。比如，学校创新实验室、合唱队、舞蹈队，手风琴队的建设等。就有这样一位老师因为揭榜了一份"订单"，为学校校本课程增彩，也成就了她的一番天地。

她就是学校美术老师高飞华。她原是一名幼儿园老师，因喜欢、擅长国画，也就在学校里担任了美术教师。为了发挥她的专业特长，学校特地发出了一份"订单"：开设国画兴趣班，建设学校的国画校本课程。她欣然揭榜，同时，她也根据课程建设需要开出了"清单"：需要一间古色古香的教室，专用的画具，笔墨纸砚，国画作品的展板。这份"清单"详细到纸张的品牌和墨汁的产地。高老师在学校的"菜单"配送中没有找到她所需要的纸张，当时遍寻整个上海也没有找到。为了满足高老师的需求，学校就让她亲自远赴江苏购回所需纸张，并提供所有的经费支持。正是学校这一贴心的服务和支撑，"点燃"了她的一颗感恩之心。在学校的支持下，她不断拜师学艺，从本区的大师到全国的大师，从上海到杭州，再到北京，不断充实自身专业能力，最后在区域内形成一定影响力。国画课程成为了区"品牌项目"，她自己也成为了区特色教师，很多孩子慕名加入她的国画社团。心怀感恩的她，还主动承担起了学校教工国画社团的教学任务，为学校的社团"菜单"添"菜"。

一份"订单"的发出，一切资源的支持，点燃了更多教师挑战"订单"的激情。大家纷纷寻找自己的"订单"任务，有的认领了"校园美化师"，有的主动化身"屋顶花园园艺师"，还有的成为了学校"御用摄影师"等。正如现任美术教研组长顾晓蕾老师所说:"校长信任的眼光,把对我们教师发展的期待传递给大家,让我们挑战走向更高更远的目标。"是啊,正是这样的信任和支持,才使我们的教师能够义无反顾地"接单",完成一项又一项看似不可能完成的任务,也让我们的教师完成了一次次华丽的转身,点燃了一团团发展的火苗。

组团式"订单":学校在推进教育改革和发展的过程中会推出一些创新项目、主题活动和重点工作等"订单",发布"招贤令",学校各层面团队主持人"揭榜"。揭榜成功后,团队主持人招兵买马,配置人员一起完成。

自然老师夏春妹是北校区自然教师,从事教育工作将近24年,在2019年顺利晋级中高级职称后,她感到自己教育教学的瓶颈期开始来临,出现了职业倦怠,感觉自己可以放慢脚步,止步于此也不错。然而此时,一个充满诱惑的"订单"让她开启了激情满满的挑战模式。2021年,她来到附小环城东路校区,这里有一个"开心农庄"。此时,教导处谭老师抛来一根橄榄枝,让她成为农庄"庄主"。她果断地接收了开心农庄的一块"实验田",开始和"小徒弟们"尝试在农庄实验田里上自然课。经过一学期的实践,自然办公室常常会听到她和小徒弟们的感慨"悔不当初啊,没有好好学习"。于是,她们开始给自己"充电",对着《基本要求》开始疯狂地加班加点恶补学科知识,生怕哪一天上课时被学生"问倒"了。因为与传统的教学相比,实地课堂虽然状况百出,但原本那些课堂上顽皮的学生在实践课上安静了,原本教室内奉行"沉默是金"的学生,开始就实验田里的某一物体"滔滔不绝"。学生们不再拘泥于教材,他们开始从课外拓展知识,常常会"举一反三",争夺"教师"传道这一职务。值得开心的是很多学生通过开心农庄的实践活动,积极参加各项相关的活动及竞赛均获得了不错的成绩。

初步收获成绩之后,她又开设工作室,带领全体自然教师开展"开心农庄"校本课程研发的"订单",他们在创建市级创新项目"开心农庄"的基础上,又积极筹建了学校的"智能菜园",加大科技含量:浇灌采用雨水收集技术,温控采用太阳能发电,利用电脑跟踪记录植物的生长过程。随后,又提出建设"鱼菜共生馆"的设想。他们齐心协力为学生开发多彩课程,在过程中不断挑战自我,快乐学生,发展自己。

不论你是体育老师、美术老师,或是班主任,只要是自己感兴趣的、喜欢的,只要两两合作或三五成群,通过精心的设计和无限创意,都能有意想不到的收获。"订单"的发出,再次激发教师发展"清单"需求,促使学校不断充实"菜单"提供更富营养的内容。也正是这样良好的循环往复,推动着学校不断发展前行的步伐,才能使学生、家长、教师、学校越走越远、越走越好!

④ 以"回单"评价教师专业发展成效

一年一单留下教学成长踪迹:学校让教师根据"清单"填写"回单",这份"回单"从教师角度来说是"回头看"的自我反思和评价:看看自己走过的路,走得怎样? 还有哪些需要改进? 从学校角度来说,看看教师在专业发展路上有什么收获? 有什么困难、疑问? 还有什么需要帮助的? 学校必须一一对其进行及时反馈、发展评价,并提出过程性的改进提高的建议。这就是我们设立"回单"的意义。

这是我校数学教师裴磊的一份回单。它清晰地记录了他的发展,也充分地分析了自身发展问题及后续成长目标。

2015 年 9 月,裴磊老师从初中信息科技教师转岗到了附小成为一名数学教师。在成功转型为一名合格的数学教师后,他没有停下前行的脚步。为了提高学生学习积极性,他建立了"Math 发电站",将信息化技术融入教学中,运用光荣作业打卡、微课知识胶囊、答题刮刮乐等,取得良好教学成果。他还顺利完成了区级课题的结题,课题成果被评定为 A 级。同时他撰写的《共筑上海的高度》和《小学数学教学线上线下的有效融合之探》,成功发表于《上海教育》,多篇论文发表于区级刊物,并在市、区级评选中获奖。

第一轮回单的填写,让他意识到,除了数学教学,他必须要发挥自己的专业特长,研究与设计一门创新课程,成为了一名乐高机器人教师。从零开始,他不断地摸索研究,在短短的几年里,他带领的队员们,在各类市、区级的智能机器人比赛中,收获了 20 多个奖项。他不仅仅局限于只带领学生参与机器人编程,还关注了其他各类科创活动,作为学校项目制学习的先行者,他利用 FPSPI 未来问题大赛的参赛经验,组织"某某"科创小队参加了"未来之城"大赛,引导学生面向"清洁水源,流向未来"的视野,针对水源污染、绿色能源、生态环境等一系列问题,让学生进行头脑风暴,分析城市水资源短缺的潜在问题和威胁因素,并制定解决方案;利用可回收物料制作了城市模型,在沪苏地区展评中获得了小学组一等奖。他带领孩子们冲出了上海,走向了全国的舞台,最终获得了全国小学组三等奖。在新一轮回单总结中,他清晰地看到自己的成长,也明确了新的方向,要在学科评比中拥有自己的一席之地,让自己的学科教学再创新高,他又果断地报名参加了新一年的中青年教学评比。

当教师对自己有了客观、正确的评价后,会发现工作中存在的问题,使其今后扬长避短,更会对自身的定位和发展方向有一个充分的认识,"回单"让教师能够很好地回头望,也促使教师在下一学年的"清单"制定中能有全新的发展目标。

一师一档形成教师发展轨迹：为了记录教师的成长过程，我们为每一位教师建立了《电子成长档案袋》的"回单"形式。开发"专业成长自画像"，有效记录教师各项成果，并存入学校资源库，既为教师个人发展留下可循的依据，又丰富学校教学资源库建设，为全体教师教学研究留下实证。采用积分制，通过电子雷达图使教师进一步认识自我，分析自我，提升自我。教师不仅可以通过"电子成长档案袋"看清自己，也可以看到同伴的发展轨迹，从他人的规划、成果中发现自己的不足。这样更有利于教师之间的相互学习、相互交流，从而提高教师专业化水平。

"四单"螺旋提升机制让教师与自我对话，与同伴互助，主动追求更高层次的发展。教师持续发展链就是指将各层次教师专业发展环相互协调和持续递进的运作过程中形成一个系统，让教师不断攀登专业学习的高峰。

2. 用"家"文化关怀润泽每一位教师

教师的在职学习需要激发教师创新发展的高度热情，用情感、信念有效"点燃"教师持续的、有温度的和创新的专业投入，才能使教师获得持续成长的动力。

（1）明德讲坛，让文化深入人心

学校每月开展"明德·讲坛"，无数教师讲身边的事、赞身边人，讲述着挥洒热血、热情和热爱的时光。这里有着心向往之的故事，有学校的历程、有教师的智慧、有师生的温暖、有家校的融合，让"家文化"成为润泽教师心灵的守护。现任区奉中附属小学校长的何春秀老师，现任解放路小学校长的丁莲娟老师，现任育贤小学副校长的俞易老师，现任区教育学院教研员的朱娜老师等，他们都从附小走向更大的家园，更把这种精神不断传承。当他们被邀请回到附小分享经验时，无不感慨地热泪盈眶。

"印象最深的是第10年，我的左脚骨折了，翁春花老师又将参加全市中青年课堂教学比武，我是'忠实'的听课者。因为脚不方便，老师们就背我上楼进教室。我一遍又一遍地听试教，认真聆听教研员的评课指导；临上课前的双休日，我又来到了学校，一遍又一遍地和某老师一起修整教案，一次又一次地做她的学生，听她的试讲，细到一句过渡语、一个动作、一个眼神……这一年的12月22日，学校又承担了区第十五届教学节暨办学资源联盟工作推进现场会，要与结对学校一起开设近10节展示课。我拄着拐杖，和老师们一起，开始了一次艰难的跋涉。我听遍了所有学科的试教，对不满意的、要改进的课，又是一遍又一遍地改，一遍又一遍地听。老师们心疼我，给我送来了靠垫，争着要来扶我，天天为我端茶送饭。我这辈子都无法忘怀那段日子里，学校和煦的阳光照亮着我因病痛而灰暗的心……

"难忘张晓燕初上讲台,是我狠狠地推了她一把,把她推到了孩子们中间;难忘谭东华参加市教学比武想要退缩放弃时,我对她甩下的一句无情的狠话:你现在哪怕去住院了,上课那天我还是要把你拉回来的!难忘正逢学校老师生育高峰,我一个人扛起四、五年级三个班的语文教学……我就是这样和老师们一路艰难地走来,彼此间建立起来的这种同舟共济般的精神支持,成为我这一生中最宝贵的财富!"

这是附小第一任教导主任朱玲在学校分享会上的感言。字里行间满是对那"艰苦"岁月的回忆和感慨。虽然发言当天,这位老教导主任已离开附小在区域层面担任管理工作,但附小在她心里却永不褪色。她见证了第一代附小教师为了这个"大家"的拓荒精神,她道出了每个"家人"的初心与使命,她形象地将"家文化"的真实模样呈现在众人眼前。

(2)抱团教研,让团队美美与共

艳阳教师是学校具有一定教育教学经验的骨干教师。他们有风格、有特长、有主张,组织"家常菜"教研活动,形成五大"家常菜"教研菜单,如"课前干预式"教研、"连续渐进式"教研、"模块研究式"教研、"跨科学习式"教研、"合作派位式"教研等,让不同层次教师得到最快速、最有支撑的发展。

每月至少开展一次"定时定点定主题"的专题活动,活动方式可以是线上线下相结合,活动内容有听课、说课、上课、评课、理论学习、专家讲座等,使高效的教研活动真正成为根植于学校课程建设实际和贴近教师发展需求的活动。在互助式教研中,大家共同分担,职责分明,又相辅相成,这里没有单打独斗,更是一家人共同的奋斗,提高了教师主动参与的积极性。"家常菜"大教研活动的开展极大激发了教师的自尊感和价值感,撬动了骨干教师发展的"新引擎",呈现了一种平等和谐的教研新样态。

张晓燕老师是英语组的领头羊。她是"最美新娘",为了让徒弟在区级展示课取得成功,即将举行婚礼的她一次次陪在徒弟的身边,为徒弟一遍一遍地修改教案和课件,为徒弟出谋划策。甚至在婚礼间隙,身着婚纱的她,在人生最美丽而又重要的时刻,抱着笔记本,和徒弟一起磨课……她是"最美妈妈",刚分娩完没多久,就收到了徒弟的求助短信,但是她没有拒绝徒弟的求助,忍着伤口痛,为徒弟构思备课。一个小时过去了,2个小时过去了,她的病服因为虚弱和长时间的说话而湿透了,看着满头汗水,疲惫得倒在病床上的她,徒弟的眼眶湿润了……她是"最美引路人",但凡有组员参加比赛,她总是第一个冲在前面,放弃休息日,无论多忙碌,她总是会陪伴在伙伴们身边,放弃寒暑假,通宵熬夜是常事,像一只领头羊一样,带领全体组员,指挥、安排各项参赛工作,搜集资料,出谋划策,将英语组紧紧团结在一起,将附小英语组打造成了优质团队。她带着工作室团队连续三届获得上海市小学英语课堂教学评比一等奖,上海市爱岗敬业青年教师技能大赛二等奖,上海市中青年教学评比二等奖,市"乐学杯"教学评比三等奖,区中青年教学一等奖。她个人获市园丁奖、区骨干教师、区教学能手称号、区十佳青年教师等荣誉。

(3) 关爱行动,让温暖细致入微

"缘来是你"传递家温暖:如果说能共事是一种缘,那么能幸福地一起共事便是难得的缘。在附小,同事间的互助互爱,内化成了甘为人梯的动力。学校每年开展"教师关爱成长活动",每位教师随机抽取一位教师名片,在这一年里,默默送上对关爱对象最贴心的关怀,待一年结束之后,学校再公布这一年关心你的伙伴。这种默默的、无形的关爱让教师之间传递着温暖,营造了温馨的人文氛围。

"宝宝墙"见证家幸福:2017年,学校食堂改造之际,学校特地在教师餐厅布置了一面宝宝墙,记录了每个附小教师的宝宝照片,让教师即使在学校工作也随时感受家的温暖。"这是谁家的宝宝?""哈哈,好好玩……好可爱啊……"老师们忙碌一上午后一边午餐一边赏照识趣,这是他们的"休闲一刻"和精神家园。每一年,附小的宝宝墙总会添丁加框,喜事连连,这块别有意义的墙给老师们带来"家"的感觉,能共同见证孩子的幸福成长,这是多么难得的缘分啊。

"重阳佳节"共享家欢乐:每年重阳佳节,学校把教师的长辈请进学校过节,邀请长辈家属们参观美丽的校园,了解自家孩子的工作环境,让长辈们一睹自家孩子在工作岗位上的风采。同时,举行迎新"明德好家属"表彰大会,以表感恩之心,营造一个温暖的"家"。家属代表们也纷纷感谢学校创设的良好成长平台,并表示甘愿在背后默默付出,让孩子们安心工作。很多老师的长辈家属激动地表示:"体会到了成为学校教师家属的那一份幸福",还不忘叮嘱自己的孩子:"要好好工作,对得起学校的栽培!"

附小的长辈更成为了每个教师砥砺前行的家人。我们每一位附小教师的成长都离不开父母公婆的无私奉献,是长辈家属用真挚的爱心缔造了他们幸福的港湾。正如校长的婆婆,在她的全力支持下,校长能更有精力掌舵好学校的发展方向。

2009年,学校看中了一位有武术特长的外地姑娘小赵老师,小赵在上海举目无亲,上海高昂的生活费让她犹豫着要不要回老家,为了留住人才,校长与婆婆商量腾出一间房间给小赵住宿。婆婆想都没想就说:"媳妇,我一定支持你的工作,作为校长,你应该爱护好员工!"婆婆真的把小赵当成了自己的孙女,每天迎接小赵下班回家的是热气腾腾的饭菜。从此，她扎根学校，成了上海媳妇，成长为区体育骨干教师，还在 2021 年的市级教学技能大赛中荣获一等奖。

（4）最美附小人，让榜样成就力量

教师精神境界的提升，需要从身边同事中学习，从日常故事中体悟。学校每月开展"最美附小人"推选活动，推荐者来自附小教师、学子，甚至家长。"最美附小人"可以是教师、学子、家长、职工，甚至是社区人员。每月从服务管理、爱生如子、家校沟通、合作奉献、专业发展这五个维度进行评选。评选结果在学校公众号上进行宣传，并在学校走廊上每月公布。山是水的故事，风是云的故事，教师与附小的"交集"犹如一首首美妙的诗，都用文字记录下汗水、泪水。

"附小人"是一个有魔力的词，它总闪烁着耀眼的光芒，光芒所及，皆是真人、真事、真情、真爱。很多人都觉得，或许在这光芒里待久了，会让人慢慢对这光热的感觉钝化，但在这儿不会。每年教师演讲赛就是汇聚光芒，再次"点燃"大伙儿的时刻。每年 8 月 27 日举行"最美附小人"故事展演，这一天，教师们都用讲演的方式说出自己的故事，聚焦不同的关键词，如：梦想、教育、师傅、同伴等，将我们的人物与我们的经历相互编织，让身边的人演绎身边的榜样，感召教师，让教师凝心聚力，达成有温度的教育共识。

2019 年 9 月原奉浦小学并入附小第二个校区，原本属于不同文化的南北两个校区正是在附小富有魔力的文化浸润下，成为相亲相爱的一家人。他们听附小的故事，也逐渐成为"附小人"。以下就是一个"附小人"的故事。

"2019 年奉浦小学并为教院附小，我也借此机缘，成为附小的一员。刚到附小时，我总有些拘谨，担心自己'是否能适应附小的节奏呢？''以我的能力能融为附小的一员吗？'……可还没来得及担心完，第一个任务来了，'今年就由你参加上海市愉快教育的教学比赛吧！'殊不知这是一次不同以往的比赛：他不是一个人的战斗，而是'以一打十'。

"此时，'妹妹，快在数学群里呼一下一起磨课。''分工合作，教案组、课件组、顺课组、后勤组。''试教了，大家快来。'现在细细想来，那时候我初入附小并不熟悉数学教研组，但组内的每一位教师都给了我似家人般的感觉：经验丰富的金阳教师带队研磨、创意满满的艳阳教师创新思路、朝气蓬勃的朝阳教师技术支持，全家总动员也不过如此。就这样，在一次次研磨中，我对教材研读更深入了、对学情分析更精准了、对信息技术应用更熟练了、对每一位组内小伙伴也更熟悉了，他们的一路引领不仅提升了我的教育教学能力，更消除了我刚进附小时的担心与距离感，也是在这样的氛围中，我深深感受到了抱团成长的温暖与并肩作战的快乐,因为他们告诉我:我们都有一个共同的名字——附小人。

"我是附小人,就要践行附小精神:附小出品,必属精品。没加入附小前,这句话一直是流传在奉贤教育区域内不朽的传说,究竟是怎样的魔力,让所有附小人为之着魔? 直到加入附小的第三年2022年,我真正领悟了其中的真谛。

"2022年5月,接到通知备战'2022年上海市中青赛',要知道这是教育界4年一次的奥斯卡奖啊,激动更紧张。'同志们,忎忎子要参加中青赛,大家快看看帮选课。''她适合综合与实践类的开放式课型。'这句话一瞬间暖进了我的心里:比我还了解自己,这不正是家人才有的默契嘛! 在之后的4个月,我经历了近乎'疯狂'的磨课:怎么更有创意、细节还要推敲、课标还要消化、板书要清晰干净……

"你以为这就结束了? 数学团队冲锋在前,后勤保障后顾无忧:校园美化、茶歇接待、菜单定制、路线设计、人员安排……细之又细的细节仍不断复盘、优化。最终在全体附小人的共同努力下,我不负众望取得了中青赛一等奖,这是曾经遥不可及的梦,而今附小人已助我圆梦。我感动于他们的日夜陪伴,感动于他们追求精益求精的执着,更感动于他们对后辈的无私奉献,这就是'附小出品,必属精品'的奥秘。

"在三年多的时光中,附小见证了我的快速成长,我也见证了每一位附小人'一声令下,召必应'的凝聚力。现在,我也是一名附小人,我身上的故事无法说尽附小的'秘密',但她就是有这样的魔力:让我们都为之着魔,想要成为她的一员,因为在这里,她不只是学校,更是我们温暖的家。"

3. 以清晰的目标与路径带领集团教师集群发展

自2015年以来,上海市推出学区化集团化办学,全市新优质学校项目校也开始探索以集群的方式推进,打破了以往各个学校教育相对独立封闭的格局,全面扩大优质教育资源辐射。奉教院附小教育集团由塘外小学、奉城二小、育贤小学、四团小学、惠敏学校组成。2019年,随着陈桥路校区成立,形成了"2+5"模式。

在集团化办学的背景下,作为牵头学校的奉教院附小如何引领整个集团学校的教师队伍发展更上一个新台阶,又成为新时期所面临的新课题。

学校通过对集团教师集群发展的现状调查与导入"立体式"发展模式的条件分析,系统设计一个以教师发展阶段为 Y 轴,以教师发展内容为 X 轴,以教师发展项目为 Z 轴的教师集群"立体式"发展模式,以目标共识、人文共润、培训共育、资源共享、项目共研、课程共建、反馈共评为七大策略进行实施,并建立相应的组织管理机制和运行保障机制保障其可持续运行。如图 4.3 所示：

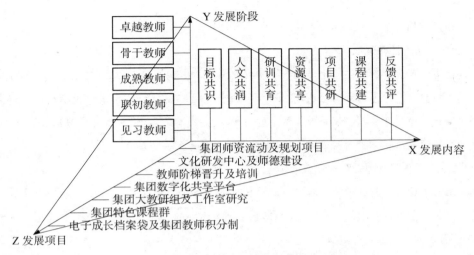

图 4.3　集团教师集群"立体式"发展模式图

　　教育集团"立体式"教师集群发展模式由多个子目标组成,每个子目标都有具体的实施路径和目标达成分析,而这些子目标相互合力,就构成了立体式的集群发展模式。具体如下：

　　集团教师目标共识,即通过建立规划项目以及教师流动机制,帮助教师群体之间形成目标意识。集团教师人文共润,即通过集团教师的文化建设及师德建设,让集团教师树立良好的文化素养。集团教师培训共育,即通过立体式培训,促进见习教师、职初教师、成熟教师、骨干教师、卓越教师的专业素养。集团教师资源共享,即通过建立集团数字化云平台,达成资源共享,创新教师的信息素养。集团教师项目共研,即通过大教研组和工作室研究,形成了"互为领袖,互为追随"的专业意识。集团教师课程共建,即通过集团特色课程群建设,形成集团课程群框架,培养教师的课程意识。集团教师反馈共评,即通过集团"电子成长档案袋"和集团教师积分制,丰富集团教师评价机制框架的搭建,发展教师的评价意识。

　　学校最终形成了一套系统、持续、可操作、可复制的教师发展模式,促进教育集团教师的发展,提高集团化办学的核心竞争力,为建立区域层面的城乡教师集群发展模式提供示范。同时,学校也因此成为市教师专业发展学校暨见习教师规范化培训基地、全国教育系统先进集体。

案例评析

1. 全面关怀教师成长

上海市奉贤区教育学院附属实验小学的教师群体中有一种浓郁的"家文化",在奉贤这样一个历史文化深厚的远郊区域,学校老师彼此珍惜共事的缘分,更认为能幸福地一起共事是难得的缘。学校不仅仅是教育学生的场所,也是教育教师,促进教师学习成长的地方,互相之间超越工作分工的互爱互助,内化成了教师甘为人梯的动力。

2. 注重在职教师实践性知识增长

上海市奉贤区教育学院附属实验小学当初完全是一所新建学校,面对新教师众多且师范和非师范专业混杂,同时城区学校和郊区农村学校从教背景多样的现状,学校从大一统"987"教师培训工程入手,快速提升教师队伍教育教学的关键能力,提升底线,促使人人能够胜任岗位教育教学工作,确保新学校新队伍迅速走上正轨,在培训中过关,在融合中发展。当师资队伍教育教学的关键能力过关之后,学校审时度势、富有创造性地设计出了"四单螺旋提升"的培训机制,这种机制是面向每一位教师的兴趣满足及个性需求、支持每一位教师的个性成长与特长发展,四单的每一轮循环都是针对广大教师需求实际的更进一步贴近和契合,在此过程中渐进形成学校教师培训的个性化和精准化,促使学校的每一位教师不断超越自己的过去,从而实现可持续的发展。至于教育集团教师立体发展链的设计及其运行,则是教师培训的一校成功经验在集团成员校之间的推广和辐射,从而有力地促进了整个教育集团学校教师队伍的优质均衡发展。牵头学校成为名副其实的教师专业发展示范校和见习教师规范化培训的基地。

3. 建立持续发展的教师共享合作机制

学校在教师培训领域的更新迭代有力地促进了学校教师持续的、卓有成效的专业发展,有效提升了学校整体教师队伍的质量底线,正因为拥有了这样一批专业合格、素质过硬又状态积极的教师队伍,学校生发出了 TCG 合伙制团队的校本研修新形态,依托 TCG 合伙制校本研修,催生学校"绿太阳"校本课程不断丰富建设。

第五章

评估促进路径

　　新优质学校坚守"回归育人本原"的核心理念,真正关注人的发展。新优质学校不挑选生源、不超常规集聚资源,坚持育人为本、科学探索,力图持续进步、百姓满意。① 如何促进老百姓家门口的学校走向新优质,如何促进新优质学校持续成长,这需要不断地总结提炼学校的办学经验,将经验回馈、辐射到本校及同类学校的办学实践中去;也需要发现学校发展中的瓶颈问题,针对问题提出改进对策,设计符合新优质学校理念、内涵与特征的发展路径,在问题解决中使学校不断提升和发展。而学校评估作为现代学校管理的一种手段②,可对新优质学校工作的某一方面、某几方面或整体情况进行诊断③,对学校的办学行为及办学水平进行判断,对学校已有的办学经验进行总结提炼,帮助学校寻找最近发展区,为学校的持续发展提供动力与指引,并在学校逐渐建立起主动发展的机制。因此,评估促进应成为新优质学校成长的重要路径之一。

一、价值:新优质学校持续成长的"指南针"和"新引擎"

(一) 强化价值引领

　　陈玉琨教授指出:"评价即为引出和阐发价值。从本质上说,评价是一种价值判断的过

---

① 汤林春.破解上海"新优质学校"的密码[J].上海教育,2021(7):32—33.
② 萧宗六.学校管理学[M].北京:人民教育出版社,2008:3.
③ 赵德成.学校评估:理论、政策与实践[M].上海:华东师范大学出版社,2015:10.

程。而评估是一种模糊定量的评价。"①评估对学校的发展具有引领与调控作用。学校评估内容指标往往是在一个明确的理念指导下建构,会凸显国家的教育方针和设计者的基本理念、价值主张,以便发挥学校评估的积极导向作用。比如:美国"蓝带学校计划"是在《不让一个孩子掉队》教育改革法案的指导下,对旧"蓝带计划"修订而来。以"不让一个孩子掉队"为核心理念,特别注重学生成就及学校对学生发展的支持。什么样的学校是一所好学校? 是学校评估方案设计时绕不开的问题。明确评估内容、指标和标准的过程就是勾勒一所心目中"好学校"的轮廓的过程,是刻画一所学校应该具备的特点和应达到的要求,具有明显的导向作用。

新优质学校不把学业成绩、分数排名作为衡量学校优质与否的唯一标准,取而代之的是回归教育的原点,关注人的发展,关注每一个学生内心世界的丰富且有追求。新优质学校推进项目力图建立起义务教育公办学校发展的价值标杆,促进教育的价值取向从追求现实功利转向追求教育对人发展的价值。"办好每一所家门口的学校""让每一所家门口的学校都优质",不是用一把尺子来衡量学校的质量,"不挑选生源,不超常规集聚资源,不追求排名""不靠负担靠科学""回归本原、有教无类、积极探索、百姓满意""不挑选生源、不超常规集聚资源,育人为本、科学探索,持续进步、百姓满意"等这些新优质学校发展坚守的核心理念和价值追求,需要通过反复宣讲、融入规划和设计、开展评估活动等多种方式渗透、传递、校准,引导学校要更加关注教育对人的终身发展产生的影响,突出反映学校在促进人内心世界的成长与发展中所作的贡献。②

案例 5.1　新优质学校认证凸显价值引领

上海市新优质学校认证作为一类学校评估,其 1.0 版标准体系从"学生的全面可持续发展、适切的课程、有效而差异化的教学、积极向上的教师队伍、聚焦学习的领导力、优质成长力"六个领域进行建构,提炼每个标准领域的价值导向,并以典型办学行为为主要观察点,整合多方面的信息判断学校是否符合新优质学校的办学理念和价值追求,是否具备新优质学校的核心特征。整个认证体系凸显了新优质学校发展的价值导向和阶段要求,是检视项目学校办学理念适切与否的重要手段,有助于引导义务教育学校树立符合新优质学校

① 陈玉琨.教育评估的理论与技术[M].广州:广东高等教育出版社,1987:2—3.
② 尹后庆.新优质学校的价值追求与现实关照[J].上海教育,2021(21):28—29.

理念追求的价值观。

"学生的全面可持续发展"板块的标准以"惠及全体、全面发展、持续成长"为价值导向，引导义务教育学校有教无类，关注每一个学生的发展；五育并举，关注学生综合素质的培育；着眼长远，给予学生持续进步的能力。

"适切的课程"板块的标准以"以生为本、优化实施、培育素养"为价值导向，引导义务教育学校的课程决策积极回应本校学生的特点与差异，基于课程标准推进教学评一致，促进学生素养的培育。

"有效而差异化的教学"板块的标准以"适应差异、优化学习、激活主体"为价值导向，引导义务教育学校积极关注学生差异、积极转变教学方式、积极培育学习文化。

"积极向上的教师队伍"板块的标准以"师德高尚、专业精进、生命阳光"为价值导向，引导义务教育学校教师为人师表、以德育德，专业从教，勤于研修，自信乐观、幸福生活。

"聚焦学习的领导力"板块的标准以"文化领导、活力激发、多元协作"为价值导向，引导义务教育学校营造有温度、成长性的学校文化；尊重教师的主动性和创造性，为教师成长提供充足的机会、平台和资源；建设协作型的生态网络。

"优质成长力"板块的标准以"循证改进、项目驱动、发展展望"为价值导向，引导义务教育学校善于挖掘与利用证据进行决策、诊断和改进，有效推动关键成长项目，持续发展学校办学愿景。

(二) 激发内部动力

通过评估活动，能激发每个主体的主体性和积极性，让新优质学校充满活力和创造性，实现主动发展。

1. 提升实践反思力

我国香港教育署辅导视学处在有关文件中指出，一所学校获得可持续发展，必须经常考虑以下几个问题，包括：(1)学校目前的状况怎样？我们从何得知？(2)我们应朝哪个方向发展？(3)我们应从何处着手改善和发展有关的工作？[1] 评估为新优质学校提供审视自

---

[1] 赵德成. 学校评估：理论、政策与实践[M]. 上海：华东师范大学出版社，2015:203.

身办学实践的机会,提供分析诊断办学现状及其与理想状态差距的路径和工具。与评估标准的对照,有利于学校明确问题与差距,进而找到改进的着力点和突破口,提升学校的自我诊断能力和循证改进能力。

2. 推进分布式领导

新优质学校的出发点往往是更好地激励人、发展人和支持人成功,"以人为本"是新优质学校管理的基本出发点。新优质学校往往也注重学校权力的分享,激励教师更主动地关注学生的需求,更积极地参与学校变革。"以学生发展为本"的学校评估,能充分调动多种利益相关者的共同参与,促进利益相关者对学校办学的深度了解与认同,也能广泛听取他们的意见与建议,还能深度卷入学校中层及教师,督促其积极参与、主动反思,结合评估结果设定新的发展目标和具体的改进措施。

3. 促进主动的发展

"科学探索,持续进步"是新优质学校的典型特征。借助评估活动,不仅能帮助学校建立起内在的理念落地机制,还能跟踪学校的发展过程,促进学校进行自我认识、自我反思,判断办学效果,诊断发展优势和瓶颈、不足,采取优化举措不断改进,促进学校螺旋式上升。新优质学校主动将外部评估内化,建立起自觉有效的反思机制、跟进调整的路径和方法,逐渐建立起学校内部的自我诊断和评估机制,并发挥内部评估与外部评估的协同融合作用,最终将探索并逐渐形成一条贯穿学校发展过程的主动发展路径和机制,这种来自学校内部的发展动力和内生的发展机制,将促进新优质学校的持续成长。

(三) 保障办学质量

1. 优化办学行为

PDCA 循环是美国质量管理专家沃特·阿曼德·休哈特(Walter A. Shewhart)首先提出,由戴明采纳、宣传,获得普及的权威的管理环节划分方式,将质量管理分为四个阶段,即 Plan(计划)、Do(执行)、Check(检查)和 Act(处理)。PDCA 循环中的 C(Check,检查)环节,即评估计划执行的结果,既发现成就和优势,又找出问题和保障,实际上就是对组织朝着计划目标前进程度进行的监督与评估。不断检查、监督和评估,有助于及时发现计划目标落实中的优势与不足,能不断地改进和优化管理活动,确保产品质量和组织绩效。在学校领导和管理实践中,学校评估是一种质量控制和保障的重要手段。

学校评估的目的不是评估本身，也不仅是监督和问责，而是为了改进和发展。新优质学校发展中需借助各类学校评估实践活动，通过调查问卷、座谈访谈、观摩观察、资料查阅等各种方法收集有关信息，并借助多视角进行深入的定性分析，帮助学校剖析问题，寻找问题解决的方案，不断地调整完善学校的办学行为，促进新优质学校的高质量发展。

2. 提升行动实效

无论是上级部门、行政部门对学校进行的自上而下的外部评估活动，还是学校为了自身发展而开展的一系列内部的自我评估、自我诊断活动，往往都离不开教育专家或评估专家的参与。学校评估是一个专业性很强的过程，仅仅依靠学校自身力量难以长期、有效地进行。学校自我诊断不是"学校自己做诊断"，与专业"促进者朋友"的协同合作是确保诊断有效性的重要因素。① 借助熟悉学校评估原理、设计、方法和技术的专业力量，共同为学校的发展诊断把脉，为学校提供分析诊断办学现状的工具，让学校评估事半功倍，能提高学校诊断工作的有效性，在评估的客观性、专业化和公信力等方面将大幅提升。

将新优质的理念转化成实际行动并实现预期的成效需要一个很长的过程。通过学校评估设置明确期望，对学校认识到的自身优势予以确认，增强学校的自信心，同时在评估活动中与校长、教师进行建设性的对话，对学校需要改进的地方提供分析和指导，并在评估活动之后提供持续跟进和专业支持，能大大提升学校办学行为的实效，促进新优质学校成长。

二、内涵：借助评估活动，无限趋近"新优质"的愿景

（一）基本含义

新优质学校成长的评估促进路径是合理利用各类外部评估和内部评估活动，通过外部评估的内化、校内评估的内生、内外评估的融合，推动新优质学校理念落地，融入学校的发展过程，促进学校进行自我认识、自我反思，判断新优质学校发展的优势与不足，判断办学现状与新优质理想之间的差距，采取优化举措不断改进，促进学校无限趋近新优质愿景、持续向新优质学校迈进的管理活动。

---

① 李凌艳. 从自醒到自主：由内部评价走向自我诊断[J]. 中小学管理，2018(2)：22—26.

(二) 典型路径

新优质学校成长的评估促进路径不是对新优质学校项目校的分等定级,而是充分发挥评估活动的引领性、激励性和发展性功能,彰显其价值引领、动力激发、行为优化、质量保障等独特价值,增强新优质的内在发展动力,促进新优质学校的持续成长。

新优质学校成长的评估促进路径可分为三种典型的路径:一是外部评估内化路径;二是校内评估内生路径;三是内外评估融合路径。

外部评估是由校外机构或人员发起和实施,评估目的也可能与"鉴定""检查""评判"学校绩效或专项工作有关,但作为发展动力足的新优质学校,外部评估内化路径就是指积极利用外部评估的机会,将外部评估活动纳入本校发展的重要环节和举措,将外部评估活动的过程及结果转化为凝聚师生共识、借助外力发展、反思办学行为、寻找发展契机、优化教育实践等的重要窗口和杠杆。

外部评估虽具有客观、专业、公信力强等优势,但同时也存在被动、成本高、不够全面和深入等不足,为此,作为发展内需强的新优质学校,充分发挥学校的主动性和创造性,建立校内评估机制是重要的选择。校内评估内生路径就是指新优质学校为了自身发展,基于本校的发展历史、办学现状及影响因素等客观真实信息,自主并有意识地发起和组织实施的一系列更具针对性、具体化和个性化的自我评估、自我诊断的活动,以强化学校发展的优势、解决发展中的问题,并逐渐形成经常性、常规化甚至制度化的校内评估机制,保障与提升学校的办学质量,促进新优质学校的自主可持续发展。

校内评估有利于更全面地掌握信息,具有更主动、经常性、按需开展等优势,但也可能面临"熟视无睹"、批判性不够、专业性不足等局限。可见,外部评估和校内评估都有着各自的优势和局限。内外评估融合路径就是指新优质学校充分发挥外部评估和内部评估的优势,规避外部评估和内部评估的不足,通过在外部评估中与外部评估专家真诚合作、加强深度的自我诊断和评估,在校内评估中引入第三方专业评估团队等,加强校内评估和外部评估的融合与合作,增强评估活动的发展性功能和专业性,帮助新优质学校建立起循证改进的办学机制,促进新优质学校的持续成长。

对新优质学校而言,以上三种典型的评估促进路径虽因发起方不同而有所差异,但最终都需要学校更具有主观能动性,将评估活动作为学校发展和管理中的重要环节、举措和自变量,将评估内化为学校自主、持续发展的重要机制,提升评估活动的专业性,强化评估活动的引领性、发展性、激励性等功能,提升学校循证实践、自主发展的能力。

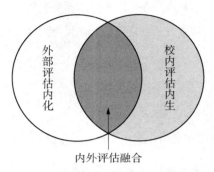

图 5.1　评估促进路径的三种典型路径

三、外部评估内化路径

(一) 价值内涵

1. 独特优势:旁观者清,专业性强

新优质学校作为义务教育公办学校的重要组成部分,或多或少都将面临着来自校外的评估、检查、督导、创建等活动,在此统称为"外部评估"。外部评估是由校外机构或人员发起和实施的,通常是以"鉴定""检查""评判"学校绩效或专项工作的推进为目的的管理活动。

学校外部评估有其独特的优势。所谓"旁观者清",外部评估者不会出现"只缘身在此山中"的困扰,也不易受情感因素影响,能较客观地看到学校发展的优点和问题,评估结果更具公信力;其次,外部评估者多为教育专家或评估专家,熟悉评估的设计、方法和技术,具有较强的专业性。

2. 内涵:将外部评估纳入办学实践

面对外部评估时,学校以怎样的心态、方式参与其中,将在一定程度上影响着学校的成长和收获。作为发展意愿强、发展动力足的新优质学校,将外部评估内化是重要的成长路径。

新优质学校成长的外部评估内化路径就是指新优质学校要合理利用外部评估活动的

过程及结果,将其作为学校教育教学实践优化的杠杆,主动地将外部评估纳入学校发展和管理的系统设计,将外部评估作为凝聚师生共识、借助外力发展、反思办学行为、寻找发展契机、优化教育实践等的机会,积极参与外部评估活动的过程,正视外部评估结果中提出的问题,深入探寻问题的成因,细致分析外部评估的建议,将其内化到学校下一阶段的办学实践之中。

(二) 路径阐析

就新优质学校而言,外部评估内化路径大致可关注如下几个环节:

1. 提高认识,凝聚共识

新优质学校在接受外部评估时,要变被动参与为主动谋划,将外部评估活动作为学校自主反思办学行为、借助外力发展、检验办学绩效、寻找新的发展突破点的重要路径和机会,将其作为审视学校全面管理或某一专项工作进展的重要手段。这需要校内参与者深入了解外部评估的目的、价值和意义、活动设计等,加强外部评估与新优质理念、本校办学追求、发展规划相契合部分的分析,加强向师生的宣讲和介绍,凝聚师生共识。

2. 加强自评,真诚合作

新优质学校在接受外部评估时,要依据外部评估的要求,加强自我检查和评估,在反思和总结中进一步彰显本校办学的特色和亮点,同时也不回避学校发展中的困难和不足,加强原因分析,对能自主完善和改进的部分积极思考对策和举措,对难以自主解决和破解的问题也积极寻求专业支持和外部帮助,在与外部专家的真诚沟通与合作中持续促进学校的发展。

3. 分析结果,溯因改进

新优质学校在拿到外部评估结果时,要组织学校管理团队及相关者加强对评估结果的学习和解读。对外部评估发现的亮点实践,要进一步加强经验梳理,迁移辐射到其他工作中,同时也要加强对外宣传,提振学校办学自信,营造积极向上的办学氛围。同时,对外部评估发现的问题和不足,要加强溯因分析,可通过跟进调研、专家咨询等多种方式进行归因分析,对照外部评估的意见和建议认真反思,积极寻求问题解决之道,形成实践改进举措、设立实践改进项目或制定整改方案,认真组织落实、不断优化完善。在实践推进到一定阶段后,再跟进评估,检验效果。

（三）实践案例

1. 基于绿色指标评价的学校办学实践改进行动

上海自 2011 年建立了直接指向学生健康成长的中小学学业质量绿色指标，扭转以考试分数和升学率评估学校的惯性。共有三类十项指数，第一类是质量指标，包括学生学业水平指数、品德行为指数、身心健康指数；第二类是公平指标，包括学业水平中的均衡度和学生社会经济背景对学业成绩的影响指数、跨年度进步指数；第三类是影响因素指标，包括学习动力指数、学业负担指数、师生关系指数、教师教学方式指数、校长课程领导力指数。2018 年以来，推出了"绿色指标"升级版，注重从关注全面发展到关注终身发展、从关注平等的教育到关注适合的教育、从关注"双基"到关注关键能力、从关注学校教育管理到关注学校专业领导，新增了艺术素养测评，完善了品德和社会化行为指标，拓展了心理健康测评内容，突出了学生和家长对学校教育的满意度。实施"三年一轮、两年改进"的评估周期，采取纸笔测试、问卷调查、体质健康监测等方式获取调查数据，以一区一校一报告的方式呈现评估结果，组织"绿色指标"反馈讲评活动，引导学校教育教学方式改革。绿色指标评价具有"专业引领，全面衡量教育质量；以校为本，校本质量保障体系；诊断改进，促进学校持续发展"等典型特点。

新优质学校一直重视对上海市中小学学业质量绿色指标的分析与利用，借助上海市中小学学业质量绿色指标的评价结果，了解本校学生学业水平、品德和社会化行为、身心健康、艺术素养等发展状况及学业水平均衡度、学生社会经济背景对学业成绩的影响因素、跨年度进步指数等，针对学习动力、学业负担、师生关系、教师教学方式、校长领导力指数等影响因素指标，深入分析本校表现现状的原因，进而寻求改进优化的路径和行为，助推学校持续发展。

案例 5.2　追根溯源，破解学习压力问题

奉贤区教育学院附属实验小学在拿到上海市中小学生学业质量绿色指标学校分析报告后，有喜有忧。面对作业、校外补课及学习压力的问题，学校开展了追根溯源，归因分析行动。学校选择倾听孩子们最真实的声音，于是由学校大队部发起，抽取三至五年级每班两名学生进行了访谈调查，根据孩子们反映的形成学习压力的因素，设计了调查问卷，抽取 4 个年级共 200 名学生为样本，进行问卷调查。

学生学习压力调查微报告

● **课业方面的压力：**

1. 觉得现在上课的内容不难，完全可以接受的有 69.1%，有点难的有 30.9%。

2. 上语数英课时，有时会感到紧张的有 32.4%，常常紧张的有 1.3%，从不紧张的有 66.3%。

3. 有时会不清楚自己的学习范围和要求的有 23.6%，从没有这种情况的有 75.7%。

4. 有时认为承担的学习任务太多会妨碍圆满完成的有 22.2%，常常这样认为的有 5.4%，总是这样认为的有 6.5%，从不的有 65.9%。

5. 有时觉得学习任务太多打扰了日常生活的有 17.4%，常常觉得的有 6.5%，总是觉得的有 5.8%，从不觉得的有 70.3%。

● **自己给自己的压力：**

6. 有时感到自己能力不够强，以至于无法完成某些学习任务的有 36.4%，从没有这种情况的有 63.3%。

7. 有时觉得自己在学习上不称职的有 14.8%，常常觉得的有 4.6%，总是这样觉得的有 2.6%，从不的有 78%。

● **老师给的压力：**

8. 常常觉得自己无法满足老师提出的学习上的各种要求的有 4.5%，有时觉得的有 24.1%，从不的有 71.5%。

9. 老师总是会强调某个知识点在考试中的作用的有 36.2%，常常强调的有 16.1%，有时强调的有 23.9%，从不的有 23.8%。

10. 老师常常要求考到好成绩的有 29.7%，有时要求的有 36.9%，总是要求的有 7.5%，从不的有 25.9%。

11. 老师有时会公开考试成绩的有 25.7%，常常公开的有 20.9%，总是公开的有 30.3%，从不的有 23.1%。

● **考试的压力：**

12. 有时会担心自己考试考不好的有 33.9%，常常担心的有 20.9%，总是担心的有 14%，从不担心的有 31.2%。

13. 如果没有考好，会感觉非常不开心的有 71.4%，有一点不开心的有 24.8%，没什么感觉的有 3.8%。

● **伙伴给的压力：**

14. 常常拿自己的成绩与同伴比较的有 21.9%，偶尔会比较的有 37.8%，从不比的有 40.3%。

15. 在班级中，偶尔会嘲笑成绩差的同学的有 18.3%，经常嘲笑的有 11.9%，从没有的有 69.8%。

● **父母给的压力：**

16. 有时觉得自己无法满足父母对你提出的学习上的要求的有 38.4%，常常觉得的有 8.4%，总是这么觉得的有 4.3%，从不的有 48.9%。

17. 爸爸妈妈经常拿自己和别人的孩子比较的有 41%，偶尔会比的有 11.7%，从不比的有 47.3%。

● **亲戚朋友给的压力：**

18. 长辈、亲戚、朋友经常会问自己的学习成绩的有 50.1%，偶尔会问的有 37.4%，从不问的有 12.5%。

面对来自孩子们的心声，教师行动起来了，下面是学校教师应对学生学业压力大这一问题的一些做法。

微视频之微报告

这次学生问卷让我明白："作业太难了"是导致学生学习压力大的原因。那可怎么办？我突然想到，我从优秀的课堂实录中学到了很多，那么学生是否也可以借助优秀视频而轻松作业？于是数学组把每学期的教学重难点都罗列了出来，针对这些知识点进行微视频的拍摄，并将尝试拍摄的微视频放在校园网上，让其中一个班的学生观看，第二天，惊奇地发现，学生课堂上更加积极了，回家作业的正确率明显提高，这样的做法家长们非常欢迎。

"微视频"，顾名思义，体现在这"微"上。时间短，只有 5—10 分钟，知识点又集中，就某一难题、易错题的解决方法进行讲解，还设置了游戏通关模式，增加学习的趣味性以及学生的积极性。微视频放在教育平台上，学生只要有一台 iPad 就能学习，随时点播、回放，随时进行知识点的学习以及作业的完成，真正做到学生在哪里，教育就会在哪里，让作业不再是一种负担。

学分银行弹性学分

通过此次绿色指标调查发现，学校很多学生的压力来源于考试，一如当年的我一样。如何减轻他们的压力，我觉得教师应该在学生的学业评价上动些脑筋。是否可以给学生建立一个"学分银行",为他们分上加分呢?

首先,评价一个学生要看某阶段他的学习态度。教师可以根据学生这一阶段的学习态度,给学生一定的加分,原先他的评价按照卷面来看是"良",但是他学习态度很好,非常认真,可能只是因为某些不稳定因素,造成了他的失利,可以给他上升到等级"优",让他对自己充满信心,有利于下一次的发挥。

另外,评价一个学生还要看他的学习基础。一个原来一直考100分的学生这次考了95分,那他可能就是退步,而一个原来考60分的学生现在考了70分,那就是进步。在原有的基础上有进步,那就大方地给他加分,鼓励该生继续努力。

银行还能干嘛?它还可以贷款。那么可不可以给学生预支分数呢?就像小时候的我一样,没有老师给我预支分数,我自己给自己预支了,结果却是收益颇丰。有些学生可能比较贪玩,考试成绩下来又傻了眼,想要努力却来不及了,教师可以给他一次机会,先预支一些分数给他,但是有前提条件:该生必须与教师达成协议,承诺下一阶段一定端正学习态度,认真听讲,努力学习。以此为前提,教师可以预支给他分数,让他有努力的动因,也有努力的方向。

总之,用创新的方法,无形中帮学生们减轻压力,让他们转压力为动力,学得带劲,学有所成。

学习,因"单"而乐

看到绿色学业质量评价分析报告时,我倍感欣慰。几年来,推动的"快乐学习单,提高课堂质效"的项目对于学业质量的提高和教学方式的改进是有积极意义的。

因为学习单已经做到了"因单而动""因单而准"。

因"单"而动:学习单人手一份,人人参与,个个实践,所有的学生因单而动。

因"单"而准:学习单能帮助老师把准教学目标、教学重点,课堂因单而准。

但是学生压力调查问卷反映出一个现实:30.9%的学生觉得课堂教学内容难,33.7%的学生感到来自课业的压力。学习单在实践使用中出了什么问题呢?通过组织骨干教师对老师们上交的学习单进行分析,发现学习单在"因单而乐"方面做得还不够!下面以一份学习单的改进过程为例来说明:

五年级《珍珠鸟》一文写了作者冯骥才对珍珠鸟的悉心照料和真诚关心,小珍珠鸟对作者从陌生、害怕到亲近的过程。为让学生感受理解这一过程,并学习作者的表达方式,拟定设计了一个学习任务单:

第一稿：

默读4—6节，找出小珍珠鸟的活动地点，圈出描写小鸟的动词，体会方位的变化，感受信赖。

这个学习单，是让学生动起来了，但是还是学得很枯燥，体会方位的变化也有点困难，更无法感受信赖。

第二稿：

第一步：出示图画，默读4—6节，用"→"在图上标出小珍珠鸟活动的路线，看看它与"我"的距离发生了什么变化？想一想，这说明了什么？（提示①：从方位入手）

第二步：再读读课文，在图上填写描写小珍珠鸟动作的词，再读读句子，你感受到什么，体验小鸟和作者情感的变化，同桌交流。（提示②：从动作入手）

第三步：试着学习作者的样子写写自己饲养过的小动物的活动，注意反映小动物的特点。

这份学习单在分解难点坡度方面有了很大的改进，任务的形式也加进了具有实践性的看图画箭头，使学生课上学习显得轻松有趣得多，更可贵的是教学目标达成率较高。可见，要在坡度性、趣味性方面多动脑筋。

但是，课后的作业相对于课堂的学习是有难度的，基准的能力达到复述已经很好了，马上上升到写一段话，坡度太大，更何况也不太符合学生的生活实际。

第三稿着重改进学习单中的第三步课后作业。

课后尝试：一星级的作业：可以借助小鸟的路线和动作，说一说小鸟的活动，保证基准的复述作业能够完成；二星级的作业：有条件、有能力的小朋友可以观察观察自己饲养的小动物，可以从活动路线和动作入手写一写它的活动。

这样兼顾到了基准的层次和提高的层次，而且学生可以有自主选择的机会，学得比较主动，在"因单而动、因单而活"的基础上"因单而乐"。让学生动起来、活起来，没有压力地乐起来！

绿色学业质量指标，引导学校能够真正倾听孩子的声音，站在孩子的角度，关注他们的学习品质。通过反复的研讨，学校出台《奉教院附小减轻学生过重压力九大举措》：1. 把好基准教案，实行基准教学；2. 每月进行作业情况调研，严格控制作业量和难度；3. 研究基准命题，实现基准评价；4. 不公开学生学业成绩、不公开班级学业排名；5. 进一步完善丰富适合学生个性发展的校本课程；6. 完善绿色档案袋，实行等第制、过程性评价；7. 每天做心理减压操,每月上心理辅导课;8.创新学校教师评价机制,促进教师多元发展;9.建立家长咨询制度,教育家长、协同家长关注学生的心理健康。①

案例评析

本案例呈现了基于绿色指标评价改进学校办学实践的重要路径,即通过溯因分析破解实践问题。奉贤区教育学院附属实验小学针对"绿色指标"反映出的作业、校外补课及学习压力问题,学校进一步追根溯源,跟进访谈调查及问卷调查,倾听孩子们最真实的声音,从课业压力、自己给自己的压力、老师给的压力、考试的压力、伙伴给的压力、亲戚朋友给的压力等多角度开展归因分析行动。

面对作业给学生带来的压力,数学组采用微视频的创新实践,梳理罗列每学期的教学重难点,针对这些知识点及某些难题拍摄微视频,讲解难题、易错题的解决方法,还设置游戏的通关模式,为学生提供学习支架,也激发学生的学习动力。

面对考试给学生带来的压力,学校主动反思和改进学业评估,给学生建立"学分银行"。从评估的内容来看,不仅考查学生的学习结果,也关注学生的学习态度;不仅考查学生绝对的学习结果,也结合学生个体的学习基础考查其进步程度,引导学生努力的方向,也让学生的进步被看见。教师还创造性提出"预支分数"的方式,让压力转化为动力,让学生的主体性和学习潜能被激活。

在日常教学中,学校还迭代优化"学习单",以学习单为载体,帮助老师把准教学目标、教学重点,兼顾基准和提高,优化难点理解的坡度和趣味,既提升教学目标的达成率,也让学生有自主选择的机会,学得更主动。

此外,学校还跟进减轻学生过重课业压力的九大举措,将减轻学生过重课业负担的有效做法固化下来,成为学校日常管理的制度,从而进一步保障了学校的教学质量,促进了学校的办学品质提升。

2. 基于学校发展性督导评估的改进学校办学

2003年,上海市教育委员会、上海市人民政府教育督导室印发《上海市积极推进中小学

---

① 何哲慧."绿色指标"为教育体检——上海市奉贤区教师进修学院附属实验小学改进记[J].基础教育课程,2014(5):18—21.

"学校发展性督导"的实施意见(试行稿)》(沪教委督〔2003〕4号)。2005年,上海市教育委员会、上海市人民政府教育督导室印发《上海市关于深化与完善"学校发展性督导评价"工作的若干意见》,发布了《上海市中小学"学校发展性督导评价"指标纲要》,对发展性督导的推进提出指导性意见。学校发展是上海市学校发展性督导评估的根本目的,构建了基于学校发展规划的学校督导评估模式,学校可自行设定发展性评估指标。

当学校经历发展性督导后,将运用督导评估的结果进一步内化到学校的办学实践中显得尤为重要。

案例5.3　反思运用督导评估结果　助推学校人才队伍发展

上海市晋元高级中学附属学校及上海市晋元高级中学附属学校西校接受了普陀区教育系统党政融合督导组为期三天的融合式发展性督导。督导组通过审阅学校发展规划、听取校长自评报告、查阅相关资料、巡视校园环境、进行问卷座谈、听取社区意见、观课等途径获取信息,总结提炼形成了《上海市晋元高级中学附属学校及上海市晋元高级中学附属学校西校的融合式发展性督导报告》。督导组在充分肯定学校取得成绩的同时,也对学校提出了中肯的意见和建议。学校立即组织校级领导、中层干部学习、解读,对照督导组的意见和建议认真反思,积极制定整改方案并组织落实。

正视学校教师队伍建设问题　深入分析督导评估反馈建议

随着学校规模的急剧扩大,新教师的数量大大增加,如何短期内实现让青年教师立足课堂教学,提升课堂教学效果,建设高水平青年教师队伍的任务迫在眉睫。另外,学校市、区级骨干教师培养工程有待进一步强化。从学校提供的数据来看,学校高级教师人数21人,占比10%左右,没有特级教师,高级及以上职称教师的比例偏低(区平均20%);学科带头人1人,高级指导教师2人,市、区级骨干教师的人数和比例偏低。区级骨干教师学科分布欠均衡,语数英等学科还缺少市、区有影响力的名师。

建议:(1)学校要依据区教育发展规划中关于教师队伍建设的要求,对《晋元高级中学附属学校教师队伍建设五年发展规划(2016—2020)》的队伍建设目标、工作内容等进行总结、分析,着力调整和优化教师队伍的学历结构、学科结构、职称结构、年龄结构,促进教师资源合理配置。(2)遵循精选、重用、厚待的原则,进一步优化"青蓝工程"培养体系,立足教学质量提升、强化课堂改革实践、着力开放合作、推进自主研修,落实政策支持和培养经费投入保障,引入竞争机制与激励机制,努力培养一批具有发展潜力的优秀青年教师。(3)学校党政班子要进一步强化责任担当意识,不断加大高端品牌教师培养、"双名工程"建设等市、区级骨干教师队伍建设的工作力度,尤其是加强语、数、英等学科和德育队伍等的培养,提升他们在市、区级的影响力和话语权,进一步强化奖励激励机制建设,实现学校人才队伍建设再上新台阶。

加强优势和短板分析　跟进针对性发展举措

根据督导组对教师队伍方面的建议,学校充分分析了教师队伍发展现状:

优势分析:

1. 学历结构达标,专业水平显著提升。教师学历全部达标,研究生及以上学历的人数明显增多。小学高级教师人数增加,初中高级教师比例已接近20%。区学科带头人数量在整体教师队伍中的分布合理。沈老师被聘为"长三角基础教育物理学科专家"。第五轮教师专业发展团队中,有教坛新秀13名、教育教学能手13名、学区指导教师1名、学科带头人1名。近三年师资队伍专业水平显著提升。

2. 做强"青蓝工程",促进青年教师成长。学校非常注重青年教师队伍建设,"青蓝工程"作为学校培养青年教师的特色项目,已凝练成了"青蓝结对""青蓝培训""青蓝论坛"三大系列。在第四届"普陀杯"教师专业能力评优中,青年教师获得三个一等奖,五个二等奖,四个三等奖,逐步成为学校骨干力量。

3. 搭建层级平台,加速骨干教师成才。学校制订《上海市晋元高级中学附属学校名师培养工作计划》,聘请市、区教研员、专家来校指导,加强对骨干教师的培养,促成骨干教师形成教学风格,促进经验型教师向研究型教师转化。目前,学校骨干教师团队在12项国家、市、区级课题研究和37项教育教学专项能力竞赛中获得等第奖,骨干教师的专业研究能力得到提升。

短板分析:

1. 高水平优秀青年的培养。随着学校规模的急剧扩大,新教师的数量大大增加,学校虽然有较成熟的"青蓝工程"培养项目,但是学校要优质发展,就需要有高水平青年后备队伍。

2. 高端领军型教师的打造。学校高级教师只有8%,没有特级教师(特级校长)。虽然学科带头人和高级指导教师人数有明显增加,但与区级水平相比明显偏低;区级骨干教师的学科分布欠均衡;语数英等学科缺少市区有影响力的名师。

修订专业化发展行动计划　助推学校人才队伍建设

为此,学校进一步修订了《2016—2020年上海市晋元高级中学附属学校教师专业化发展行动计划》，加大各类教师，尤其是"高水平青年教师"和"市、区骨干教师"的培养力度，争取在新一轮发展中打造出语、数、英等学科市、区有影响力的名师，实现学校人才队伍建设再上新台阶。

一、激发内在需求，推动各类教师优质发展

1. 学校以"教师个人五年发展规划"为抓手，重点突出每年专业发展目标的设定与实施，分析教师在教学、德育、科研、管理等方面的成绩与不足，并结合学校"优质化课堂"项目，强化每位教师在课堂教学和主题研修中的个人规划，激励教师自我发展的内驱动力，给有需求、有潜质的教师提供各种成长平台。

2. 每年年末继续开展教师个人发展五年规划落实情况的自评、互评工作，并在此基础上增加"校评"机制，从达成度、工作实绩、下年度努力方向等方面进行自我诊断，为新一年个人发展规划做好铺垫。

二、优化青蓝工程，培养高水平青年教师

1. 学校继续深入开展"青蓝结对""青蓝培训""青蓝论坛"三大板块的"青蓝工程"工作，形成学校青年教师培养的校本课程，编撰新教师入职的校本学习手册，帮助三年内青年教师迅速立足课堂教学。

2. 依据学校新制定的五年规划的目标要求，优化"青蓝工程"项目，加强体系化设计，加强实施环节的把控。依托"优质化课堂项目""骨干后备培养项目"等，围绕核心素养，培养高阶思维，开展校"优秀青年教师"的评选活动，为学校后备的梯队建设做好准备。

三、加大高端教师培养力度，打造领军型人才

1. 学校对基本符合申报高级职称条件的教师进行个性化分析，量身定制发展方案，从"班主任管理""区级公开课""市区论文发表"等方面创造条件，帮助教师达到申报条件。

2. 加大"语、数、英"等学科领军教师的培养。数学教研组继续依托特级教师叶景仪带教团队，将数学高端教师的培养向纵深做细做实；语文教研组依托市教研员特级教师曹刚老师的科研项目，促进组内中青年高级教师业务能力的再提升；英语教研组聘请市、区名师来校指导。各教研组领军人物的培养方案具体、可操作，争取五年内培养出在市区有影响力的教师。

3. 学校加强对市、区骨干、特级教师的打造，对学校优秀教师进行梳理评选，建立"名师后备人才库"。利用"一人一方案"的名师打造计划，推荐优秀教师参加"双名后备"学习班的培训，参加上海市教科院的重点课题研究；评选并成立"校名师工作室"；参加区"有效教

学研讨会"展示;依托晋元高中的市区名师工作室带教等,通过各种高端平台的搭建,争取培养出一到三名在全市乃至全国有一定知名度的名教师。

　　　　　　(资料来源:节选自上海市晋元高级中学附属学校融合式发展性督导回访改进报告)

案例评析

　　本案例呈现了基于发展性督导改进学校办学实践的重要路径。上海市晋元高级中学附属学校及上海市晋元高级中学附属学校西校在接受普陀区教育系统党政融合督导组为期三天的融合式发展性督导后,组织校级领导、中层干部加强对督导反馈报告的学习、解读,学校认真反思、深入分析督导评估的反馈意见和建议,积极制定整改方案并组织落实。尤其是正视学校教师队伍建设的问题,充分分析教师队伍发展现状,摸清优势和短板,进而跟进针对性发展举措:学校以"教师专业化发展行动计划"修订为抓手,加大对"高水平青年教师"和"市、区骨干教师"的培养力度,助推学校人才队伍建设。学校强化教师个人发展五年规划,并对落实情况建立自评、互评与校评机制;深入开展"青蓝结对""青蓝培训""青蓝论坛"三大板块的"青蓝工程",形成学校青年教师培养的校本课程,编撰新教师入职的校本学习手册,开展校"优秀青年教师"的评选活动;对基本符合申报高级职称条件的教师进行个性化分析,量身定制发展方案,加大"语、数、英"等学科领军教师的培养,建立"名师后备人才库",加大高端教师培养力度,打造领军型人才等。学校积极利用发展性督导反馈结果,正视问题,分析现状,直面问题,落实举措,破解问题,正是在这一过程中促进了学校的持续发展。

四、校内评估内生路径

　　新优质学校成长重视对实践经验的总结提炼和迁移运用。实践经验的积累对管理者们很重要,但很多时候,教育经验又是以一种微妙、感觉的形式存在,可意会不可言传,也并不总是管用可靠。因此,借助评估活动,及时观察、跟踪学校发展过程,努力发现行为与结果之间的联系,并据此提出改进计划显得尤为重要。但传统的外部评估常呈现"行政性、一次性和终结性"等特点,难以在"常态"下进行,被评估者会出于学校利益和自身利益的考虑,提供的信息未必客观、全面,甚至出现数据造假等问题;由于学校在外部评估中常常处于被动地位,致使学校为自身改进承担责任的空间和动机不足;自上而下或由外而内的评估活动也经常给学校"贴标签",给学校和师生徒增负担。为此,加强学校自我评估,充分发挥学校的主动性和创造性,建立校内评估机制,是当前学校评估改革的重要趋势之一。20世纪下半叶,一些教育发达国家和地区开始倡导旨在客观评估学校表现的学校自我评估活动。①

(一) 价值内涵

1. 独特优势:客观真实,针对性强

"以评估促改进"是多数学校评估方案的重要设计意图,但这种预期目标能否实现有赖于学校主体作用的发挥程度。只有充分发挥学校的自主性,基于客观真实信息开展自我评估和持续改进,才能真正实现学校评估的核心意图。

学校自我评估和诊断更重视从本体意义上促进学校发展,重视学校、教师等利益相关者在学校发展中的主体作用,这是区别于传统学校评估的显著特征。② 有别于外部评估中的自评环节,校内自我评估更多是自主化、经常性、针对性、具体化、常规化甚至制度化开展的评估活动。与外部评估相比,学校熟悉自身的背景信息、发展历史、办学现状及影响因素,容易抓出学校的问题与需求;在"常态"中了解真实状况和更容易获得评估所需的资料,也有助于提高评估的针对性和效率;此外,校内自我评估也能克服外部评估的高成本问题。

学校自我评估指一所学校为了保障与提升自身办学质量,自行发起和组织实施,对学校的工作进展及成果进行自我审视与分析的过程。③ 对新优质学校而言,学校自我评估也是促进学校自主可持续发展的重要途径,自我评估有助于新优质学校自下而上、由内而外地发现发展中面临的优势与不足,并通过自主调整与改进,不断解决问题,促进新优质学校的成长。

2. 内涵:自发自主,自我诊断

新优质学校具有强烈而清晰的发展内需,更能发挥学校主动性和创造性、更具针对性和满足学校个性需求的校内评估机制的建立显得非常迫切。校内评估内生路径指的是新优质学校为了自身的发展,基于本校的背景信息、发展历史、办学现状及影响因素等客观真

① 李凌艳.学校诊断[M].北京:北京师范大学出版社,2020:7.
② 李凌艳.学校诊断[M].北京:北京师范大学出版社,2020:43.
③ 赵德成.学校评估:理论、政策与实践[M].上海:华东师范大学出版社,2015:203.

实信息,自主发起并有意识地开展的一系列内部的自我评估、自我诊断活动,通过搜集、分析并运用来自方方面面的信息,发现学校自身的优势和问题,以实现下一步的发展目标,在此过程中也将逐渐建立起经常性、常规化甚至制度化的校内评估机制,提升学校的管理效能,保障与提升学校的办学质量,促进新优质学校的自主可持续发展。同时,学校自我评估的质量和效果本身也可以很好地反映出学校的管理水平。

(二) 路径阐析

每所新优质学校都有着独一无二的发展基础和发展过程,处在不同的发展阶段,但只要具有强烈而清晰的发展内驱力,学校就可以建立起与发展阶段、发展需求相适应的校内评估机制。随着阶段性需求的实现,学校可不断更新建设学校的自我评估机制。因此,校内评估应需而生,具有阶段性、伴随式、针对性、个性化等特点。新优质学校的校内评估内生路径大致将经历如下一些阶段:

1. 对办学理念与育人目标深度分析、分解落实

新优质学校的校内评估不仅仅是为了推进一项评估工作,也是为了促进学校办学理念的落实和育人目标的达成,是对回归育人本原的有效回应。为此,对学校办学理念与育人目标的深度分析既是新优质学校校内评估的起点,也是新优质学校校内评估的归宿点。基于学校办学理念与育人目标的深度分析,建构评估指标,设计评估方案,分析和运用评估结果以进一步促成学校办学理念与育人目标的达成,将形成一个学校发展的螺旋上升的闭环。

2. 用评估内容和指标传递核心价值、凝聚共识

新优质学校的校内评估常常从学生评价、教学评价、教师评价、管理评价等点上切入。无论是对哪个方面的评估,在评估内容分解与评估指标建构时,势必与学校整体的办学理念和育人目标相符合。评估内容和指标也传递着学校办学的核心价值,其研制过程也是促进管理团队和教师达成共识的过程。运用好评估内容研究和评估指标的研制设计开展好教师专业发展的活动,也将增强校内评估的效能。

3. 借评估结果和技术加持引起关注、促进理解

在推进校内评估时,想要全面真实地了解学校,就需要从学生、教职工、管理者、家长等多角度收集信息,进行多角互证。随着信息技术的发展,合理运用信息化平台和工具,让多

维度采集日常数据,让便捷、全面的校内评估信息收集成为可能。同时,借助信息技术,能可视化呈现评估结果,让评估结果反馈也更加便捷快速、生动形象,更易被学生、家长及利益相关者关注和理解。

案例5.4 童趣空间建构"1+2+3"评价激励系统 促进学生身心健康发展

上海中医药大学附属闵行蔷薇小学以学生的全面可持续发展为目标,以新型学习空间——"童趣空间"的创设为突破口,撬动课程、教与学方式的变革,全面建设"易"校园。学生健康成长呼唤多元主体参与、个性化、精准性、发展性的教育评价体系。信息技术有效支持了评价"关注过程、促进发展"的价值追求。

"1+2+3"复合型评价系统,促进学生全面发展

学校基于代币和激励理论,形成了基于代币流通的"1+2+3"评价激励系统(图5.2),即基于一个虚拟代币流通机制,以软件平台与硬件设施为两个保障,形成基于电子班牌的学生自评、基于智慧教室(含魔法棒)的师评和基于微信积分池应用的家庭评价三位一体系统,形成教育合力。

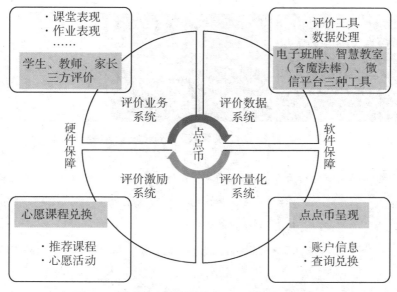

图5.2 关注全面发展的"1+2+3"评价激励系统

构建学生身心健康数字画像，让学生成长更有保障

在童趣空间中，学校采用物联网技术，通过移动端采集学生身心健康的各种数据指标，通过汇总及分析，直观呈现出各年级、各班级学生群体和个体的身心健康情况，形成了学生身心健康数字画像。

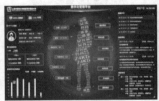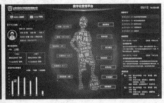

图 5.3　学生身心健康数字画像

开发智慧教室评价系统，让课堂改进更有效

为深化评价的激励、改进功能，学校运用 IOT 物联技术和 AI 人工智能技术，深化课堂的评价与改进，开发了支持课堂形成性评价的智慧教室评价系统，基于数据的采集与分析，教师能自动获得相关数据报表，为审视自己的教学以及听评课的教师提供了细致的数据支持。

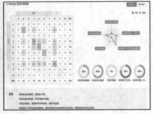

图 5.4　智慧教室评价系统

在小学阶段，良好的行为习惯、积极的学习热情、真实而自然的成长以及对未来生活的感知，是学校对蔷薇学子的期望，也是新优质的真实体现，让每个孩子无论身份背景、能力水平，都能在童趣空间中自然生长，成为更好的自己。

（资料来源：节选自上海中医药大学附属闵行蔷薇小学成长认证报告）

案例评析

蔷薇小学为了促进学生全面可持续发展，需要构建多元主体参与的，个性化、精准性、发展性的教育评估体系。这对于传统评估技术而言,是较难做到的。学校借助信息技术,打造了以虚拟代币流通机制为核心的"1+2+3"评估激励系统,整合了学生评价、教师评价和家庭评价,实现了数据采集日常化、评估结果可视化,使评估变得无痕便捷、生动形象,打造了"易"校园,增进了家、校、社的相互理解与支持,营造了有利于学生健康成长的环境。

4. 评估结果的分析与改进工作推进

新优质学校的校内评估不是为了评估而评估,最终将结合评估结果,形成基于数据和证据的决策和改进,不断促成学校办学行为的调整,推动学校的发展。为此,加强评估结果的分析,针对评估中发现的问题,形成具体的改进项目或改进方案,明确改进目标、相关部门责任、工作进程与时间节点,不断推进落实,必将促进学校办学的优化。

就新优质学校而言,校内评估内生路径大致可关注如下几个方面:以学生发展为中心的评估引领新优质学校成长,以教、学、评的一致性提升教学实效及队伍的素养,以校内评估的数据和证据驱动科学决策与管理。

(三) 实践案例

新优质学校要有意识地进行自我评估和诊断,主动擦亮学校发展的亮点和优势,主动进行问题排查、困难梳理、归因分析,为学校发展的真问题寻找解决方案,在一步步脚踏实地、循序渐进的问题解决和调整改进中实现学校的持续成长和进步。同时,多种多样的校内评估活动也有助于新优质学校建立起内生发展机制,持续修炼和提升学校的自主决策力,实现自主管理和自我良性发展。具备了发展内驱力,将自我评估和诊断植入到学校文化之中,以自我评估撬动自主决策与内驱发展,新优质学校的发展就会逐渐走上可持续发展之路。

1. 引领全面发展:学生评价的研究与实践

如何建立更加积极的学生评价体系,促进学生良好行为的养成,促进学生身心健康发展,这是新优质学校需要思考的重要问题。以学生综合素质评价引领和推动学生良好行为习惯、积极学习品质养成是部分学校在探索的路径。

案例 5.5　普陀区长征中心小学:七彩校园评价,引领学生多元发展

自 2017 年始,长征中心小学积极推进"七彩校园评价",明确小学生综合素质评价是发展性的、过程性的,最终目的是促进学生发展。通过不断摸索构建科学、合理和可操作的评价标准,把定量评价和定性评价有机结合起来,使得评价标准不仅具有较好的导向作用,而且依照其评出来的结果也是客观和有效的。真正做到评价主体多元化,让教师、学生和家长参与到评价中来,使评价信息真实,评价结果让人信服。

"七彩校园评价"激励学生积极参与课堂或学校的相关活动,在这一过程中,不仅关注学生在活动过程中的态度,也关注学生在活动中的结果;不仅关注学生的学业成绩,更关注学生的能力发展。对有某些特长的学生,学校既给予了充分的肯定和鼓励,同时也更加广泛地关注到了学生的需求。

"校园吉尼斯擂主"不仅是一种光荣,更是一种自我认可,推动学生挑战自我、历练自我、实现自我;"七彩校园章"则通过"金章""银章""普通章"的分级兑换,融通日常学习的各科领域,融通学习态度、学习习惯和学习收获等,让学生可以看到自己的进步;"小苗苗七彩游园学科综合评价"通过形式多样、丰富多彩的游园式活动,激发学生学习主动性,以线上线下的技术整合展示学习成果,让每个孩子健康快乐地成长;"奖学金制"鼓励学生学业优秀、品格健全、关注兴趣,成为学生心向往之的荣耀。

例如:"七彩校园章"就是鼓励学生大胆地、满怀热情地追寻希望,追求理想。"七彩校园章"把学校的各门课程和各项活动合理地纳入其中,形成了七彩评价基本框架。

表5.1　七彩评价基本框架

三级奖章	普通章(综合章)	银章	金章
言行文明	礼仪、纪律……	行为规范示范员	
健康生活	运动会、小企鹅服务……	积极参加各级各类活动获奖、志愿者服务获好评……	"吉尼斯小擂主"
七彩阅读	阅读、诵读等各类阅读活动……		"吉尼斯小擂主"
智慧学习	各科教学、学科活动……		
提升素养	美育节、璀璨中华……		"吉尼斯小擂主"

根据七彩评价基本框架,学校以争章的形式实施"学科章"和"综合章"两种激励评价,以"综合"和"专长"两个角度去引导学生发展,既关注学生成长的"过程",也关注学生成长的"成果",促进学生在全面发展的基础上,发展自己的爱好和特长。"七彩校园章"关注学生日常学习生活的态度和过程,重点在于培养学生的良好习惯,引导每一个孩子成为阳光

少年,不断地完善自我。

七彩校园评价,带给了学生们多元评价的呈现形式和激励机制,关注到学生活动中的过程性、主体性和参与性,助推学生情趣的激发与持续。

(资料来源:节选自普陀区长征中心小学成长认证报告)

新优质学校的学生评价本身就是促进学生发展的重要手段。从评估方式来看,除了客观测验以外,还可采用行动、表演、展示、操作、写作等更真实的表现来评估学生的口头表达能力、文字表达能力、思维能力、创造能力、实践能力等。融入学习过程的生动、有趣、有效的评估活动,能充分激发学生的学习兴趣,及时调整学习状态,树立学生的自信心,激发学生的学习潜能,获得更多的收获,达到长足的进步。

案例 5.6　华东师范大学附属小学:多样化的学习评价　收获成长幸福

● **可触摸的学习评价——“成长手帐”**

成长手帐是学生作品和表现的专业收容库,记录了学生的努力、进步或学业成果的经历。每学期,成长手帐涵盖了多门学科,每位学生手帐袋中的作品数量不一,可以有几份,可以有十多份,甚至同一主题还可以有多份。如自然学科的成长手帐《创意人体》、数学学科的成长手帐《我的世界》、语文学科的成长手帐《四季之美》……一本手帐就是一个故事,故事的主人公就是学生自己。

对于成长手帐,学习者可以通过翻看自己不同时期的作品,看到自己的进步,获得成长的喜悦,并可以用图画(“笑脸、五角星、鲜花”等)、语言(“我真棒、我能行、我进步”等)评价自我的学习成效;同伴可以通过翻看他人的作品,用贴赞星、敲章、文字(“我欣赏、我喜欢”等)肯定他人的成长,并促进自我作品的改进。

● **可视化的学习评价——“Lapbook 折叠书”**

Lapbook 由一个文件夹和多个同一主题的迷你书组成,每本迷你书就是一门学科,一个知识点的梳理。学生通过裁剪、粘贴制成各种可以互动的迷你书,最后将各学科的迷你书整合为一本折叠大书。如一年级以《我与自己》为主题,学生在“我用彩笔画我家”“我与好书交朋友”“我的时间我做主”“我的指纹找秘密”“Things I can”“我是歌舞小达人”“运动样样我能行”等系列活动中认识自我,成就自我。学生用 Lapbook 梳理着碎片知识,迷你小书记录着学习过程。

对于"Lapbook折叠书",鲜艳的色彩、各异的形状、立体的设计深深吸引了学生,学生在充满画面感、立体感的折叠书中,得到感官的刺激;一本本折叠书的展示区域记录着学生的学习痕迹、个体生长、独特个性。

● 可谱化的学习评价——"毕业画展"

每年6月毕业之际,五年级学生都有一次特殊的"毕业画展"——《逐梦未来·挥洒自己》。每一个学生在课堂上运用国画、剪纸、书法、水彩等方式完成、挑选自己最满意的一幅作品参展。三百余幅作品,教师根据画作的内容、艺术的表现形式,在逸夫教学楼的一楼至四楼长廊进行布展:作者漫步其中,可和自己的作品对话、留影,也可欣赏、评点同伴的画作;其他年级的学生则可在欣赏之余,汲取艺术养分、畅想未来。"毕业画展"为每一位毕业学子搭建了展示平台,为他们留下成长的足迹。

● 可进阶的学习评价——"免考直通车"

"注重平时,注重过程",发挥评价的激励作用,体现评价方式的多元化。免考就是一种鼓励机制,能让成绩优异的学生感受到努力学习的成就感。近年来,学校设立的"免考直通车"制度,融入了"关注能力发展"的课程学习,突破了传统的评价模式。

免考生们在期末参与"志愿者"课程学习:他们来到低年级综合活动场馆,从游园地图的方向指引到游园教室的入座安排,从游园场馆的材料分发到游园项目的讲解辅导,为参与活动的弟妹们保驾护航。免考生们参与"小考官"课程学习:他们协助任课老师一起参与对低年级学生各科闯关活动的评价,跳绳计数员、拼音辨析员、实验检验员等,小考官们根据评价要求,认真参与到学科知识点和学习习惯的评价中。"免考直通车"以关注能力发展为圆心,在活动内容和形式中,外延和内涵都发生了变革,可进阶的学习评价为学生学习素养的发展奠基,为有不同学习需求的学生创设可持续发展的基石。

(资料来源:节选自华东师范大学附属小学成长认证报告)

2. 教—学—研协同:教师评价的研究与实践

教学是课程实施、表现的核心环节,有效的教学应当指向促进学生核心素养的发展。对教学的评价也最能体现学校处在当下发展阶段的教育教学主张和理念。通过评价体系的建设撬动课程教学的实效提升和教师队伍的专业发展。新优质学校要关注有效地根据学生的学习效果反馈对教学进行适应性调整。同时,对教学的评价也是指引教师路径的方向盘和风向标。

案例 5.7　教学评一致,提升课程教学实施效能

标准指路:夯实课程实施规格

学校根据《学科评价指南》,立足于基础型课程这一主阵地开展基于核心素养提升的"教—学—评"一致性研究。围绕《学科单元教学指南》的校本化编写,以单元教学目标为主线,以教学方法习得为支架,以学习活动推进为抓手,以学习评价导向为突破,以"导学、精学、活学、促学"为路径,着力于课堂学习方式的改进,服务于学生核心素养培育在课堂的落地。包括导学中的"学科课程标准——学科单元教学目标——课时教学目标"的"目标链";精学中的"单元学习内容梳理——单元学习能力培养——课时学习活动推进"的"方法链";活学中的"作业目标精当——作业设计精心——作业反馈精准"之间形成相互关联的"作业链";促学中的"评价标准导引——单元评价内容导向——课时评价方式导行"的"评价链"。"教—学—评"一致性研究为教师解决课程实施问题提供行动支架,引导教师开展课程、教学、评价和自身专业发展的联动性改变,在丰富课程内容,激发学习兴趣,改进教与学的方式上有着积极的作用。

1. 导航:学习目标与评价目标的"教—评"一致性设计

"教—学—评"一致性将三者统一于"学习目标",依据学习目标设计的评价目标是其基本元素。因此在"教—学—评"一致性的课堂实践中,采取了"学习目标与评价目标"同步设计的思路,以实现"评价伴随学习"。

表 5.2　唱游学科二年级第一学期第一单元《祖国　您好》目标解析表

项目	教学内容	学习目标	评价目标		
			学习兴趣	学习习惯	学业成果
听	《中华人民共和国国歌》《雪莲献北京》	1. 培养专注的听赏习惯。 2. 学习感受音乐的情绪,想象音乐情境。 3. 跟着音乐摆动,模仿老师的动作,自创造型变化。	认真聆听国歌,用肢体动作表现庄严肃穆的音乐情绪。	培养专注聆听的习惯。学习感受音乐的情绪,想象音乐情境。	跟着音乐模仿藏族简单的舞蹈动作,展现出优美、自然的体态。

续　表

项目	教学内容	学习目标	评价目标		
			学习兴趣	学习习惯	学业成果
唱	《同唱一首歌》《我们把祖国爱在心窝》	1. 学会用"lv——"歌曲哼唱旋律、字母谱视唱的方法学唱歌曲。2. 用自然统一的声音演唱，养成齐唱时聆听音乐的习惯。3. 能在集体面前演唱或背唱歌曲。	专注地聆听歌曲范唱，养成良好的听赏习惯。	学唱歌曲时，尝试通过哼唱旋律、视唱字母谱，有感情地轻声演唱歌曲。	能用肢体动作表现歌曲的韵律感。
玩	音乐知识：1. 认识 do-do' 唱名，并能基本唱准音高。2. 认识高音谱号以及 do-do' 在五线谱上的音位。	1. 能正确视唱字母谱，基本唱准音高。2. 认识五线谱上的音位，并能视唱简单的乐谱（由 2—4 个音组成的 1—4 小节旋律）。	与伙伴一起积极参与音乐小游戏。	养成仔细看谱的好习惯，视谱过程中按照统一的速度，节奏拍击准确。	学会正确视唱字母谱，感受不同音高的变化。
创	1. 初步尝试使用简单的打击乐器（碰铃、双响筒、三角铁、沙球等）进行乐曲的小伴奏。2. 拍击 2—4 小节的节奏。	1. 通过模仿，学习部分打击乐器的敲击方法。2. 按照统一的速度，正确拍击节奏。	乐于参加小组歌表演的创编活动。	按固定节拍，为歌曲伴奏，学习巩固小乐器的正确使用方法。	在统一的速度下，正确拍击、敲击节奏。

　　以唱游学科二年级第一学期第一单元《祖国　您好》为例，在单元目标的引领下按照音乐学科素养的"听、唱、玩、创"四个模块出发，根据各教学内容的学习目标来设计评价目标，教师在理清"教—评"一致的基础上再进行教学活动设计。

　　2. 护航：学习活动与评价任务的"学—评"一致性落实

　　依据清晰的目标处理教材、选择教学方法；结合情境创设引导学习，促进知识建构；依托学习过程开展即时评价，实现素养提升。在具体实施中，借助"情境设计、问题导向、活动形式、评价视角"来推进"教—学—评"的行为，以实现"评价融入学习"。

表 5.3　体育与健身学科二年级第二学期《攀登与爬越》教学设计片段

学习目标	情境设计	问题导向	活动形式	评价视角
借助游戏情境，体验手抓牢，脚踩实的攀爬方法，发展学生上下肢力量，养成安全学练的习惯，增强集体意识，提高团队协作能力。	创设游戏情境	1. 在生活中什么情况下会用到攀爬？ 2. 在攀爬中遇到困难时，你的身体活动是不是受到畏难心理影响，如果是，你会怎么选择？	活动一：尝试攀爬简单的障碍物 1. 自主：独立完成任务，师生互动交流，提出在活动中遇到的问题。 2. 合作：四人小组合作完成任务，合作交流碰到的问题并思考解决方法。	1. 学习兴趣：乐于参与攀爬游戏活动。 2. 学习习惯：在活动交往中主动和同伴合作，能在学习过程中表达自己的想法，帮助同伴提高爬越障碍物的能力。 3. 学业成果：通过攀爬活动，学会简单的攀爬方法，让学生体验到成功后的喜悦，勇于挑战自我，克服困难。
借助信息技术创设勇攀珠峰的故事情境，体验手抓牢，脚踩实的攀爬方法，发展学生上下肢力量，通过信息的及时反馈，帮助解决活动中碰到的问题，提高团队协作能力。	创设故事情境	1. 珠穆朗玛峰被称为世界第一高峰，如果我们要登上顶峰，必须要克服困难，你们有没有信心攀登爬越它？ 2. 借助视频反馈，发现同学之间在练习过程中是否遇到困难，组员之间该如何帮助？	活动二：尝试攀爬有不同难度的障碍物 1. 自主：自主选择不同层次难度的任务，师生互动交流，利用视频反馈集中解决学习中碰到的问题。 2. 合作：四人小组商议并选择不同层次难度的任务，拍摄小组练习过程，合作交流并思考解决方法。	1. 学习兴趣：乐于参与不同层次难度的攀爬活动。 2. 学习习惯：在活动交往中主动和同伴合作，能够通过简单的信息技术运用，表达自己的想法，帮助同伴提高爬越障碍物的能力。 3. 学业成果：通过攀爬活动，学会简单的攀登方法并说出动作要求，让学生体验到成功后的喜悦，勇于挑战自我，克服困难。

　　以体育与健身学科二年级第二学期《攀登与爬越》的教学设计为例，教师以目标为引领，以情境创设为载体，以问题解决为导向，以活动推进为抓手，鼓励孩子在自主尝试、多元互动、合作互助中，达成概念建构、方法体验和素养提升的目标。

　　3. 续航：评价结果与教学改进的"评—教"一致性对接

　　对评价结果的处理是一项促进与改进教学的专业性分析研究，在教与学的过程中，收集信息与数据,对学生在学习过程中所处的水平和达成目标进行适应性评价,以实现"评价促进学习"。

表5.4 自然学科二年级第一学期《我在长大》单元评估方案

学习领域	教学目标	评价任务	评价方式	评价人
生命科学	对人从胎儿到儿童期的生长过程充满好奇心。	● 能通过阅读出生证明,了解自己出生时的情况。 ● 能有兴趣阅读一本有关人体的书。	谈话与问卷	任课教师 学生家长
	用口头表达的方式与同伴交流分享自己的生长过程。	● 能用眼睛观察胎儿在母亲子宫里9个月的生长情况和母亲身体的变化。	课堂即时评价	任课教师
	用简单数据比较、眼睛观察的方法发现自己在长大过程中的证据。	● 能用身高表测量自己的身高,并且和幼儿园时期的身高作比较。 ● 能与同伴通过交流,分享自己在成长中身高、体重、饮食习惯、学习能力等的变化,并能合作得出一些规律。	课堂观测	任课教师 听课教师 学习伙伴
	初步认识人体从胎儿期到儿童的生长过程。	● 绘制个人成长图。	作业评价	任课教师 学习伙伴

促进学习的评价结果处理是一个动态的循环过程。评价结果不仅是教与学的终点,更是新一轮教与学的起点。教师通过单元备课进一步明晰"教—学—评"内在的关联性,结合课堂即时评价、课堂观察、书面作业评价、谈话与问卷等形式进行评价结果的信息采集,借助信息化手段从"兴趣、习惯、成果"三个维度进行数据汇总,形成相应的学情分析。

近年来,学校关注"教、学、评"一致性的实践研究,力求体现"学习目标——评价任务——教学活动"整体设计的操作性和发展性,体现"评价方法——评价反馈——评价改进"聚焦素养培育的激励性与科学性。

研究开路:提升教学实践效能

学校围绕"基于课程标准的评价指南"精神要求,基于实证分析和学校实践现状,确立了"研究标准、课堂观测、评价推进、数据解读"四个关键操作点推进以校为本,以课堂观测为主体的学生过程性评价路径。

1. 研究标准,编制单元教学指南

学校从学习领域出发,为进一步落实各学科课程标准要求,更好地让理念、标准、设计落地。各学科在进一步细化课程标准的要求下,编制《学科单元教学指南》,逐步梳理了各学科知识、能力的经纬线,以单元整体教学指南为呈现方式,搭建起了课程标准、教材、教学之间的桥梁,实现聚焦学科素养培养的标准细化、教材优化及学科认知体系序列,使教师能够成为促进学生学习的有力引导者、辅导者以及合作者,同步实现教师核心能力、学生学习能力的共同提高。

2. 目标导向,设计课堂观测量表

学校围绕年段、学科、单元评价要素设计课堂观测量表,以促进学生学习。《课堂观测量表》中对观测点的确立与单元教学的重点、课堂教学的目标、学生习惯与能力培养的要求密切相关。例如:语言类学科阅读学习的观测点在学生口语表达的兴趣、习惯与成果方面进行;数理学科图形内容学习的观测点则关注探究习惯、动手操作、合作学习等方面的表现。在实施课堂观察的同时,为进一步了解学生课堂学习的成果,通过对学习目标与教学重点的分解,采用课堂学习实效检测来评价学生学习成果,检验教师课堂教学的效能。

3. 全息观测,聚焦学习过程评价

学校教研组利用研修活动整体推进以"课堂观测"为路径的过程性学习评价,把教与学的研究落实到"主题的针对性、活动的持续性、参与的深入性、支持的信息化"等要素上,不断提升"活动告知单"的精确定位、细化"活动观测单"的精准剖析、开展"活动反馈单"的精细改进,进一步以"点的高度、线的深度、面的厚度"为导向,提升研修活动的品质。以"活动观测单"为例,让组内教师明确观课要求,从"课堂学习样态、师生交往行为、学习目标达成、学科素养提升"等观察任务入手,分组进行数据采集。教研组通过组织课堂观测,记录学生的学习表现,较为科学地分析学生的发展状态,寻找学生学习发展中的成长空间,预判学生学习发展的现实可能,便于教师为改进教学和改善学生学习提供针对性的指导与帮助。

4. 解读数据,着力推动教学改进

在落实课堂改进策略中,学校牢牢把握绿色评价对课堂教学的本质要求,坚持体现课堂的发展性、开放性、生成性和反思性特点,通过数据解读,发现和提出问题、分析与归纳问题、讨论并解决问题,提炼具体的课堂再实施策略与方法。学校把课堂教学设计的深化研究作为教学改进的切入口,引导教师充分关注学生、课堂生成、个体差异和学习过程的体验,凸显绿色评价理念下的课堂特点。在课堂改进实践中,教研组以抓好"四个环节"的设计为实施路径,即:"组团式"科学化的学情分析、"立体式"生活化的情境创设、"思辨式"互动化的环节设计、"分层式"多样化的作业设计。"教、学、评一致性"的研究,在学校内部建立起了基于实证数据改进教学的机制,提高了教师在预设学习活动、生成学习体验中敏锐洞察学生学习过程的能力。

通过"教、学、评一致性"的课堂观测,将听课过程视作收集信息、收集"证据"的过程,提供了一张清晰的认知地图和实用的研究框架,直接为改进教师教学行为提供了客观的量化证据,实现了科学的课堂诊断。老师们根据课堂观察所生成的数据,让自己更清楚地理解了自身在教学行为中所存在的教学偏差,从而进行改进,达到了矫正日常课堂教学中偏差行为的功效。

学生在学习中更注重了获得知识的过程,获得知识的能力,运用获得的知识发现新问题、解决新问题的能力;学生在学习过程中更注重了与同伴的合作、与老师的合作;学生的学习活动变得更为积极、主动,自主学习、主动探索成为新常态。

(资料来源:节选上海市普陀区新普陀小学成长认证报告)

同样,信息技术也将助力课堂教学中伴随式的校内评估信息的收集,用基于数据和证据的评估结果促进螺旋上升的课堂教学循证改进,也促进学校管理行为的优化。

案例 5.8　技术支持下的课堂形成性评价

上海中医药大学附属闵行蔷薇小学面对如何突破"单一性、口头化"的评价形式,激发学生学习动机;如何击破"短存性、碎片化"的评价数据,帮助教师调整教学;如何打破"被动性、经验化"的课堂改进,促进课堂循证改进等问题,分析技术与课堂形成性评价的内在关联,明确评价技术载体,确定评价标准,探索形成了技术应用下的形成性评价 TSDD 模式。

TSDD 模式是在课堂形成性评价原则的指导下,主要采用基于技术的定量方法,结合定性分析,由课堂自动评价系统对教师课堂教学行为、管理、情感等进行描述与评定,由"魔法棒"系统与一对一数字化评价系统相结合、课堂自动评价系统对学生课堂学习行为、学习状态进行描述与评定,并将评价结果运用于师生教学改进、学校管理优化等。强调两点:一是技术贯穿,TS(tech support)支持着评价流程的系统实施;二是数据驱动,DD(Data Driven)体现数据的驱动力,通过评价数据的流通,形成数据链,支持着课堂改进。

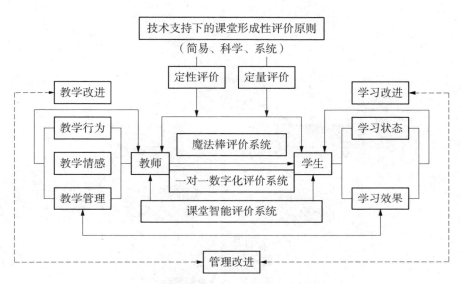

图 5.5 技术支持下的课堂形成性评价模式

学校从理念、操作、反馈激励及数据应用四方面研制了实施路径。理念实施路径(图5.6)以形成性评价理念为指导,改善该理念模式下的数据采集与评价方式;操作路径(图5.7)详细解释了新评价模式在课堂上的实际运用流程;反馈激励路径(图5.8)则是综合考虑学生的课堂表现与课后表现,对其表现行为以"积分"形式积累,并以"心愿活动"为主进行反馈激励的流程;数据应用路径(图5.9)则强调了数据如何流通与应用。

学校还开发了以"数据链"为核心的螺旋上升的课堂教学循证改进范式。技术应用模式下,"数据"成为核心,围绕数据,形成了"依据目标确定选取何种数据,数据如何量化、收集、分析与应用"的数据链,师生在数据链的支持下,能够"设计评价方案,收集分析数据——反思发现问题,制定改进计划——实施改进,最终改进效果——总结反思,归纳提炼经验",并为下一次的循环改进提供新的起点,从而形成以"数据链"为核心的螺旋上升的课堂改进范式(图5.10)。

(资料来源:节选自上海中医药大学附属闵行蔷薇小学课题研究成果报告)

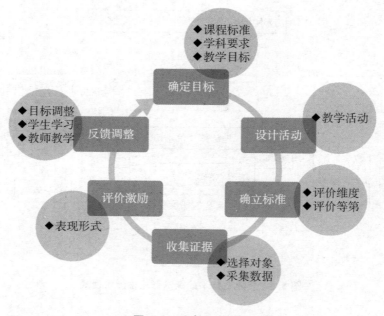

图 5.6　理念实施路径

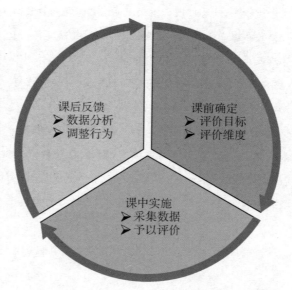

图 5.7　操作路径

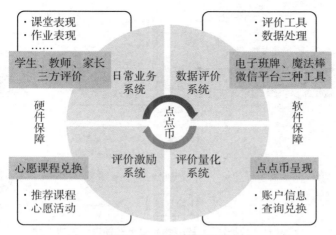

图 5.8　反馈激励路径

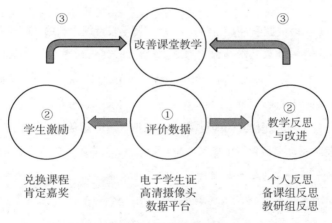

图 5.9　数据应用路径

3. 数据驱动决策:学校评估的研究与实践

校长越来越忙,如何全面了解学校全局? 事情越来越多,如何引领学校扬帆远航? 要求越来越高,如何持续提升学校行动品质? 利用学校自我评估,运用信息收集的工具,能让学校更好地倾听学生、教师、家长的声音,更好地关注有差异和个性化的需求,更好地促进家长、社区的参与,更好进行学校内部的效能监控,提升学校基于证据的决策力。基于自我评估数据会进一步驱动思考、讨论、反思、建构、激活经验,促进教师工作和思考方式发生潜移默化的改变。

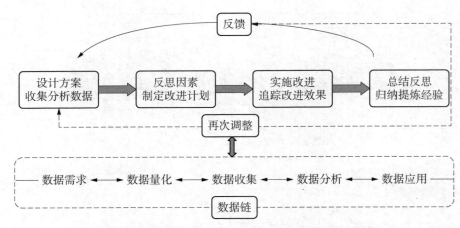

图 5.10 "数据链"为核心的螺旋上升的课堂改进范式

案例 5.9 "时间胶囊"治未病——让新优质学校持续生长的学校自我管理

长宁区绿苑小学一直在思考如何更好地实现持续、健康的内生性发展,不断从优质走向新优质;新优质学校如何主动建构一套校本化的自我管理体系,从而保障高效、科学地推动学校发展,进一步彰显新优质绿苑的独特办学路径和发展提升轨迹。

时间胶囊的"药理机制"——数据循证驱动学校生长

通过新优质学校建设初期的实践探索和充分论证,学校的决策团队最终确定了以校本化教育质量评价体系研究的变革路径作为绿苑从优质走向新优质的突破口。它不仅是主动对接市区评价的客观要求,也是绿苑始终坚持"破瓶颈,补短板"治校理念的主观动力。

多年实践,新优质学校有很多关键的发展窗口期,需要学校采用客观科学的评价工具及时诊断研判,依据实证来更快地反馈与改进每一个阶段学校呈现的问题和不足。

自古以来,我国中医非常强调"治未病"的自我养生保健理念,学校也希望通过这样的自我体检、主动体检、多次体检,及时、及早地发现学校发展中的瓶颈与短板。通过这样的办学"预警体系"能够自我优化与及时改善办学质量。

因此,学校需要研制这样一枚"时间胶囊",让它在不同的关键办学窗口期发挥特别功效,不断预警,循证改进,从而持续驱动学校生长。

时间胶囊如何发挥功效?——由表及里触动学校生长

一路走来,绿苑小学以校为本自我管理体系的迭代升级之路可以用几个关键词概括:

从刚开始对关键评价的"数据迷茫"到逐步建立评价的"数据自信",再到用科学数据"说话"和驱动决策,最后升华到以关注学生终身可持续发展的"成长数据伦理"的这一心路历程。

这一系列过程,反映了学校从对评价数据的生疏,到对数据的信任,再到批判性地接纳和看待数据的价值观的演变过程,更是学校建立起数据驱动的学校决策方法论的过程。变革路径的背后,反映的是学校基于评价数据驱动的自我管理评价体系建设。

一、校本自我管理评价体系建设的顶层设计

在上海市"绿色指标"和长宁区"三个指数"的评价理念的指导下,结合新优质办学的价值理念,学校构建起校本化的"优十"新优质办学教育质量评价体系。学校的自我管理评价体系与此携手并行,围绕学生、教师和办学层面,三位一体共同发展,同时,以时间维度为准绳,贯穿起点的初态评价、中端的过程性评价和终端的结果性评价。

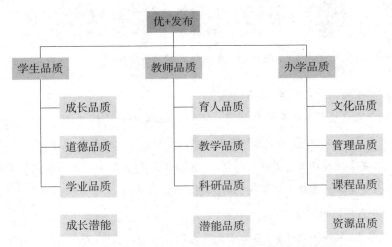

图 5.11　绿苑小学"优十"新优质办学教育质量评价体系

二、自我管理评价体系中评价工具开发与应用

学校通过开发信息化的课程 App,实现课程学习经历的过程性评价。

学校通过信息技术融合过程性评价的创新变革,全面地收集学生成长发展的各方面数据,实现每一位教师随时随地记录学生成长;学校借助创新的评价技术,通过电子徽章的方式记录学生的日常行为表现与品质发展,激励学生成长;与此同时,家长通过绑定学生的评价记录账号,随时随地了解学生的每日在校情况。这一方式大大促进教师评价观念的转变,引领教师在实践中关注学生学习品质和综合素养的发展,记录学生进步和成长的重要里程碑,老师和家长沟通时指向更明确,极大地提升了家校沟通的品质和效率。

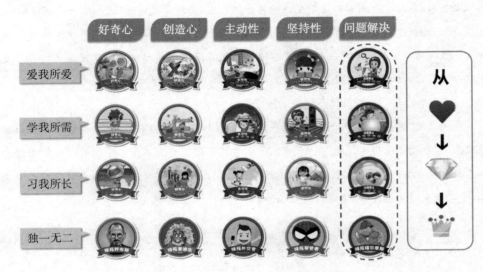

图 5.12 个性化校本电子徽章

针对学校的特色探究型课程《玩转地球》,学校从 2015 年起开发了"玩转地球"App,采用信息化的方式记录学生研学学习轨迹。在学生课程参与的过程中,通过课程 App 对自己的课程参与以及"优+"学习品质的发展进行自我评价。通过这样的设计,更好地培养学生主动发展、自我管理和评价的意识和能力,而通过课程 App 记录下来的学生学习经历和轨迹,最终都会成为学生课程参与和评价的重要依据。

三、自我管理评价体系的运行

无论是学生、教师还是学校,都处于发展变化过程中,受到内部要素和外部环境各有关因素的影响,自我管理评价体系的运行特点是在不同的状况下进行动态调整,打造活力绿苑,反对一成不变的僵化思想,把"问题"化解在萌芽期。时间胶囊不断发挥着"药效",让学生品质、教师品质、办学品质保持恒定式增长。

1. 阶段性前后测对比凸显课程实施成效,助力学生品质发展

针对不同的学习品质发展,学校构建活力"优+"成长伴随系统。对于学业评价,学校从 2013 年开始每年开展问卷测试、学习基础素养测评、等第制评价,通过游戏化情境化的测评等阶段性评价,基于反馈结果更好地调整低年级学生的课程和教学策略。

例如,《玩转地球》课程实施的前后开展了学习品质的前后测,根据数据发现,通过该课

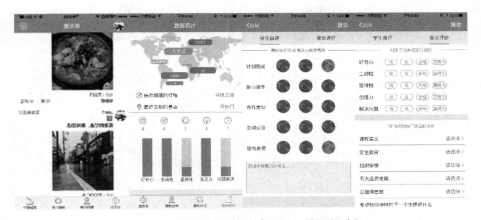

图 5.13　学生通过玩转地球 App 记录课程过程

程,三四年级学生的问题解决能力和五年级学生的好奇心水平有显著提升。对数据进行进一步分析发现,学生五大学习品质的发展具有显著的年龄特征。

这些评价的数据,都为新一轮课程的主题和内容设计提供了更为客观的参考依据,做到以人为本、因材施教。

2. 整合评价主体激发课程优化动力,促进办学品质发展

在延续课程的探究学习价值的基础上,通过更为开放、平等的多方参与机制,使课程的开发决策更民主,课程的设计决策更能满足多方的不同需求,更形成了基于评价的数据发现问题,主动改进的意识和文化,逐步建立起了数据自信。

例如,在《玩转地球》课程的主题设计环节,学校创新地采用了学生和家长投票的方式确定主题。让学生和家长通过投票的方式,选出课程的主题目标、内容和形式,一方面使课程的主题设计更能满足现实的需求,另一方面,也从课程设计的起点,提升了学生和家长作为课程参与者的学习获得感和参与感。学校的管理团队还开展多层面、多主体的调研,基于评价数据的反馈,明确课程改进的方向,更有指向性地优化课程设计和实施环节的各个方面。通过多主体参与的评价数据的反馈,使课程改进更有指向性,更好地优化了课程流程和提升课程品质。通过循环往复的品质前测—课程实施—品质后测的研究过程,促进学校课程的不断升级与科学改进。

3. 理性数据结合感性经验,催化教师品质生长

自我管理评价体系促进教师工作和思考方式发生潜移默化的改变。

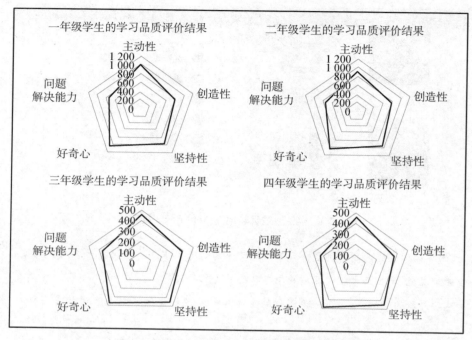

图 5.14　学生学习品质阶段性评价结果雷达图

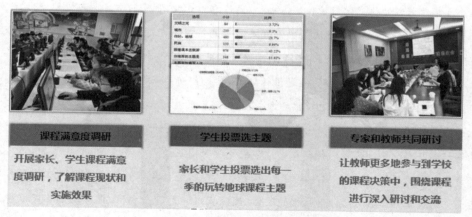

图 5.15　多主体参与数据评价与反馈

　　学校通过教师的数据素养调研，深入了解不同学科教师接触数据研究的情况，调研显示学校教师参与课程方案制定的比例不高，大部分的教师都没有参与编写或修改课程方案的机会。在此之后,全体教师都参与到了课程的设计中,是学生挑战性任务的内容和评价设计者,做到充分发挥教师的智慧,给予教师更多参与课程决策的方式和机会,促进课程满意度的提升。

正因为有了数据,学校才能启动真正的思考、讨论、反思和共同建构,数据能够激活经验,让教师们可以努力去形成自己的观点,敢于主动和自信地与数据对话,让教师在可持续发展的道路上不断前行。

图 5.16　绿苑小学 2016—2018 年度绿皮书

从 2017 年起,学校连续三年发布《以校为本的新优质办学综合质量评价绿皮书》。绿苑的"绿皮书",是上海市首创的第一个由学校发布的教育质量绿皮书,它不仅体现学校主动探索、深入评价改革实践的魄力和前瞻性,更集中反映了学校主动开放办学的自信和勇气,更是为上海市课程与评价改革研究、新优质学校发展等领域提供了可推广和辐射的路径和经验,获得市、区级教育行政部门、督导部门、外省市学校和兄弟学校的高度认可和广泛好评。

时间胶囊发挥功效的强大保障机制
——以评价为导向的集成性平台,建立新优质学校健康发展的内生态

如何让时间胶囊稳定持续地发挥功效,需健全机制保障,使其得以长效化、常态化、制度化推进。

基于校本的新优质教育质量评价体系,学校现已初步构建完成校本评价的数据库:包括学校课程满意度调查、学生"优+"品质的阶段性数据和过程性数据(成长伴随系统、阅读

数据、艺术数据、课程数据等)、教师专业品质评估数据、学校办学品质评估数据、运动体质数据等较为完善的大数据系统。

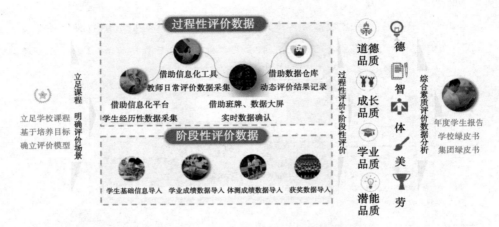

图 5.17　绿苑小学集成性评价平台体系

　　自我管理评价体系的保障,立足结合新优质办学的价值理念与目标,旨在把各类数据库整合起来,建立多方数据统整的发展决策机制与以评价为导向的集成性数据平台。

　　学校采用借助信息化平台的学生经历性数据采集,借助信息化工具的教师日常评价数据采集,借助班牌、数据大屏实时数据确认,借助数据仓库动态评价结果记录等过程性评价数据与包括学生基础信息、学业成绩数据、体测成绩数据、获奖数据等阶段性评价数据相结合的方式,实时监控学生学习品质与德智体美劳的动态发展,最终形成年度学生报告、学校绿皮书、绿苑教育集团绿皮书等年度综合教育绿皮书,主动向家长、社会介绍学校自主发展的阶段办学成效,进而不断追求成长与进步的新方向,形成自上而下、由内向外辐射的活力发展体系。

　　带着这样一粒时间胶囊,通过多项机制的形成和制度化的管理,为学校课程的实施和教学管理的有效落实提供了强有力的保障,更通过让评价数据"说话",推动绿苑新优质办学的持续变革,使绿苑的新优质办学始终保持在高位均衡的运行状态、健康发展的内生态中不断生长。

　　(资料来源:微信公众号"走进新优质"《"时间胶囊"治未病:让新优质学校持续生长的学校自我管理》)

案例评析

本案例呈现了绿苑小学立足校情,整合教育与信息技术,构建新优质办学综合质量评价体系,促进学校办学品质提升和学生持续发展的研究和实践。

学校在"让课程绽放生命活力"课程理念引领下,围绕活力"优+"品质的学生培养目标,编制更具针对性的多版本的(专业版、教师版、家长版)"优+"课程方案。重新架构单课教学与单元、学期教学内容之间的关系,帮助教师将学生学习品质的培养目标、教学设计、作业、评价等形成更加科学精准的一一关联。打造聚焦学生核心素养发展的拓展型课程,拓展学校课程边界。以《玩转地球》课程和《媒介素养》课程为载体,以学科挑战性学习为形式,引导学生开展趣味性、挑战性的学习。学校以《玩转地球》特色课程先行,通过信息化工具,过程性记录学生课程经历,开发学习品质评价量表,追踪测评学习品质,促进《玩转地球》课程的不断升级与科学改进。

学校构建活力"优+"成长伴随系统,还开发了"优+"阅读平台、"优+"课程平台、"优+"艺术平台、小思手环等"优+"评价工具群,连续开展学习品质测评与追踪研究,对学生一日活动进行阶段性记录,发掘不同年龄段学生的发展特性;通过电子徽章的方式记录学生的良好品德行为表现,激励学生成长;对于潜能品质,学校通过表现性评价、电子徽章的形式记录学生的创造性发展。

学校提升教师"基于证据的改进"的课程开发意识和专业能力,提升教师数据素养和分析能力。开展教师"数据素养培训""数据解读与课程改进"工作坊等,帮助教师正确看待数据,建立数据自信,更多维全面地了解课程实施效果。

学校推动数据驱动的学校管理和决策,构建起校本化的"优+"新优质办学教育质量评价体系,构建并不断完善包括学校课程满意度调查、学生"优+"品质的阶段性数据和过程性数据(成长伴随系统、阅读数据、艺术数据、课程数据等)、教师专业品质评估数据、学校办学品质评估数据、运动体质数据等学校发展数据库等。学校也逐渐构建起长效常态运作机制,首创"以校为本的新优质办学综合质量评价年度绿皮书",确立了数据驱动的课程开发和决策模式,形成基于学习品质评价驱动的课程改进模式,并建立年度数据"优+发布"的机制,驱动学校的管理、决策更加科学,推动学校的办学品质不断提升。

五、内外评估融合路径

(一) 价值内涵

1. 内外评估融合的必要性

无论是学校外部评估,还是学校自我评估,都有着各自的局限性。

外部评估者往往对学校不够熟悉,进入评估现场的时间又非常有限,可能无法掌握一些重要的背景信息与影响因素;其次,外部评估往往让被评估者感受到压力或启动自我保护机制,"非常态"的评估可能会带来弄虚作假、应付等情况。

而学校自我评估可能会出现因自评者长期生活在学校之中,对学校办学过于熟悉,而出现"只缘身在此山中"的情况,忽视一些客观现象或问题;同时,学校自我评估更易受到情感因素的左右,碍于情面和维系同事关系的和谐,对一些存在的问题往往避而不谈,批判性不够,加之学校自评者缺乏评估的专业知识,评估的公信力大大下降。一些发达国家和地区的学校自我评估或诊断的研究和实践表明,真正有效的学校评估或诊断一定是要通过第三方专业评估团队和学校诊断组的优势互补才能进行。①

可见,内外评估的协同融合显得尤为重要。同时,从各国办学质量评估的实践来看,虽然各国政策背景具有较大的差异,但加强学校自评及其与外部评估的合作成为共同的趋势。

2. 内外评估融合路径的内涵

内外评估融合路径是指加强校内评估和外部评估的协同融合,充分发挥二者的优势,规避二者的不足,如在校内评估中引入评估的专业力量,提升评估的专业性和公信力;或在外部评估的过程中加强深度的自我诊断和评估,与外部评估专家真诚合作,增强评估活动的发展性功能,以帮助学校最终建立起循证改进的办学机制,提升学校的品质。

(二) 路径阐析

内外评估融合通常有两类基本的路径:**一是由外部发起,但转化为学校的内在发展机**

---

① 李凌艳.学校诊断[M].北京:北京师范大学出版社,2020:55.

制。新优质学校可深度分析外部评估的意图和设计，深度参与符合新优质学校价值追求和核心特征的外部评估活动，充分发挥外部评估客观、专业、公信力强等优势，与外部评估专家真诚合作，加强评估前的充分沟通，充分发挥学校的主人翁意识，更主动地加强校内的自我评估和诊断，提供更全面深入的信息，与外部评估专家协商探寻学校持续发展的路径和策略。**二是以学校为主，借助第三方力量完善自评机制。**新优质学校在开展校内评估的过程中，也可借助大学、专业研究机构、教育咨询类企业等第三方专业力量，基于学校发展的内需，对学校的运行状况等进行自评。

新优质学校成长认证是促进学校内在发展机制完善的重要探索。新优质学校认证是在认可新优质学校办学理念的基础上，由项目学校自愿参加，学校自评与同行考察相结合，旨在通过收集学校实践与发展的证据，判断其办学理念、特征与成长是否符合新优质学校的价值追求和核心特征，寻找学校新的增长点，促使学校不断向新优质学校迈进。

新优质学校认证区别于其他的外部评估活动，发起方为上海市新优质学校研究所，非行政部门的检查验收、督导、审批、创建评比等活动，而是助力新优质项目学校将其转化为学校的内在发展机制，促进学校借助"专业促进者朋友"的力量，加强自我反思、自我省视，挖掘促进学校发展的典型经验，探寻学校的最近发展区，促进学校的持续发展。

1. 新优质学校认证的独特价值

新优质学校认证作为新时期"上海市新优质学校推进项目"的重要举措，在引导公众正确判断何为好学校、促进学校改革实践不断深化、推动学校评估的研究和实践、探索义务教育办学的上海方案等方面具有独特价值：

一是引导公众正确判断何为好学校。教育是最牵动当今中国人敏感神经的问题之一，教育焦虑是当前社会的普遍症状。依据什么判断学校的好坏，依据什么判断教育的成败？需要对公众进行积极正面的引导。构建新优质学校认证标准体系是对义务教育学校办学理想图像的描绘，传达着一所好学校的价值追求、内涵特征和典型办学行为方式。这对于公众认识好学校无疑是正向的引导，对营造良好的教育生态具有积极的作用。

二是促进学校改革实践不断深化。新优质学校认证标准体系强调各模块标准的"价值导向"，并列举若干能够体现标准内涵和导向的"典型办学行为"，这无疑是为学校提供了审视自身办学实践的机会和分析诊断办学现状的工具，也有利于学校明确问题与差距，进而找到改进的着力点和突破口，是为学校改进办学提供参照。新优质学校认证有助于激发新时期义务教育学校的发展活力，对学校坚持自己的办学理念不断深化办学实践是保护和助力。认证标准将规范和引导学校的办学行为,而一系列典型的办学行为则会指导学校开展具体工作,必将促进学校改革实践往深里走,增强学校办学改进的方向感、自信心和行动力,推动更多的学校以科学的办学过程达成优异的办学质量。

三是推动学校评估的研究与实践。"严格控制面向义务教育学校的各类审批、检查验收、创建评比等活动",是激发学校办学活力的重要举措,但这并不意味着学校不需要进行自我诊断和改进。评估是学校管理中必不可少的手段和策略,学校为了自身发展必须加快建设自我诊断与评估的机制,提升学校自我诊断、循证改进的能力。同时需要明确:学校自我诊断不是"学校自己做诊断",与专业"促进者朋友"的协同合作是确保诊断有效性的重要因素。

2. 新优质学校认证的典型特点

一是主动性:学校为主体。新优质学校认证不是自上而下的检查,而是从学校的实际情况出发共同商议学校的发展战略。整个认证活动以学校为中心,以学校自我改进为导向。学校自主自愿决定是否参与认证。学校是多样的,不宜以统一详尽的指标及量规抑制学校的个性成长,因此,新优质学校认证没有提供统一的、具体的指标及量规,需要学校具有更强的主动性和参与性。学校需要根据自身对新优质学校的学习理解以及认证的相关提示,自呈发展的阶段目标,自呈在理念引领下基于社区和学情特点发现问题、分析问题、创造性解决问题的过程,并注重对这些行动成效的证据收集与呈现,如数据、案例等。

二是引领性:朝向何方走。新优质学校认证构建了认证标准,提炼每个标准领域的价值导向,并以典型办学行为为主要观察点,整合多方面的信息判断学校的行动和成长是否体现新优质学校的价值追求和核心特征。认证标准基于学校的先行经验和国内外学校发展研究前沿研制而成,也融入了当下教育教学改革和发展的新要求,凸显了新优质学校发展的价值导向和阶段要求,是引导义务教育学校树立符合新优质学校理念追求的价值观的重要手段。认证的目的不是评定,而是为学校发展寻找"最近发展区",对学校的持续发展提供建议和专业支持,让学校看到下一步的努力方向。

三是成长性:不分等定级。新优质学校认证虽然设立认证标准,但不采用分项打分、合计总分的方式,不用一根标尺度量学校。认证过程是从常态化工作中找证据,通过认证专家深入学校现场,从学校提供的信息、现场观察和访谈、问卷调研等获取可以相互印证的关键证据,获得信息的目的在于为学校发展寻找"最近发展区",对学校为实现既定目标和新优质学校标准而进行的改进工作予以支持,结合学校发展的阶段及背景,给予综合性、成长性的评估,推动学校的进一步发展。

四是交互性：我们一起走。从"我来评你""我带你前进"走向"我们一起走"。认证专家和学校始终处于平等而紧密的互动中，运用欣赏型探究的方法，挖掘学校成长的典型经验，既是促进和推动这所学校的进一步发展，形成的行动范例也将辐射和带动其他学校的发展。

五是民主性：协商中进步。新优质学校认证是通过"协商"形成"心理建构"的过程。新优质学校认证坚持"价值多元性"的原则，倡导多种利益相关群体的参与、协商和对话。通过问卷调查、访谈座谈、设置专家评论员及校长、媒体观察员等多种方式，为学生、教师、家长、校长及同行、专家、媒体人等多类群体提供互动交流的平台，促进相关群体的民主参与，改善学校内外的人际关系，团结各种力量共同促进学校的持续发展。

3. 新优质学校认证的主要步骤

新优质学校认证先后经历七个主要步骤：认证辅导—自主申请—学校自评—先期访问—实地认证—结果反馈—辐射引领。其实施过程的设计凸显着对学校办学的促进。

一是在认证辅导中凝聚共识。认证辅导也是认证工作的启动会，将解读认证工作方案，对认证准备进行专题辅导，尤其是对学校自评过程要撰写的《学校成长报告》进行专题培训。在此过程中加深学校对新优质学校认证内涵、特征、标准、实施的了解和理解，促进学校与认证团队达成共识、真诚合作。

二是在学校自评中建设能力。新优质学校认证的自评有别于其他外部评估的资料准备，不是迎接上级检查的资料准备，而是强调加强主动参与和自我审视，自呈对新优质学校的学习理解，梳理自身在走向新优质、呼应新优质学校理念的相关行动。同时，新优质学校认证虽然也会分别考察学校在学生发展、课程、教学、教师、管理等方面的探索和成长，但不是孤立地对每个板块进行认证，而是特别关注学校办学的系统思考、设计与行动。在这一过程中，助力学校提升理念内化水平、自我诊断能力、循证改进能力，及系统思考、动态规划的能力、经验提炼能力等。

三是在先期访问中欣赏探究。先期访问是新优质学校认证不可或缺的环节，是在实地认证前，由认证团队部分成员深入学校现场，对学校成长报告给予个性化的专业支持，沟通实地认证一日安排、网上调研组织等细节，促进学校核心管理层达成共识的互动交流活动。先期访问采用欣赏型探究，从发现问题的视角转向潜能挖掘的视角，发现学校发展中的亮点、优势和长处，不断增强办学的自信，也将"专业引领"嵌入。

四是在实地认证中循证发现。实地认证环节的基本工作流程是：(1)听取学校的成长报告汇报，并就相关内容进行质询；(2)通过现场观察(环境、风貌、课堂等)、访谈座谈(管理者、教师和学生代表)和资料查阅等收集信息;(3)汇总合议沟通信息,形成总体认证意见。认证专家深入学校现场,从学校提供的信息,结合现场观察和访谈、问卷调研等获取可交叉互证的关键证据;实地认证还设置了专家评论员、校长观察员、媒体观察员等多类角色,通过多维度呈现、多角色参与、多类别信息的收集,通过平等探讨,结合学校发展的阶段及背景,既显现学校的成长表现,挖掘和推荐学校成长的典型经验,让"成长"和"特色"看得见;也探明学校存在的问题和"最近发展区",为学校的进一步发展提供帮助和建议,推动学校形成新的发展愿景和目标。

五是在结果运用中辐射发展。一方面加强经验析出,借助"走进新优质"微信公众号,与媒体合作,及融入日常的培训、工作坊及成果推广活动,宣传认证过程中发现的学校办学的核心经验、重要成效等,进一步为学校办学赢得社会认可;另一方面加强跟踪支持,对认证过程中发现的学校发展普遍需要解决的问题,结合新优质项目学校校长培训、成长营活动、项目研究等研修活动,突破瓶颈,探寻更有针对性的问题解决之道;针对学校发展的不足,由学校制定下一阶段的发展计划,认证专家团适时回访,给予必要的专业支持。

(三) 实践案例

新优质学校认证旨在构建起项目学校主动参与的机制。学校自主申请认证,在认证中的参与主要体现在成长报告的撰写、信息收集整理、认证结论沟通与协商、认证结果的运用等环节。

通过新优质学校认证,推进内外评估的协同融合,促进项目学校自我认识、自我反思和自我改进,引领项目学校建立起自觉有效的反思机制、跟进调整的路径和方法,逐渐形成内生发展机制,促进项目学校的发展。

案例 5.10 唤醒发展内驱力 点亮学校新成长

当新优质学校认证意愿征询调研时,学校义无反顾地申报了。经过认证培训、实地调研、网上调研、现场认证。为期四个月的准备,一整天的现场认证,留给明德外国语小学的影响是深远的。

一、认证,促使学校全面梳理过往经历

明德外国语小学于 2013 年成立,2015 年 1 月成为上海市新优质学校中的一员。在成

长报告撰写的过程中,回顾每一年的办学之路,梳理、思考:

每一年的目标是什么? 做法是什么? 收获了什么? 教训是什么?

明德每一年都有耀眼的成绩和不俗的表现,在细数明德每年的成绩时,总在思考明德的成功秘笈是什么?

明德每一年发展的困难是什么? 明德发展的瓶颈又是什么?

明德的未来在哪里?

二、认证,推动学校全面提炼成功经验

学校认真对照认证指标进行梳理,如"学生的全面可持续发展""适切的课程""有效而差异的教学""积极向上的教师团队""聚焦学习的领导力"等,发现并提炼学校可复制、可辐射的成功经验,逐步打造出了以"大拇指"为支点的学校特色。

1. 以"大拇指"为核心的学校管理架构。扁平化的管理模式,让明德管理团队渐趋成熟。经过 9 年时间的打磨,已然形成了强有力的明德行政队伍,课程教学部、学生发展部、人力资源部、后勤保障部、信息技术部等各条线的教育教学工作推进有序且高效,管理人员也是佳绩频出。

2. 以"大拇指"为理念的学校文化形成。明德校园文化——年轻且老练,年轻的是学校校龄与教师教龄,老练的是学校的发展,每一步都走得老练、稳重;明德校园文化——品质且卓越,自成立起,"高品质、高起点、有特色、国际化"就是学校发展的办学追求,成为老百姓家门口的好学校是学校的目标。

3. 以"大拇指"为哲学的学校课程设计。学校从课堂教学的聚焦者逐渐发展为课程建设的引领者。"让视野更宽,与世界更近"的"大视野"课程,学校追求的是让每一位明德学子都能选择自己喜欢的课程。

4. 以"大拇指"为品牌的教师发展探索。"大拇指教师"专业素养的修炼,让每一个明德教师"厚德、博学、善思、乐为"。探索了"5455""大拇指教师修炼"方略,五条信念,四个原则,五项内容,五条途径。

三、认证,反思学校办学存在的问题

在认证前的回顾中,发现了一些值得深思和改进的问题:

1. 家校社的合力没有更好发挥。虽然,学校是上海市家庭教育示范校,但总感觉家庭教育运行过程中,家长有参与的热情、也愿意来参加学校组织的活动,但是他们不太愿意学习家庭教育有效的经验和方法。

2. 教师的专业发展水平不平衡。尽管学校培养了很多的区学科名师、骨干教师、管理者、学科领衔者,但发展却不平衡,有的老师走得快、有的老师走得慢。怎样针对每一个教师的发展情景,让他们每一个人都获得专业上的发展,还大有空间。

3. 课程的开发利用存在局限性。教育的终极目标在于育人,而课程是实现这一目标最重要的载体,正是课程决定着把学生培养成什么样的人。提供给孩子合适的课程是学校的目标,但学校在课程的设计上存在很大的局限。

四、认证,指明学校未来发展的方向

新优质学校认证不仅是对明德九年来的办学路径和举措的一次检阅、一次梳理,更是一次提升、一次再出发。认证的目的是帮学校在新时代教育背景下实现高质量发展指明方向,探明学校的"最近发展区",解决学校品质发展中的"瓶颈",形成新的发展愿景和期望,帮助学校建立持续发展的机制。专家们的精准把脉,精心指导,促进了学校的自我反思和总结,为学校的优质发展提供了新的生长点。

1. 认证对学校发展规划起到了引领作用

经过认证前的梳理、认证中的评估以及认证后的反思,更加明晰了学校的优势和挑战;学校的教育观、质量观、课程观、人才观、课堂观、教师观以及学生观等一系列的理念都得到了很好的梳理和提炼。为学校新一轮规划的制定提供了理论支撑和智力支持。

2. 认证对学校教学改革指点了迷津

学校以"二问、二静、二动""大拇指品质课堂"流程深化研究为引领,不断深化课堂教学改革。但学校应该进一步优化"大拇指课堂"流程,提炼"大拇指课堂要素",形成"大拇指课堂"文化。在认证过程中,专案组向学校推荐道格拉斯·费希尔的《扶放有度实施优质教学》,这本书提出了由教师示证、教师辅导、同伴协作和独立表现组成的扶放有度的结构化教学模式和学校的"大拇指课堂"理念有一定的相似,对进一步提炼"大拇指"课堂的教育教学理论帮助很大。同时,专家也给予了许多可操作性的建议。

3. 认证为学校特色提炼提供了方向性指导

成长总是不知不觉发生,成长总需要团队的陪伴,成长也需要有专家的引领。认证为学校文化和办学理念的提炼提供了方向。比如学校的"大拇指"教育理念已经深得人心,但在大拇指品牌教育的前提下如何丰富其内涵、形成特有的明德文化;作为一所农村学校,对"大拇指课堂""大视野课程""大拇指教师修炼""家校共育""五慧校园"等进行了研究,但都是点状化的经验,缺少系统的梳理;教师队伍年轻,新教师比例大,如何让教师的专业发展与时俱进等,专家都给予了针对性的建议。

新优质学校认证是一种理念的引领,专家的指导为学校的优质发展指明了方向。学校将积极思变、应变、求变,为师生提供适合的校园环境、课程体系,搭建促进孩子成长的阶梯,让每个孩子成为最好的自己。学校将主动成为新优质学校发展的参与者、引领者与贡献者,继续坚持"大拇指"教育理念,主动承担新时代背景下的教育教学综合改革任务,助力教师的新发展、学生的新成长,促使学校不断走向新优质。

(本案例根据上海市奉贤区明德外国语小学校长会议发言整理)

案例 5.11　唤醒生命自觉　炼成"新优质"

在义务教育优质均衡发展阶段,成为"家门口的好学校",有教无类,回归教育本原,这既是上海市新优质项目学校的初心与坚守,也是上海市天山初级中学"健康第一、发展为本"办学理念所追寻的教育理想。经过认证申请、网上调研和现场调研,2021 年 10 月 20 日,学校开展了实地认证活动。

在新优质学校实地认证准备阶段,学校成立了以校长室为核心的认证工作的专案团队,细化分工,在专家的指导下充分学习和了解实地认证工作的精神,明确认证的整个流程,并根据学校自身特色,梳理自己的展示亮点与环节,就听课、微教研、课程展示及成长报告、资料准备等工作又进行了专项部署,也落实了认证工作展示细节,确保展示质量。例如,在课程展示环节,学校调研了 REAL 课程中最受学生喜爱的课程,鼓励学生自己走上舞台,展示在课程学习过程中的体会与成长,这也体现了新优质学校倡导的"让学生在真实生活情境中积极参与、合作交流、乐于分享、善于表达"的课程理念。经历成长认证活动深切地感受到:

一是从不同视角中审视了学校的发展。领导专家云集,认证视角多维,查资料、进课堂、听汇报、开座谈、看校园、理数据……从不同角度对学校的办学情况进行了充分分析,给出中肯建议。

二是认证过程是与新优质学校办学理念相互印证的过程。在整个认证过程中,学校得到新优质研究所专家团队的充分指导与帮助。在和专家互动的过程中,再一次深切地感受到了新优质项目学校肩负的责任与使命。实地认证过程既是新优质"有教无类,回归本原"的教育理念在学校实施印证的过程,更是寻根学校历史发展轨迹,提炼学校办学特色与亮点,寻找学校新的生长点的重要契机,是学校不断走向新优质的自我调适。

　　三是认证过程是寻找学校发展特色亮点的过程。在认证中如何突显学校的特色亮点呢？在撰写成长报告时就碰到了这样的困惑。每一所学校都有自己的办学理念和文化底蕴,学校的发展内涵与亮点如何与新优质办学思想融合共生？一开始,成长报告平铺直叙,想要把学校10几年来的发展历程全部呈现出来。在听取专家指导意见后,认识到学校的发展离不开新优质学校办学思想的引领,同时也要有自己的个性特色。例如,学校10多年一直坚持的"骨干研修"就是学校文化积淀的载体和媒介。因此,学校的成长报告最终决定围绕"坚守新优质办学的价值追求,注重文化建设,注重价值引领和文化浸染,不断激发教师内驱力,最终达到文化认同"这样一条主线来呈现学校的发展历程与亮点。同时,坚持问题导向,用充分的数据和材料来佐证在学校发展过程中,如何在新优质的教育理念下,勇于直面问题、分析问题、解决问题,不断朝"家门口的好学校"迈进的。因此,在最终展示环节,确定了听课(2节)、微教研、REAL课程活动这三个项目作为学校亮点来重点展示学校的办学理念与发展水平。

　　四是认证过程是寻找学校发展方向的过程。实地认证结束后,并不意味着新优质项目的结束,而是学校新一轮高质量发展的开端。因此,认真听取专家团队给出的专业发展建议,在实地认证结束后召开专题会议,重新定位学校发展现状,2021年11月,结合区五年规划督导契机,对学校"五年规划"蓝图进行了整体修订。例如,吸取了新优质项目专家的建议,在规划调整完善中,反思并完善国家课程校本化实施的课程、教学和评价新的改革,跨前一步迎接义务教育阶段"双新"的到来,确保国家课程的高质量实施。

　　本次新优质项目学校认证不仅是对学校10多年来办学情况的一次复盘,更是为学校在新时代教育背景下实现高质量发展指明了方向,优化了在新时代教育背景下学校的发展路径。学校将坚守新优质学校的价值追求,坚持创新发展,努力提升办学品质,向着"新动态、新高度、新改革"的"家门口的好学校"继续奋进。

(本案例根据上海市天山初级中学校长会议发言整理)

案例评析

　　上述两则案例是上海市奉贤区明德外国语小学、上海市天山初级中学作为上海市新优质学校正式认证的学校代表,回顾学校在新优质学校成长认证准备阶段及参与实地认证中的收获和反思。

　　经历新优质学校成长认证的过程是从促进学校成长的立场、从不同视角审视学校发展的过程,是专业团队与学校一起回溯学校发展的关键历程、彰显学校发展的特色亮点、提炼学校发展的成功经验、反思学校办学存在的问题及寻求学校未来发展的方向的过程。

新优质学校认证不是高高在上的指点,不是对照数据的达标检测,而是推进内外评估的协同融合,帮助主动参与的学校在不断认识自我、反思总结的过程中逐渐形成发展自省的自觉,逐渐建立起内生发展的机制,最终促进项目学校不断发展,不断向新优质的愿景迈进。

案例 5.12　新优质学校建设再出发

上海市敬业初级中学于 2021 年 12 月参加了首批上海市新优质学校认证。经过实地认证,专家团队特别推荐学校在教师队伍建设中以魅力教师形象引领、合作共享文化浸润、分类分层驱动发展、激励评优体验成功等发展经验,及在国家课程校本化实施时以"低开·高走""缓步·快评""分享·共赢"十二字教学方针引领多彩课堂建设等实践经验。结合新优质学校认证的发展建议,学校基于本校的优势经验,在"双减""双新"及数字化转型的背景下,进一步探索从分层分类注重评估的教师队伍建设,及基于大数据的双线混融教学,持续推进学校的内涵发展。

以 TFF 引领面向未来的教师队伍发展

为打造一支高素质、专业化、创新型的现代教师队伍,学校致力于构建一个系统化的、分层式的教师专业发展培养体系——"TFF"教师专业发展培养体系。

"TFF"的一层含义是"Teachers for future",面向未来的教师培养计划,旨在通过多元化、线上线下融合的三年期的教师培训计划,让老师们具备新时代教师需要具备的专业能力,进而通过初中阶段的教育培养出适合未来生存和发展的学生。

"TFF"的另一层含义是"Three Four Five",三阶、四维、五成果:

◆ 三阶是指在三年内,全体教师分成三个梯队,并设计对应的培养计划:针对在职 1—5 年之内(包含 5 年)的职初教师的启航计划,针对入职 5 年以上除了高级教师、校级和区级骨干之外的成熟教师的续航计划,还有高级教师、校级和区级骨干教师组成的骨干教师的引航计划。

◆ 四维是指通过线上培训、线下培训、实践活动、展示活动、个人成果递交等形式,根据不同的培养计划,每个梯队的老师都需要完成四个模块的培训,即师德师风、新课程理念、作业设计、信息化水平。

◆ 五成果是教师专业发展培养的考核指标,包括四个模块对应的四项任务和一项综合性的项目任务。完成了三年内所有的培训和任务后将获得 200 学时的校本培训的学分。"TFF"教师专业发展培养体系除了含有学时的课程,还为教师搭建集"自主学习、资源共享、在线交流"为一体的线上空间,以全面提升教师的人文修养、科技素养和学术涵养,教师们可以在这个自主研修空间中选择自己喜欢的课程,例如教育最新方针政策、市区改革动态等教育资讯;浏览推荐书目和电子资源;发起并开展读书笔记、读书心得交流展示;分享个人教学反思、教学随笔等。

通过"TFF"教师专业发展培养体系的精细规划,引领教师专业发展的方向,记录教师参加的专业活动和发展轨迹,也沉淀教师专业发展的成果和经验。

双线混融助力教学方式转型

新优质学校密切关注对学生学习的研究。近年来区域在推进线上线下教学融合的常态化实施,从大规模实践的学校案例中提炼了六种较为典型的双线混融教学模式,即"课前线上自学＋课中线下教学"翻转式混融教学;课中"线上资源＋线下互动"资源应用型混融教学;课中"异地线上指导＋本地线下教学"双师型混融教学;"课内学习＋课后辅导"相结合的同步型混融教学;"课中线下教学＋线上及时诊断"的精准指导型混融教学;课后"教学资源＋名师"学习指导式混融教学。学校也投入其中,以"双线混融"为抓手,积极探索教学方式的转型。学校结合实际情况吸收内化六种模式,通过教学平台(ClassIn)技术赋能,将课前预习、课后辅导及学情分析等变得可感、可触、可见。

学校着眼于课堂数据采集和分析,进而为学生提供更为精确的课堂及时诊断。一般而言课堂数据采集主要依赖学生个体课堂反馈、课堂观察与记录或者在课程结束时通过问卷调查、小组讨论等方式获取学生的反馈信息,了解学生对课程、教学过程和教师的评估、期望和需求。传统的数据采集方式存在较大的片面性与滞后性。为了解决这一不足,学校以教研组为单位研讨信息技术赋能下课堂数据采集点的设置,力争做到采集样本全面,数据实时反馈。随着录制教室与平板终端的补充,学校根据各教研组的预设,在录播教室全面推行双线混融技术支持下的课堂教学实践。目前阶段学校已征集全学科、全年段、多课型教学案例近 20 篇,也为常态化条件下的教学研究和学情分析积累了重要的资源。

随着"TFF"教师专业发展培养计划的推进,"双线混融"课程案例的提炼与推广,学校教师队伍在不断成长,教学方式也在不断优化,保障着学校的教育教学质量不断提升。

(本案例由上海市敬业初级中学撰写提供)

案例评析

本案例呈现上海市敬业初级中学作为主动申请、首批参加上海市新优质学校认证的市级项目学校,在参与认证后,结合本校的亮点实践和专家反馈建议如何开展进一步的思考和持续的实践。

学校基于本校在以魅力教师形象带动教师队伍建设的实践经验基础上,进一步构建"TFF"教师专业发展培养体系,明确师德师风、新课程理念、作业设计、信息化水平四个内容模块,对三个梯队的教师以"启航计划""续航计划""引航计划"开展分层分类的引领,借助集"自主学习、资源共享、在线交流"于一体的线上空间,记录教师参加的专业活动和发展轨迹,建立起本校教师专业成长的电子档案袋,形成校本的知识管理库。

同时,学校结合新优质学校认证的发展建议,在"双减""双新"及数字化转型的背景下,在区域的引领下,探索基于大数据的双线混融教学。学校积极开展课堂数据的采集和分析,开展更精确的课堂及时诊断,为常态化条件下的教学研究和学情分析积累资源,更有力地支持学生的学习。

第六章

未来发展之路

上海市新优质项目培育了一批校长,涌现了一批典型学校,其经验逐步向安徽合肥、江苏无锡、四川成都、重庆江津、福建南安、贵州云岩等地辐射,使十几万学生受益,成果获得2018年基础教育国家级教学成果一等奖。新优质项目学校走出了一条优质办学之路。接下来,新优质学校要走向哪里? 生长点在哪里? 本章将回答这些问题。

一、坚守新优质学校发展价值取向

新优质学校是指"办成新时代教育的价值标杆"。① 新优质学校的"新",不在于任务、策略、方法与技术有多新,而关键在于价值理念的"新"。新优质学校在办学中必须始终坚持清晰的价值追求。新优质学校发展具有开放性与时代性,现时代的经济社会技术文化发展既对学校发展提供支撑,也会对学校发展提出新的要求,并凝结成为学校必须承担的时代使命。目前,我国正处在世界百年未有之大变局、中华民族伟大复兴战略全局的历史关口,在实现全面建成小康社会第一个百年奋斗目标之后,正向全面建成社会主义现代化强国第二个百年奋斗目标迈进。在这一背景下,建设与经济社会发展相适应的高质量教育体系成为时代主题,教育大变革随之出现,而所有的改革意图与改革举措必须通过学校落地,学校自然要作出相应的调整与改变。作为要成为新时代办学价值标杆的新优质学校,自然要在

---

① 尹后庆. 新优质学校的价值追求与现实关照[J]. 上海教育,2021(21):28—29.

教育大变革中,勇立潮头,引领前沿,要主动将新时代经济社会的发展要求及教育改革的新设想融入自身的发展理念及发展策略之中,这就是新优质学校发展的现实逻辑。

(一) 坚持正确的发展方向

1. 保障学生公平接受优质教育的权利

共同富裕是社会主义本质的要求,是邓小平建设有中国特色社会主义理论的重要内容。"国民经济和社会发展第十四个五年规划和 2035 年远景目标纲要"把"共同富裕"作为这一阶段的重要目标之一,明确提出到 2035 年"全体人民共同富裕取得更为明显的实质性进展"。共同富裕既要物质生活水平提高,也要精神文化生活丰富,最终促进人的全面发展和社会全面进步。每个人都是共同富裕的主体,既是受益者又是贡献者,只有人人参与、人人尽力,才能实现人人享有。① 义务教育学校作为社会基本公共服务,是人民福祉的重要内容,它对人的全面发展与精神文化生活起着重要的作用,让每一个公民都享受到大致均等的优质义务教育应是题中之义。"确保人们终身接受优质的教育权利"②也是联合国教科文组织在 2021 年 11 月提出的原则。作为义务教育阶段的新优质学校,则是这份责任与使命的直接践行者。

在城乡之间、区域之间的教育差距依然存在,校际之间的办学质量和校内学生的发展差异客观存在的前提下,办好每一所学校,育好每一名学生,实现人人平等享受优质教育的权利,就成为更为实质的公平追求。这就是说,每一个学生不但要有均等的入学机会,还要得到符合其潜能的发展,在入口要有教无类,实现全纳教育;在校内要开展适性教育,实现因材施教;在出口要人人都有发展,实现每个学生都有人生出彩的机会。

2. 坚持为人民办学

"为人民服务"是党的教育方针的重要内容,也是义务教育事业发展的重要指针。义务教育关系国民素质提升,事关国家发展、民族未来,具有基础性、全局性地位,牵涉千家万户,关系千万学生的终身发展,影响广大老百姓的生活福祉,是重要的民生工程。发展义务

---

① 本报评论部. 共同富裕要靠共同奋斗(人民论坛)——在高质量发展中促进共同富裕[N]. 人民日报,2021-10-29(4).
② 中国常驻联合国教科文组织代表团编译. 共同重新构想我们的未来[N]. 中国教育报,2021-11-11(9).

教育,对促进人的全面发展、保障人民权益、实现共同富裕有着极其重要的意义。党的十八大以来,坚持以人民为中心,努力办人民满意的教育,让人民群众切实享受到义务教育发展带来的红利。"让每一所家门口的学校都优质",是践行为"人民服务"的宗旨,就是"办人民满意的教育"。新优质学校是在老百姓家门口,为广大普通老百姓服务的学校。在新优质学校建设过程中,项目组设定的唯一的一个定量指标是社区居民对学校办学的满意度,要求满意度在 85% 以上,以此强化学校为人民办学的意识。百姓的满意度是新优质学校自始至终的追求。

(二)充分发挥教育的个人价值与社会价值

培养什么人,是教育的首要问题,是学校如何办学的首要依据。育人目标的思考需要从两个维度斟酌,即教育的个人价值及教育的社会价值。

1. 充分发挥教育的个人发展价值

在人才培养上,许多国际组织与国家都积极研究推出 21 世纪学生发展核心素养框架。如美国"21 世纪技能联盟"制定了《21 世纪技能框架》,强调的关键技能和素养包括:学习与创新技能,信息、媒体与技术技能,以及生活与职业技能。[①] 联合国教科文组织(UNESCO)发布《走向终身学习——每位儿童应该学什么》的报告,认为在基础教育阶段要重视身体健康、社会情绪、文化艺术、文字沟通、学习方法与认知、数字与数学、科学与技术七个维度的核心素养。[②] 可见,国际社会普遍认为人的核心素养是应对未来变动不居的社会及人的终身发展所必备的品格与关键能力。我国教育部和中国教育学会于 2016 年 9 月也发布了《中国学生发展核心素养(征求意见稿)》,提出了文化基础、自主发展、社会参与三个方面,人文底蕴、科学精神、学会学习、健康生活、责任担当、实践创新六大素养。

以上论述可见,在培育什么人的问题上,核心素养从教育的个人发展功能的角度明细了育人目标,为学校发展明晰了学校教育的依据。尹后庆先生指出:"通过推进新优质学校项目,我们要促进教育价值取向从高度追求现实功利,转向追求教育对人发展的价值,通过教育系统和社会来树立科学的教育质量观。"[③]教育本来就是有目的、有计划、有组织地培育

---

① 桑国元. 国外 21 世纪学生发展核心素养的讨论及启示[J]. 教育科学研究,2016(12):60—64.
② 褚宏启,张咏梅,田一. 我国学生的核心素养及其培育[J]. 中小学管理,2015(9):4—7.
③ 尹后庆. 新优质学校的价值追求与现实关照[J]. 上海教育,2021(21):28—29.

人的社会实践,本质上是使学生学习知识、掌握技能,形成能力,丰富内心的精神世界,成为社会人的过程。巴格莱把它称作"社会孕化"。①

追求促进学生全面发展。促进学生全面发展,包含两层含义:一是使学生德智体美劳各方面素养得到全面培养,二是使每一个学生都得到发展。从第一点看,新优质学校始终坚持全面的育人质量观,把提升国家课程校本化实施质量作为第一要务,通过为学生提供丰富多彩的学习经历,促进学生全面素质提高。学业成绩是需要关心的,但它只是需要关注的众多方面的一项,甚至还不一定是很核心的一项。② 当前,党的教育方针明确提出"要培养德智体美劳全面发展的社会主义建设者与接班人"。新优质学校理应率先做到。从第二点看,新优质学校提倡在尊重差异、理解差异、接纳差异、适应差异方面开展教与学的变革,保证每一个学生得到应有的尊重,保证每一个学生的学习权利,为所有学生提供有效的学习经验,满足学生个性化学习的需要③,提升教育对每一个孩子精神发展、生命发展的价值。

追求培育学生素养。我国传统的中小学教科书主要采用以"基本知识、基本技能"为主线、"螺旋式上升"的编排方式,在日常教学中抓"双基"十分扎实。但新优质学校认为仅有"双基"还不够,需要重视隐藏在学习过程之中的基本思想、基本活动经验,从而实现对"双基"的超越④,培育学生素养。当前,教育改革要求培养学生"正确的价值观、关键能力和必备品格"。新颁布的课程方案以素养为导向,注重学科实践与综合活动。这也是新优质学校的重要追求。

强调培育人的精神品格。新优质学校重视全面发展、素养培育,也重视学生精神养成。尹后庆先生认为,尽管每个孩子的家庭背景、生活经历各异,学习基础、学习习惯不同,但只要他走进学校,就能够促进他内心世界的发展(阳光、善良、热爱生活)和学习兴趣、学习习惯、学习能力的形成。当他走出学校面对社会的时候,能够充满自信,成为社会有用之才。新优质学校要真正关注到人的发展,进而通过课程的浸润使得学生的内心世界丰富而有追求。学生由此具有了精神上的获得感和归属感。学校就成了孩子们的精神家园。⑤ 当前,

① 巴格莱.教育与新人[M].北京:人民教育出版社,1996:43.
② 胡兴宏.想把学校带向何方[J].师资建设,2012,25(8):21—23.
③ 胡兴宏,汤林春主编.新优质学校设计[M].上海:上海教育出版社,2018:50.
④ 胡兴宏,汤林春主编.新优质学校设计[M].上海:上海教育出版社,2018:41.
⑤ 尹后庆.新优质学校的价值追求与现实关照[J].上海教育,2021(21):28—29.

教育改革鲜明地提出全面发展、素养培育的导向,但我们要清醒地看到,由于传统的惯性,发展应试学科的冲动还会一定程度阻碍全面发展,"双基"惯常做法还会让素养培育止步不前。造成这一困境的根源在于,学校教育只看到学生作为一个学习者而产生的活动结果,而没有看到学生作为一个生命个体的完整生存状态。① 因为,只有把学生当人看,才会真正地把学生当人来培养,才会真正挖掘知识、技能背后的育人价值与意义,从而使知识、技能滋养人的生命,"让孩子的生命得以绽放"变成现实。

2. 充分发挥教育的社会发展价值

党的教育方针为培养时代新人提出了新要求。2019 年 6 月,中共中央、国务院颁布《关于深化教育教学改革全面提高义务教育质量的意见》,明确要求着力培养担当民族复兴大任的时代新人。2021 年新修订的《中华人民共和国教育法》将党的教育方针明确表述为:"教育必须为社会主义现代化建设服务、为人民服务,必须与生产劳动和社会实践相结合,培养德智体美劳全面发展的社会主义建设者和接班人。"2021 年 3 月,《中华人民共和国国民经济和社会发展第十四个五年规划和 2035 年远景目标纲要》明确提出增强学生文明素养、社会责任意识、实践本领,培养德智体美劳全面发展的社会主义建设者和接班人。2022 年颁布新版《义务教育课程方案》,具体落实培育时代新人的要求,明确培养目标是"使学生有理想、有本领、有担当,培养德智体美劳全面发展的社会主义建设者和接班人"。

尽管和平与发展仍是世界发展的主题,但不安定、不和谐因素正逐步增加。中国作为最大的社会主义国家,随着经济社会的长期稳定快速发展,正在走向世界舞台中央,但以美国为首的西方国家,不会拱手让出其霸权地位,而会竭尽所能进行阻挠打压。而综合国力竞争说到底是人才的竞争。所以,"我们比历史上任何时期都更加接近实现中华民族伟大复兴的宏伟目标,也比历史上任何时期都更加渴求人才。"②在此背景下,我国要坚持面向世界科技前沿、面向经济主战场、面向国家重大需求、面向人民生命健康,大力培养使用战略科学家,打造大批一流科技领军人才和创新团队,造就规模宏大的青年科技人才队伍,培育大批卓越工程师。满足这样庞大的人才需求必须主要依靠自己培养,提高人才供给自主可控能力。为此,教育领域要大力培养政治方向正确、具有家国情怀的科技创新拔尖人才。

① 唐荣德. 学习生活质量:学生发展的本质与路径[J]. 教育研究,2012(11):16—21,27.
② 习近平. 深入实施新时代人才强国战略　加快建设世界重要人才中心和创新高地[J]. 求是,2021,24.

而义务教育是科技创新拔尖人才成长的奠基阶段,也必须努力培养学生的创新精神与实践能力,要形成发现和培育科技创新拔尖人才的体制机制及育人模式。

作为新时代的新优质学校,首先要贯彻党的教育方针,落实立德树人根本任务,回答好"培养什么人,怎么培养人,为谁培养人"的问题,真正培养德智体美劳全面发展的社会主义建设者与接班人。其次必须立足学校历史、现状,及时回应学生、家长和教师的发展需求。最后,学校要根据自身对教育价值的理解,对学校教育价值的期盼,提出既能仰望星空,又能引领实践的价值追求。

(三)坚持常态条件下主动内引式发展

1. 坚持主动发展主动求变

新优质学校倡导从校情、学情出发,在先进的教育理念引领下,积极开展课程教学改革、家校合作,主动探索提升学校办学水平的有效策略,并形成学校可持续发展的内部、外部联动的条件和机制。① 这就是新优质学校的主动发展理念。主动发展是相对于被动发展、拎着发展而言的,它是学校可持续发展、活力发展的关键。新优质学校应基于对先进办学理念的认同,主动承担为党育人、为国育才的使命,回归教育本原,遵循教育规律,立足自身实际,主动回应校内外变化,寻找办学路径与策略,使学校持续优质的过程。新优质学校要构建主动发展机制,以新优质学校理念为指导,将学校的办学现状、呈现出来的特征与理想的新优质学校办学理念、内涵与特征进行对照,分析学校发展的优势及有待进一步提升的地方,寻找学校最近发展区,提升自我诊断、自我计划、自主实施、自我评估、自我改进的能力,自觉积累涵养孩子的有价值的经验,形成可持续发展的内在机制,增强学校发展的内驱力,使学校不断成长。主动发展能改变以往依据自上而下的指令性要求被动执行的状态,对学生的需求保持敏锐洞察和积极适应,给学校的"生命机体"注入了持续动力。

当前,人工智能、大数据、物联网等信息技术为教育发展带来挑战与机遇。新的信息技术既对人才培养提出了新要求,也为教育理念、育人方式、教育教学技术与方法改革提供技术支撑。作为新优质学校,要主动求变,促进教育信息化从融合应用向创新发展的高阶演进。全面提升师生信息素养,推动从技术应用向能力素质拓展。以教育信息推动学校教育

---

① 胡兴宏.“新优质学校”追求什么[J].上海教育科研,2015,3.

质量提升。

2. 坚持常态条件下的内引式发展

新优质学校坚持"不挑选生源、不聚集资源、不争抢排名"的"三不"理念和"不靠生源、靠师资,不靠政策、靠创新,不靠负担、靠科学"的"三不三靠"思路。这体现了新优质学校寻求一种有别于传统重点学校发展的新路径,那就是不靠优势物力、财力、师资和生源来办学,而是在按国家标准配置教育资源的前提下,在常态办学条件下,直面常见的问题,立足常识,形成常规。学校通过解决发展中的常态问题,不断走向新优质。这就是尹后庆先生讲的"坚持在最常见的学校解决最常见的问题"。他认为中国作为一个有 14 亿人口的发展中国家,在如此大规模地普及义务教育之后,学校如能解决好最常见学校的最常见问题,不仅具有中国意义,而且具有世界意义,因为全世界最多的都是最常见的学校,全世界也都在研究这个问题。① 所谓常见的问题,就是为了让学生健康快乐成长,学校、老师和家长究竟该怎么做? 需要创设什么条件? 所谓常识,就是要遵循学生身心发展规律、教育教学规律和学校发展规律。而形成常规,就是要把学校探索出的有利于学生身心健康成长的有效经验与做法,形成制度,使之成为师生共同践行的规范。

没有了额外的资源,学校只有靠自己内部挖潜,走改革创新之路,围绕课程建设、教学改革、师资培育、管理文化等方面,逐步优化,整体提升学校办学水平。这就是内引式发展。内引式发展主要是学校敏锐地洞察自身内在发展的需求或矛盾,抓住机会优化学校内部各要素及运作机制,主动求变、主动发展的过程。新优质学校不超常规聚集资源,在资源上也就没有优势,为了发展,它必须向内用力,注重内涵发展,内部提升,要敏锐地感知校内外的变化,并立足校情,抓住课程、教学、教师、管理与文化等关键要素,探索促进学生全面发展、个性发展的有效机制。构建"聚焦育人、惠及全体、系统回应、涵育素养"的新优质学校课程,形成"立足差异、激活主体、真实学习、多元发展"的新优质学校课堂教学,建立理念落地机制、教师群体发展策略、新优质学校课程教学管理等课程教学变革的支持系统,是新优质学校办学的持续追求。

(四) 关心学生学校生活质量

当我们把目光不只是盯着知识与技能的培养,而是关注知识、技能背后的育人价值,关

---

① 尹后庆. 新优质学校的价值追求与现实关照[J]. 上海教育,2021(21):28—29.

注学生的潜能激发与生命成长时，我们就要关注学生的学校生活，而不仅仅是学习。1976年，爱泼斯坦与麦克帕兰首次将生活质量引入教育领域，提出学校生活质量概念，认为学校生活质量包括三个维度：学生对学校生活的满意度，即学生对学校生活的基本感受；学生对学业活动的参与度，即学生对学业活动的兴趣水平和参与程度；师生关系的融洽度，即师生之间的融洽程度。① 即：学生的学校生活质量关心的是学生在学校场域中生命存在状况的好坏，学校生活是一种特殊的生命生存过程。学生的学校生活主要形式是通过学习获得经验的过程，也是学生为了生存与发展而进行的自觉连续性活动过程。新优质学校在办学过程中要不断提升学生的学校生活质量，提高学生的满意度、学业活动的参与度以及师生关系的融洽度。

让学生喜欢学校。学生的学校生活是他们成长过程中一段独特而重要的生活经历。这段生活经历既影响当下的生命体验，也影响学生终身。因此，要办成学生喜欢的学校，让学生在校园里体验生命拔节成长的愉悦。尹后庆先生说：如果一个孩子不喜欢自己的学校，不喜欢自己的老师，怎么会对学习感兴趣？怎么会真实地表露自己的成长需求？怎么会敞开他的心扉去充分地、没有顾虑地汲取一切有利于生命成长的养料呢？因此，要让每一所学校都能让学生喜欢，并形成蕴涵在学校"生命机体"中不可逆转的机制，正是内涵发展阶段所要攻克的瓶颈问题。

丰富学生学习生活经历。提升学生参与度的关键是为学生提供尽可能丰富、完整的经历，努力使学生体验"完整的世界"的样子。把整个世界都看成是"教室"，看成是学校课程的有机组成部分，是丰富学习经历的"基因"。

将教师看作是替代父母。提高师生关系融洽度的切入点是情感。没有爱，就没有教育。教师的角色是替代父母行使教育的责任，如果教师能从父母的立场思考学生的成长，像父母一样关心学生、爱学生，师生关系一定是融洽的。

总之，新优质学校的核心价值追求是：坚持回归教育本原，促进学生全面发展、素养培育及精神品格成长；坚持提升学生学习生活质量，办学生喜欢的学校，丰富学生的学习生活经历，促进学生主动发展；强调学校主动发展，坚持在常态条件下，学校主动探索，走内涵发展之路；强调为人民办学，坚持有教无类、因材施教，办好老百姓家门口的每一所学校。这

① 丁桂凤.教师对学生的行为控制定向与学校生活质量的相关性研究[J].内蒙古师范大学学报（教育科学版），2001，4(14).

些价值追求是新优质学校对学校价值选择与探索的结果,是历史的必然,是实践智慧的结晶。

二、促进新优质学校高质量发展

党的十八大、十九大和二十大,发展了党的教育方针,明确回答了"培养什么人、怎么培养人、为谁培养人"的问题。中共中央、国务院颁布的《关于深化教育教学改革全面提高义务教育质量的意见》,为培养担当民族复兴大任的时代新人进行了整体谋划。《义务教育课程方案(2022年版)》基于培养"有理想、有本领、有担当"时代新人的要求,基于素养导向,在课程教学上做出了新的规定。在思想政治、教学研究、教育科研、教育评价、学校活力等领域,相关部门出台了专门文件进行了具体规定,教育发展的四梁八柱基本构成,为新优质学校的发展指明了方向,也提出了新的要求。

党的二十大把高质量发展作为全面建设社会主义现代化国家的首要任务,要求加快建设高质量教育体系。高质量发展是解决人民日益增长的对优质教育的需求与优质教育资源相对不足且分布不均的矛盾的根本办法,是今后一段时期教育发展的重要任务。

在经济领域,高质量发展就是要转变发展方式,践行创新、协调、绿色、开放、共享的新发展理念,以人民为中心,增强宏观经济稳定性,提高企业竞争力,强调创新驱动、绿色发展,坚持市场化法治化国际化,推动经济发展质量变革、效率变革、动力变革。

学校高质量发展是学校发展的一种理想状态,也是一定阶段的学校发展方式。它是在经过规模发展、数量发展,解决"有学上"这一艰巨问题后,人民期望享受更加优质的教育,期待"上好学"的背景下提出来,一方面要求更优质的教育,另一方面要求发展这种教育的方式是高质量的。新优质学校高质量发展要体现育人为本、创新驱动、提质增效、百姓满意等特征。育人质量是质量变革、改革创新是动力变革、提质增效是效益变革、百姓满意是公平体现。总体上,既要坚守新优质学校的价值追求,也要融入高质量发展要求;既是质量水平要求,也是发展方式变革。

当下,在坚守新优质发展的价值导向的前提下,新优质学校从管理变革、课程变革、教师发展变革三个维度入手,加速促进新优质学校实现高质量发展。

（一）管理从外力驱动转向内在动力激发

1. 领导方式从行政领导转向分布式领导

对直接的领导给予太多关注,会使教师成为依赖者而不是自我管理者。当前,学校改革的大趋势是创建学习型学校,这已经成为促进学校快速发展的最佳途径。建设学习型学校需要在学校中建立一种通过成人学习来促进教师发展的学校文化①,创建学习型学校意味着创建一种文化,主要包括:构建共同的愿景(所有成员分享同一个目标)、管理者与教师共享领导权(共同负责)、真诚的合作(互相合作开展活动)。学校领导不是从外在监控入手,而是从内在动力入手,激发教师的工作热情。从更多关注管理目标具体实施与监督控制,转变为更多关注学校共同愿景的形成。学校领导将领导权分配给教师,从内在动力入手,激发教师的工作热情,教师成为校本知识的创造者,不再是他人经验的模仿者,全体教师孜孜不倦地寻求如何**改进自己的学习**来提高学生的学习成绩。因此,学校改善的关键是把学校由组织转化为共同体,在共同体中,学校领导与教师民主地分享权力、权威、共同决策。每个人都分担领导的责任,学校领导的责任在于系统培养他人的领导才干,学校领导成为领导者的领导。领导是否成功在于给学校留下了多少优秀的领导,这就是分布式领导方式。学校的重要任务是把学校由组织转化为共同体,让全体教师共同承担责任。学校以项目管理方式,积极分享领导权,给每一位教师参与管理实践的机会,每一位教师都分担领导的责任,促进每一位教师的领导力的发展。

2. 从外力驱动转向内在愿景引领

当学校开始创建学习型学校,实施分布式领导时,最基础的文化转换是看待教师的方式,在传统学校,行政人员被看作是处于学校的领导地位,教师被看作是执行者,在学习型学校,行政人员被看作是领导者的领导,领导与教师民主地分享权力、权威、共同决策。建立和发展能够影响学校文化内核的价值观、规范和态度,使文化重构得以实现,需要培养领导能力,让全体教师共同承担责任,广泛地民主决策、承担更多的义务。学校愿景的建立需要基于共同的价值观和信仰。领导的中心任务是调动成员的积极性,为学校创造一个共同的、鼓动性的和有说服力的愿景,清晰地表明学校里人们应该相信什么,应该努力创造什

---

① 文化的内涵比较丰富,此处我们采用的文化的内涵是:文化指的是组织成员认可并忠实践行的价值观(价值的含义是指"什么是好的"的标准)。

么,并渗透到每一个成员的思想和心灵之中。

依靠外在任务驱动学校发展的模式,是从上到下的模式,不容易激发教师的内在动力。学校发展模式正在经历一个从事务性外在任务驱动向愿景性内在引领的转化过程。"共同的愿景是人们内心渴望能够归属的一项重要任务、事业或使命。"①因此,学校内部的共同愿景来自学校成员的内在需求,是成员自愿达到的目标和实现的理想。共同的愿景是一种可以打破现状的强大力量。在学校发展模式的创建中,越来越多的学校把构建学校的共同愿景作为核心。但是,不同的学校发展模式选择的愿景是不同的。创新型学校②认为创新能力是学校的首要价值追求,以培养师生的创新素质和创新人格为重点。研究型学校③是营造一种研究的氛围,构建大量平台,激发学生与教师的不断创新,扎实开展课题研究。研究型学校是指通过培养教师的自主研究和团体研究学生、教材、教学方法等的能力,形成学校的良好学习研究的气氛,进而充分发挥教师的创造性思维能力,为实现教育的共同愿望而创造性工作的学校。④"研究型学校让研究成为一种习惯,让研究成为学校的工作方式,让研究成为教师的行动方式,让研究成为学生的学习方式。"⑤研究型学校是重视研究的价值,将研究渗透到全体师生员工全部工作的全过程,学校即研究的中心,教室即研究室,教师即研究者。学习型学校是推崇学习的价值,致力于培养师生持续的学习能力。成长型学校认为"促进师生的生命成长是其根本的价值追求"。⑥ 不同的学校发展模式推崇的价值观是不同的。但无论学校选择什么样的价值观作为学校发展的愿景,只要得到了大家的认同,并践行,都会对学校发展有促进作用。

3. 从科层组织转向研究型共同体

通常,学校的运行是遵循韦伯式科层组织结构,校长团队管理中层,中层管理年级组、教研组。整个组织以效率为原则,强调的是如何实施有效的监督控制与领导指令的上传下达。但是教育活动是一项极其复杂的特殊劳动,无法靠监督评估效果。因此,学校发展模式的运行机制发生了较大的转向:从科层机制转向研究型共同体。研究型共同体以问题为

① Huffman J B, Hipp K K. 学习型学校的文化重构[M]. 贺凤美,等译. 北京:中国轻工业出版社,2006:34.
② 温恒福. 建设创新学校、提高学校效能[M]. 哈尔滨:黑龙江教育出版社,2010:56—79.
③ 冯志刚. 研究型、创新型学校的课程体系建设[J]. 上海课程教学研究,2016(7):22.
④ 陈鸿雁. 中小学教育研究型学校的成长策略研究[J]. 青岛职业技术学院学报,2012(6):9.
⑤ 陈珊. 建设研究型学校:从经验走向理性的变革[J]. 中小学管理,2013(7):30.
⑥ 翁光明. 成长型学校问题自我诊断式管理的实践探索[J]. 江苏教育,2015(4):27.

中心，成员以共同关心的问题为纽带结成一个灵活的组织，通过问题，把学校品牌建设活动与社区、与同行、与教育教学研究机构建立普遍联系，共同为学校发展出谋划策。社会系统学派的代表人物巴纳德认为：组织要生存，就必须有两个或两个以上的人愿意为达到一个确定的目标而进行协作活动。作为正式组织的协作系统，不论其规模大小或级别高低，都包含三个基本要素，即协作的意愿、共同的目标、信息的沟通。研究型共同体存续的一个重要基础就是拥有一个共同的目标，用共同的目标将组织成员分散的价值观和行为统合为一个整体。在共同体中，社会关系的基础是某种自然意愿，人们之间有着强烈的认同感，认同感越强，成员越有可能被激发为改进工作而提出自己的建议、产生一些新颖的想法，并且敢于尝试或从事一些创新活动。共同体成员通过在共同体内部实现资源交换和共享。在研究共同体中，教师既是创造者，又是学习者；既是教育者，又是研究者；既改变旧的教育模式，也改变自己。

过程视角的成长型学校发展模式是一种学校自主创新的、推动学校系统变革的、多种学校发展模式中的一种学校发展模式和学校变革策略。是一种能持续激发师生的生命成长动力，能持续促进师生自主发展，推动学校持续变革的学校管理模式与学校发展策略，为学校发展提供了一种新的范式。成长型学校有创建崇高而正确的愿景的能力。教师勇于挑战过去的经验模式，不断学习，持续蜕变，在工作中探求生命的真正意义。学生具有强烈的成长愿望，具有自主规划、自我反思、自我完善的自主发展能力。成长型学校有以下特征：（1）成长型学校是校本知识的创造者，不是他人经验的蹩脚模仿者。（2）学生教育方式从强调知识与技能的传授，转变到注重学习能力与创造能力的培养，注重学生生命潜能的激发。（3）教师教育方式从外控式技能培训转向构建校本知识的生产、储存、分享机制。教师从按既定程序做事与思考转向独立与创新思考。成长型学校的创建有五个维度：共享的领导（分享领导权，教师从执行者变为专业领导者，领导成为领导者的领导者）、共享的价值观和愿景、共同的学习（集体学习作为学校发展的途径）、共享的个人实践（有严谨的程序引导同事对教师的教学实践进行评论），以及支持性条件（学校文化使得教师具有强烈的效能感）。

分布式领导方式强调群体学习（群体学习比个体学习更为有效），推崇持续发展和不断改进的学校文化。持续学习者共同体是学校保持活力的主要元素，是学校变革策略。在这个共同体中全体教师全心投入，不断学习。自我否定，自我创新，真正的学习不仅是指吸收知识或者获得信息，更是涉及人之所以为人的核心。教师从真正的学习中体悟工作的意义,通过工作,体会人生,工作不再是谋生的手段,成为探求生命的真正意义与内在价值的过程。群体学习(组织学习)可以提供更为丰富的信息传递过程,各种观点得以互相碰撞、质疑和争辩。在个人广泛参与的基础上,必然导致较为高级的智力活动。学校帮助教师认识到自己专业知识的价值以及在学校中与其他人一起学习的价值。全校的专业人员,经常定期地聚在一起,一起学习,共同实践,并反思他们的专业实践、评估他们的工作效率、共同研究他们认为有必要予以关注的重要事项,就如何加强学习以使工作更有效率制定决策。学校内的学习成为教师工作的一部分:做中学、对经验的反思、达成共识、分享新见解、彼此学习,专业人员作为学习者努力协作、相互支持。保证个人实践得以共享。同事对教师的教学实践进行评论是分布式领导的一个标准。学校需要有一套严谨的程序、制度来引导、保障这种交互作用,保障教师对同事的教学实践进行评论,教师们争辩、讨论、发表不同的意见,分享成功和失败。这个程序与制度要放在学校发展的首位。

(二) 实现课程价值观转向

当下,我国基础教育课程改革批判教学中过于重视知识传授,强调要培养学生核心素养。当下课程改革的取向是正确的。但是,课程改革的深度和成效并不令人满意。在课程改革的大形势下,我国基础教育课程面貌并未发生根本性转变,课程的主流上仍旧是以学科知识为中心的,重视知识,轻实践,将知识看作是客观事实,重视人类过去积累的知识。教师的灌输式教学和课程无法激发学生学习活力的问题仍旧没有得到根本解决。所有的课程都内隐着这样的假设:某些种类和某些领域的知识比其他种类和领域的知识更有价值。人们按照自己的价值标准选择与组织课程内容。课程价值观支配着课程内容的选择与组织及实施方式,决定了课程的整体面貌,因此是课程的根本问题。课程改革如果不触及内隐于课程深层的课程价值观问题,不从价值标准的层次上进行澄清,只在课程实施上进行某种改变,课程改革就难以奏效。为了提高课程改革的有效性,需要首先将植根于课程面貌之下的内隐的课程价值观进行澄清,并且在价值观转变的层面上思考课程变革的方向。

1. 课程功能观:从目的转向手段

在课程实践史上,对什么知识最有价值,由于价值标准不同,形成了许多不同的课程范式。例如,自然主义课程范式选择课程内容的标准是生存需要,课程内容是后辈需要向前辈学习的生存技能。百科全书式(博雅教育)课程范式选择课程内容的标准是社会中最普遍、最常见的知识。要素主义课程范式认为课程内容选择标准是社会、文化知识中最值得传递的、最优秀的部分,学习的目的是系统、抽象的学科知识。由于学科本身作为最终目的,学科的教育目标决定了学校的育人目标,学校的育人目标局限于学科知识中,因此学科知识的个人目标和社会目标通常是含混不清的,在这种范式中,由于知识的获得是最终目的,因此人的发展被悬置。我国基础教育课程在进行积极改革,但是,基础教育主流学校的课程范式仍旧以要素主义范式为主。课程是实现育人目标的手段还是育人的终极目的这个根本性问题在要素主义课程范式中被忽视。

斯坦福研究所和卡耐基·梅隆基金会所做的一项研究表明:"长期工作的成功75%依赖于人际的技能,只有25%依赖于专业技能。"[1]个人的综合素质,如沟通能力、表达能力、人际关系、合作能力对人的发展越来越重要。美国前总统奥巴马曾言:"教育主管部门和学校制定新的21世纪的评价标准,不是简单衡量学生会不会在考试中作一些不切实际的题目,而是考查他们是否具备21世纪的技能,如解决问题的能力、批判性思考、企业家风范和创造力等。"[2]可见,课程的目标不应该仅是学科知识,还应该强调知识对学生发展的价值,"目中有人",使学科知识成为促进人发展的工具。这是人本主义课程范式的特征。人本主义课程范式将课程看作是促进学生发展的手段。课程开设的目的不是学科知识本身,而是要通过知识的学习,为提高学生的精神境界,为学生体验人生价值,感悟人生意义而开设。在人本主义课程范式中,首要的不是学科教育目标,而是需要首先确认学校的育人目标,然后根据育人目标选择学科教育目标,而不是相反。只有这样,才有可能讨论学科知识如何对个人目标和社会发展目标做贡献。显然,厘清课程问题中的目的与手段的关系,厘清学习知识的目的是课程改革的逻辑起点。基础教育从要素主义课程范式转向人本主义课程范式是必然。

2. 课程知识观:从被传递转向被发现

课程是关于知识的问题,对知识本质的看法是影响课程形态的重要因素。我国现行课程范式中占主导地位的知识观是:知识是客观存在的,外在于学习者,需要被学习者掌握。在这种知识观的指导下,教学的本质是知识从拥有知识的教师向没有知识的学生传

① 张雪.云南省本科护生非专业技能现状调查及相关因素研究[J].当代护士,2019(02):23.
② 陶鹏洁.分析与解读美国21世纪技能指南[D].重庆:西南大学,2018.

递。"知识不被视为一种可探询、可分析、可切磋的东西,恰恰相反,它变成了一种被管理和被掌握的东西,脱离了人的意义和交流过程,从生成自我意义系统的自我形成过程中被剔除了"①,这种课程范式被称作是事实课程范式。事实课程范式知识观的缺陷在于把知识看作是独立于学生内心世界而客观存在的内容。这很容易让学生把书本知识看作是权威,限制学生批判性思维能力的发展以及对现实世界的探索兴趣,必然导致学生学习的被动性。倡导教师开展启发式和讨论式,然而,在事实课程范式中,教师最经常抱怨、最大的苦恼是没有时间开展讨论,没有时间探究,因为需要赶知识进度。"启发与探究是好的,但是我们没有时间开展",这是坚持知识传授的教师的合理理由。知识比其他的东西都重要。

英国课程学家麦克·扬提出的实践课程范式与作为事实的课程截然相反,认为知识不是客观存在的事实,而是人类对客观事实的认识与解释,与个人的经验相关。"维特根斯坦将数学看作是一种发明,而不是发现。"②在这种视角下,知识不再被视为是从学术"发现者"那里传递下来的私有财产,而是在师生对话与交流的过程中被生产。这种课程范式能引导学生形成一种审辩式思维方式,学生认识到无论是什么知识,都是某种视角下的产物,即便是相同事物,人们的经验不同,看待事物的视角不同,对事物的认识是不同的。在这种课程范式下,学生能学会如何正确地分析某种观点的局限和优势,克服了只认准一种观点带来的看待事物的狭隘性。学生不再是被动接受知识者,而是成为知识的主动生产者。课程成为学生认识自己,获得自主发展的过程和"通道"。就像多尔所说的那样:"课程不再是被视为固定的、先验的'跑道',而成为达成个人转变的通道。"③这也是教师开展启发式、讨论式教学的基础。因此,如果践行新课程理念,知识观需要改变。不是客观的被传递的东西,而是依赖人的经验建构,依赖人的发现。

3. 课程标准:从统一化转向兼顾个性

我国基础教育课程体系有国家规定的课程大纲和实施标准,这无疑是保证教育质量的不二选择。课程设置统一的目标和标准,那些不能适应课程目标、标准的学生被淘汰。对教育失败的解释是失败者接受教育的能力较低,而不是导致他们失败的教育系统本身。这

---

① 郭元祥. 新课程背景下课程知识观的转向[J]. 全球教育展望,2005(04):16.
② 麦克·扬. 未来的课程[M]. 谢维和,王晓阳,等译. 上海:华东师范大学出版社,2003:30.
③ 李本友. 过程哲学视域下传统课程范式转型[J]. 中国教育学刊,2011(05):39.

种课程体系的假设是：学生是同质群体。这种课程范式被学术界称作单一课程范式。单一课程范式忽视学生的兴趣、个性、学习需要，只重视人的某种能力，"过于重视语言和数理能力的培养，将狭隘意义的理性与抽象思维作为课程的首要目标，忽视了对如艺术、空间、肢体、人际、情感、具体思维、道德行动等其他能力的开发，并且忽视激发学生参与人类生活的动机和道德力量。"[1]在单一课程范式中，由于预先设定的标准，只能是学生努力适应课程，而不是课程适应学生。

有一种课程范式与课程的单一范式相反，它的假设是：人的天赋是多样的，有多样化发展需要，课程应该关注学生的个性发展，为学生发展提供不同的可能性。这就是关切型课程范式。在关切型课程范式中，学生既要学习统一课程，也要修习个性化课程。不可否认，在单一课程范式中也设置了个性化课程。但是，当前基础教育课程中的个性化课程设置仅作为选修课程出现，只占学校课程的 10% 的比例，90% 的课程是统一要求的国家课程。这种个性化课程与国家课程相比，仅处于非常次要的边缘化地位，实际上维持了国家的统一课程。关切课程范式认为：学生的个性发展需要开设个性化课程中的艺术课程、合作能力课程、交往课程、文学课程等，在课程体系中应该与国家课程具有同等地位，学时的分配上也要充足。标准统一化与多样化是课程标准的两个端点，是课程适应学生还是学生适应课程是不同的课程价值取向。我国选择前者，欧美国家选择后者。在单一课程范式中追求课程的多样化和满足不同学生的需求，是很难实现的，只能当课程范式转向关切型课程范式时，满足人的多样化发展需求的目标才有可能实现，否则都是空谈。

4. 课程实施：从知识学习与实践分离转向融通

在我国基础教育课程体系中，理论知识具有高于实践知识的地位，学校的围墙将学生与生活世界分离，学生在校内学习系统的理论知识，并不关注知识如何用于学生的生活世界。通过将知识从实际行动中分离、知识和应用脱节来提高理论知识的价值。这缘于我国一种根深蒂固的文化：体力劳动和脑力劳动应该分离，体力劳动和较低的社会地位联系。学校不开设职业课程。职业课程与能力弱的学生联系在一起。

然而，这种学术知识与实践知识分离的状态已经不适合时代发展的需要。当前，经济的全球化和大规模竞争的增加，以信息为基础的技术生产潜力，取决于所有人的创造性贡献。使大多数人能在不断变化的世界中做出创造性的贡献，需要一种超越特定职业技能与

---

① 王红宇. 未来课程模式[J]. 外国教育资料，1996(04)：10.

学术知识的"可迁移技能"或者核心技能,这是一种综合能力。为了培育这一核心技能,我们需要一种统一的课程,整合学术知识和知识应用的分离状态。

这种统一课程的途径是帮助学生澄清学术科目的职业层面的知识价值,强调在不同条件下运用所学知识的能力和革新能力,考虑年轻人能够以哪种方式将知识和工作联系起来。让学生认识到学校科目和工作世界之间的关系。工作经验应该是学生课程的有机组成部分。"包括各种专业的、科学的和管理的职业,以及朝着这些职业方向进步的机会。"①通过这样一种课程,学生既能学习特定的技能和知识,又能培养创新能力和承担责任的能力。国家提倡在中小学开展生涯发展规划教育,其中最重要的内容是增加学生的职业体验,引导学生在职业体验中,领悟知识的应用,发现自己的学习兴趣,为人生发展提供方向。上海市特色高中建设中,其学校特色就是以职业为载体,对学生进行专业启蒙,例如金融特色高中以金融教育为载体,艺术高中以艺术教育为载体,工程高中以工程素养培育为载体,力图在理论知识和实践知识之间架构融通的桥梁,这一课程样态目前正在被许多学校探索,但是未来将是基础教育课程发展的方向。

5. 课程内容:从面向过去转向兼顾未来

当前,我国基础教育课程是提供历史上积累起来的知识和概念的途径,是面向过去的,很少会随着社会的变化而变化。然而,世界一直处于变化之中。如果说这世界上什么是没有变化的,那就是变化。我们生活的世界正在从一种以工厂为基本单元的制造经济过渡到一种以数据、信息知识和专长为基础的知识经济。由于技术革新加快,未来,人在一生中从事的工作总数可能达到22种之多。工作要求更高的专业知识、专家型思考、复杂交流、更高的技能。如何克服未来社会的变革性与课程内容的稳定性之间的冲突,使得课程在提供稳定的核心内容的同时又对迅速变化的现实和未来具有相应的敏感性和适应性是课程改革必须要解决的一个问题。② 现有的课程体系联通了过去与现在,但这是不够的,我们还需要弥补"现在"和"未来"的缝隙,需要在课程中增加根据对未来变化的预测而设计的内容,使课程体系具有能够适应变化的弹性。面向未来思考课程与教学是课程理念的一次升华,是课程改革的战略抉择。

总之,在进行课程改革时,如果不从课程的根本问题出发进行思考,不改变课程的价值

---

① 麦克·扬. 未来的课程[M]. 谢维和,王晓阳,等译. 上海. 华东师范大学出版社,2003:67.
② 王红宇. 未来课程模式[J]. 外国教育资料,1996(04):10.

观,课程改革就只能停留在肤浅的层次,只有改变了植根于课程样态的内隐的价值观,才有可能真正改变课程的样态与功能。当前基础教育课程改革需要从以知识为目的转向借由知识促进学生不同的发展需要,需要从尊崇书本知识的权威,转向重视知识的生产性,重视学生对世界的解释能力和批判性思维能力。需要增加学术知识与实践知识的融通,增加能够适应学生个性化需求的个性化课程、增加面向未来的课程内容。

(三) 建构新型教师成长模型

师资队伍是实现教育的价值追求和实施教育变革、提升教育质量的核心力量。如何促进教师专业成长,是学校的核心要务。然而,许多老师反映自己在校本研修活动中被发展,自己没有参加校本培训的动力,反映了校本研修低效的现状。为提高校本教师教育有效性,需要建构新型教师成长模型。教师如何"学"、如何"变"? 探寻教师学习和改变的机理是有效开展教师培训活动的基础。为了探寻合理的在职教师教育特征,许多学者从教师学习的本质、内在机制的角度为校本研修提供理论依据。

1. 以教师学习理论作为设计校本研修活动的基础

(1) 重视教师学习动机

郝德贤依据德国教育家阿道尔夫·第斯多惠的教师学习理论指出:"教师是成人学习者,成人学习本质是自主学习,教师的实践经验是学习的起点,教师学习的目的是持续发展的能力。"[1]成人教育学创始人诺尔斯提出成人学习特质:"成人有独立的自我概念并能指导自己的学习;成人像蓄水池一样积累了很多生活经验;成人学习需求与变化着的社会角色紧密相关;成人以问题为中心进行学习,并且对立即应用的知识感兴趣;成人的学习动机更主要的是来自内部而不是外部。"[2]因此,教师学习动机有偏实用性导向和独立自主学习的需求较高两大特点。谷明非依据美国心理学家理查德·M. 瑞安(Richard M. Ryan)和爱德华·L. 德西(Edward L. Deci)的自我决定理论指出:"高水平的胜任感和自我决定,能促进内在动机。"[3]裴淼根据诺尔斯的成人学习论指出:"教师是具有独立自我概念、丰富个体经

---

① 郝德贤. 第斯多惠的教师学习思想对教师培训的启示[J]. 教学与管理,2015(18):60—62.

② 裴淼,李肖艳. 成人学习理论视角下的"教师学习"解读:回归教师的成人身份[J]. 教师教育研究,2014(6):16—21.

③ 谷明非. 基于自我决定理论分析中小学教师职后培训中的教师学习动机[D]. 西安:陕西师范大学,2015.

验的成人,学习的动力来源于解决问题和满足现实需求。"①

(2) 重视教师学习机制

裴森根据诺尔斯的成人学习论指出:"教师学习目标应该是实现教师的'嬗变',这个嬗变不仅是一般的知识积累和技能增加,而是教师的思想意识、角色、气质、自我概念和个体经验的积极持续的变化。"②教师学习的过程是通过新知识与已有概念的碰撞与对话,将新知识纳入到认知结构中,同时原有认知结构也会随之发生一定的变化,这其实就是奥苏贝尔提出的有意义学习过程。成人学习是最能体现以学习者为中心的学习,作为教育者应该让学习者尽可能多地卷入到教育过程中。"教师学习是建立在教师已有知识经验与反思基础之上的以解决教学中出现的实际问题为目标的成人学习方式。"③王丽华指出:"从学习过程看,教师学习是建构性学习;从学习方式看,教师学习是参与式学习;从学习结果看,教师学习是理解性学习。"④哲学家哈瑞(Harre)提出学习环路模型由四个过程构成:第一:内化,即个体在已有经验与新知识正面交锋与相互作用中,理解与重构新知识;第二,转化,即个体将这种新理解与个人情境建立起连接,将内化的新观念变成可以有效指导个人实践的新理解;第三,外化,将新的理解通过实践行动外化出来,只有通过真实情境中的实践,新观念才能与学习者的潜在观念进行真正的相遇与深刻的交锋,在情境背景中双方展开持久的"拉锯"战,新观念不断得到检验、修正与调整,最终成为内在于学习者的个人成熟经验;第四,俗化,将成熟经验显性化。经验有效,则被他人所仿效,从而实现某个群体中的习俗化。⑤ 质变学习用来指成人的思想观念、人生观、世界观等发生实质性变化的学习。⑥ 麦基罗描述了质变学习的发生过程:首先,遇到一种令人困惑的两难境地;其次,批判性反思,包括对信仰、价值、潜意识、假设、判断标准等的批判性反思;再次,参与反思性对话,与其他人交流新认识,以获得共鸣;最后,按照新观点进行行动,实践新观点。泰勒发现,支持麦基罗

---

① 裴森,李肖艳.成人学习理论视角下的"教师学习"解读:回归教师的成人身份[J].教师教育研究,2014(6):16—21.
② 裴森,李肖艳.成人学习理论视角下的"教师学习"解读:回归教师的成人身份[J].教师教育研究,2014(6):16—21.
③ 李响.基于教师专业化发展的教师学习研究[J].中国成人教育,2015(12).
④ 王丽华.教师学习的内涵及对教师教育的启示[J].浙江教育学院学报,2007(3):14—18.
⑤ 陈霞.以教师学习为中心的教师培训课程重构路向[J].教育发展研究,2017(9).
⑥ 张晓蕾.什么样的教师学习是有效的?——对西方学界三种教师学习理论及实践的思考[J].比较教育研究,2016,38(09).

质变学习的理想条件是一个安全的、开放的、信任的环境,它允许参与、合作、探索、批判性反思和反馈。① 总之,不同的学习理论从不同的角度切入用以解释教师学习的内部机制,为教师学习活动设计提供了依据。

2. 校本培训目的观从关注教师学习转向重视教师实践转变

不同的学习理论视角为我们理解教师学习本质提供了依据。然而,依据学习过程规律设计的学习活动不一定有效。校本教师教育目标需要从教师学习视角转向教师的实践转变。没有教师实践行为的转变,教师的学习价值就会受到影响。

(1) 教师学习与教师转变之间并非线性关系

关于教师学习与教师转变的关系,存在许多不同观点。有观点将教师学习看作是教师接受知识、理解消化知识、运用知识的线性过程。但是这种过程几乎在现实中不存在。教师接受培训后,教学实践很少变化。有观点认为教师学习的过程是教师接受知识,引起信念和态度的转变,继而带来教师实践行为的改变。这种观点区分了教师转变的不同层次,教师知识存量的增加,不一定导致内部认知和外在行为的变化。有观点指出,教师学习活动对教师施加影响需要满足一定的条件。"内容聚焦、积极学习、教师学习与教师已有知识与信念的连贯性、教师学习活动的持续性、教师集体参与,这样的教师学习活动更容易引起教师知识增长或信念改变。"②然而,大量研究表明,具备以上"关键特征"并不能保证触发所期待的教师学习和改变,教师学习和改变教师自身信念以及教学实践的个体差异性较大,有的教师大幅改变了课堂教学,有的教师却似乎保持原样。③ 因此,奥普弗强烈主张"教师学习必须被界定成一套复杂系统,而非简单的事件"。④ 教师的信念和价值观很难轻易被改变,除非施加结构性、系统化的介入过程,信念变化一般难以发生,就算发生,也可能与观测变化的方法不无关系。⑤ 教师学习与教师转变并非线性特征,并非简单遵从接受知识、信念

---

① 张晓蕾. 什么样的教师学习是有效的? ——对西方学界三种教师学习理论及实践的思考[J]. 比较教育研究,2016,38(09).

② 裴淼,李肖艳. 成人学习理论视角下的"教师学习"解读:回归教师的成人身份[J]. 教师教育研究,2014(6):16—21.

③ 杜小双. 教师学习与改变研究的复杂理论转向[J]. 教育学术月刊,2021(4).

④ Opfer V D, Pedder D J. Conceptualizing teacher professional learning [J]. *Review of Educational Research*, 2011,81(3):376 - 407.

⑤ Richardson V, Placier P. Teacher change [M]. In V. Richardson (Ed.), Handbook of Research on Teaching(4th ed.) Washington, DC: American Educational Research Association, 2001:905 - 947.

改变、实践改变的线性过程。

（2）教师转变受多种因素影响

仅仅获取学科和教学专家提供的知识并不足以使教师用之解决教学实践问题。洛蒂（Lortie）认为，教师自身受教育经历、个人发展史等形塑了教师对于教与学的原初体认。这种原初体认是一种深层认知图式、一种信念，影响着教师学到什么、学不到什么及如何将所学付诸实践。萨拉松（Sarason）在1993年的著作《变革中的教师教育》（*The Case for Change：Rethinking the Preparation of Educators*）中指出：那些希望成为老师的人都有一项共同优势——他们都曾在教室中做了多年的学生。洛蒂将老师在他做学生时的经验称为"学徒观察"（the apprenticeship of observation）。经过长期的"学徒观察"容易对教学产生单纯的理解，只看到教师的外部行为，而忽略了其内部思考。布鲁纳（Bruner）曾用"坊间教育学"（folk pedagogy）的概念来形容教师们在以前做学生时形成的对教育教学的认识和理解，包括从社会中获得的对教学、教师的看法。学习新的教学理念时，一定要考虑到这种"坊间"的教育学，要考虑到理想与现实之间可能的冲突，并理智细心地去对待它。格林（Greene）在《对教学的反思》（*Reflections on teaching*）一文中写道：我们在培养老师时，要考虑到每个不同的个体所带来的"先前信念"（prior belief）。这些信念受到他们各自成长历史的影响。劳兰（Loughran）以自己的教学经历谈到在学期中请学生写对所授课程的教学评价，然后总结打印出来在课堂上讨论，令学生感受到同一个教学会面对多少不同的看法。哈瑞斯和萨斯（Harris & Sass）指出，教龄调节着教师培训与教学效果之间的相关性。对初职教师而言，培训与其教学效果呈正相关关系。但随教龄增长，在职培训对教师教学效果的贡献率逐渐降低。范·德·萨德发现，教师教育课程和培训的持续时间长短影响教师学习的实际效果。教师将课程学习时所获取的理论知识与技能转化于复杂的实践情境中无法"毕其功于一役"。蒂勒马（Tillema）的研究证实，由于所持信念与培训课程的价值观不相契合，教师通过培训所掌握的知识和技能较少能够转化为实践中解决实际问题的能力。

3. 建构教师学习的学校支持系统

教师学习一个复杂的系统，学习效果受到诸多因素的影响。奥普弗（Opfer）和佩德（Pedder）的教师学习倾向模型为理解教师学习与教师转变之间的关系提供了一个完整的图像。奥普弗和佩德认为，教师改变是指教师的认知与实践共同改变的过程，受到教师过往经验、知识与信念基础以及实践环境的共同作用。教师个体已有的经验、知识、信念、态度实践及情境构成一个"整体的系统"，既作为教师学习的起点，也作为教师学习的结果，并直接影响教师学习的过程和效果。这个系统形塑了教师参加专业学习意愿、观念和行为、参与学习的深度、主观能动性和教师如何识别或过滤专业学习机会的决策模式。这个教师个体系统称之为教师的个体学习倾向。此外,学校层面的"群体学习倾向"也调节着教师的学习。① 例如,学校对教师专业学习的支持、激励、引领学校的组织文化:安全、信任、支持批判性反思与反馈等都对教师的有效学习产生影响。因此,理解教师的学习与转变,必须考虑教师个体学习倾向系统,不能忽略教师原本拥有的经验、已有知识和信念以及教师所扎根的实践情境。同时也要考虑学校层面的群体学习倾向系统,对学校的群体系统特征进行设计和实施。营造能够促进教师学习发生的学校学习场域环境,即在安全、有挑战性的同时允许创新的氛围内教师们相互协作、相互信任地为实现共同的愿景而工作。由此,教师的学习与转变需要学校的支持。学校支持系统是有效的校本研修模型的组成部分。

4. 建构指向教师实践转变的校本研修路径

(1) 哈瑞的教师能力提升原理

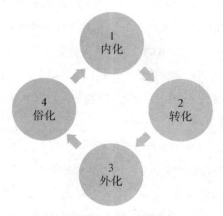

图 6.1 哈瑞的教师能力提升原理示意

对教师进行校本教育时,学校应该采用什么样的方式才能有效转变教师理念,转变教师行为,提升教师能力呢? 这一问题依赖于我们对教师能力提升原理的认识。英国心理学家哈瑞的观点给我们非常多的启发。哈瑞指出,"教师的能力发展是一个持续的过程,要经

---

① Opfer V D, Pedder D, Lavicza Z. The role of teachers' orientation to learning in professional development and change: A national study of teachers in England [J]. *Teaching and Teacher Education,* 2011(2):443-453.

历:内化—转化—外化—俗化 4 个转变过程的循环迭代过程,才能实现。"①

内化过程是指教师用自己的认知结构同化新知识、新技能,包含用已有知识理解新知识和用新知识理解已有知识的两个过程。在内化过程中,教师的认知结构总是努力让自己保持原有的稳定状态,即认知结构有固守的倾向。教师的认知结构与新知交互时,宁愿将新知纳入自己原有的认知结构,或者直接拒斥,也不愿意发生改变。**转化过程**是指教师经历过自己的认知结构与新知的认知冲突后,教师个体努力调整自己的认知结构使之与新知识的结构契合,此时教师的认知结构发生了改变,但是这时的改变,仅仅是内隐的、暂时的,还不足以支撑教师的行为转变,教师的能力也没有改变。教师的能力提升还有待于外化过程的实践反思和俗化过程的交流碰撞。**外化过程**是指给予教师应用新知识的环境或者情境,引导教师"做中学",通过应用新知识解决问题,从而在实践中积累关于新知识的实践性知识。并且,一次外化过程是不够的,需要多次外化过程。**俗化过程**是指为教师营造交流分享实践经验的环境,教师向外部世界分享自己的实践经验,通过引发学习共同体成员的讨论交流,最终使得新知得到大家认可,形成共识,固化下来,在共同体成员之间传播。可见,虽然教师发展最终要落实于教师个体之上,依赖于教师个体的理解、实践、反思,但是教师个体的能力发展过程不是单兵作战的过程,"教师的能力发展过程是个体与群体、内部与外部、理论与实践不断碰撞和影响的持续转化过程"。②这 4 个转化过程,本质上是公共的、显性的、抽象的、概括性的理论知识向个体的、内隐的、具体的、情境化的实践知识转变,再向群体公共知识转变的过程,缺一不可。

(2) 以教师实践转变为目标的校本研修过程

由教师能力提升原理可知,教师的专业能力提升是从理论知识向实践知识不断转化的过程,无论是单次的理论知识讲座,还是只强调实践反思的校本教师教育活动都无法真正提升教师的能力。学校在设计校本教师教育活动时,经常采用不可连续的活动设计,这是很多校本教师教育活动无效或者低效的原因,因为这违反了教师能力提升的原理。依据教师能力提升的原理设计研修活动,是当下学校提升校本教师教育有效性的选择。

首先,研修活动的设计要将当天的研修转变为前移、后续的研修设计,要为 4 个转化过程提供足够的时间与空间,这样教师的学习才能真正发生,教师的能力才能得到提高。在当天的研修活动之前,研修组织者要布置某些研修教师查阅有关研修主题的文献,总结文献中(他人的研究)的经验。还要布置某些教师预先研究有关学习主题的实践现状是什么。还要预先了解教师对研修主题的先有概念是什么?——即在没学习之前,教师是如何理解

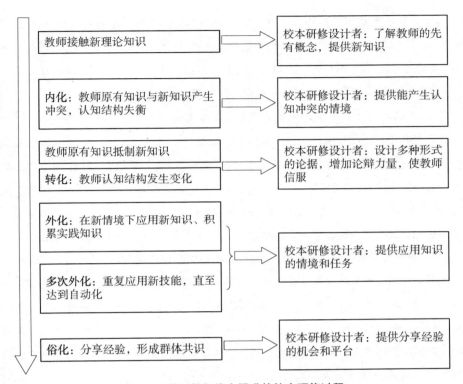

图 6.2　基于教师能力提升的校本研修过程

研修的主题内容的，以便为设计新知识与教师的原有知识之间的冲突提供思路，这实际上类似学生教育中的研究学情，但不仅仅是研究学情，目的是设计认知冲突，引发教师的认知失衡。研修的设计者要设计大量的案例，说服教师转变原有的认识，从而为教师进入转化过程做准备。

例如，如果研修主题是项目化学习，那么，学校校本教师教育的设计者除了要安排文献研究小组和调查研究小组先行开展研究外，还要设置这样的问题引导教师的深度思考：项目化学习与项目的区别是什么？项目化学习强调研究，那么项目化学习与研究性学习的区别是什么？关于项目化学习，很多教师根据自己的经验，通常认为项目化学习就是让学生活动，把实践活动项目与项目化学习混淆。此时校本教师研修的设计者从教师对项目化学习的先有概念出发，引发教师认知冲突，为教师的认知结构变构打下了基础。

再者，当教师接受新知识后，研修者要认识到，教师不会主动转变自己的教学行为。因此，在后续的研修活动中，研修设计者要为教师提供大量的应用新知识的情境，引导教师围绕着研修主题开展实践研究,在实践中应用新知解决问题,在做中学习新理论,积累并总结应用新知识的实践经验。例如,校本教师教育设计者设计年级公开课、校级公开课、骨干示范课、课例研究、比赛等多种形式的知识应用情境,为教师提供了应用知识的动力。

最后,还要为研修主题形成的研究成果,提供成果发布的机会。在成果发布会上,全体教师参加,教师或者发布理论认识,或者提供主题示范课。全体教师参与评课,通过评价再一次内化新知识。成果发布会为凝聚教师的共识提供了机会。中小学学校管理者要借助教师群体间的信息传递,建构共享的价值理念,形成学校文化。要超越教师的自我发展,超越教师个体的知识技能、实践反思,向教师专业学习共同体转变,"通过创建团队、搭建交流平台,让教师群体参与其中,促进实践性知识在教师个体之间发生流动"。①现在许多学校设置的教师论坛、教学研究日、教学沙龙活动等,都是在为教师获得的新知识提供俗化的过程。

综上,提升校本教师教育的有效性,设计者不能随意设计,要有科学依据。哈瑞的教师能力提升原理为校本教师教育活动设计提供了有力的依据。依据哈瑞的理论,将校本教师教育活动设计为一个持续不断的过程,既需要教师掌握理论知识,也需要教师掌握实践性知识,单纯的理论研修和单纯的实践研修,单次的研修活动无法提升教师的能力。提升教师能力的校本教师教育必须包含内化—转化—外化—俗化循环迭代的过程,这是改进校本教师教育无效、低效的方向和策略。

以上从新优质学校三个核心要素出发,阐述新优质学校未来的发展路径。当然,从学校实际发展的角度来看,还有许多视角。比如从学校发展的整体角度,我们要坚持"系统思考、重点突破、整体提升"的思路,坚持问题导向、目标导向,抓住育人方式和治理方式两个重点,围绕校长队伍和教师队伍两个关键,借助信息技术支撑,推进新优质学校高质量发展。

总之,促进新优质学校发展,不仅仅是增加一些优质学校,而应该在历史和现实的碰撞中、在理论与实践的关照中,生发出新的内涵和新的发展路径。新优质学校建设永远在路上,没有完成时,只有进行时。它是在新优质学校理念指引下,朝着理想的方向,逐步逼近的过程。所以,凡是参与新优质学校项目的学校,不管起点如何,不论现状怎样,只要想探索、肯努力,小步走、不停步,就可以。新优质学校项目旗帜鲜明地提出"让每一所家门口的学校都优质",这是对义务教育优质均衡发展的深刻理解与忠实践行,是对教育公平正义的生动写照。新优质学校是常态学校,就在老百姓家门口,是为广大普通老百姓服务的学校,把这些学校办好,就是践行为"人民服务"的宗旨,就是"办人民满意的教育"。新优质学校的发展路径就是回归育人本原,让学校教育变得更公平、更温暖、更智慧、更绿色、更主动。

后 记

《新优质学校成长路径》一书终于要付梓了。

自 2011 年新优质学校建设项目实施以来,新优质学校项目大概每过三、四年都要出一本著作,对一段时期的研究与实践进行总结提炼。2014 年出版的《走向新优质——"新优质学校推进"项目指导手册》,是对 2011 年初到 2014 年上半年新优质学校创建经验的系统梳理与总结,阶段性地回答了"为什么推出新优质学校项目?""什么是新优质学校?""如何建设新优质学校?"等问题。2018 年出版的《新优质学校设计》一书,则是对 2014 年下半年至 2018 年底集群发展阶段新优质学校建设的四个集群利用"智慧传递"和"预见未来"两种策略设计学校发展的经验与成果汇总。而呈现在读者面前的《新优质学校成长路径》一书,是对 2018 年底至 2022 年新优质学校建设中优势成长营、创新突破营、擘画未来营及新优质学校成长认证的实践与研究的提炼,聚焦于新优质学校建设路径,目的在于激发学校的内生动力,形成学校的可持续发展能力。

写作的想法大概在 2021 年 11 月前后提出,但当时恰逢新冠疫情,研究条件受到较大的限制,大家不能经常线下面对面地讨论,不能去学校现场收集第一手资料。但写作组还是坚持大约每月一次的线上研讨会,偶尔瞄准疫情间隙开一次难得的线下会议,从主题策划、提纲拟定、资料收集、章节撰写,直到书稿提交出版社,大家都克服了不少阻力。主题策划、提纲拟定是上海市新优质学校研究所班子和理论研究小组反复讨论的结果,其中汤林春、冯明、刘莉、杨杰、余勇波、夏雪梅、胡庆芳、沈兰、雷云鹤、吕星宇等都积极参与讨论,献计献策。冯明提出了"成长"概念,汤林春最后确定撰写方案及提纲。然后分章撰写,刘莉把第五章作为样章提供给大家,汤林春负责导言和后记,冯明将汤林春在《教育发展研究》《全球教育展望》《中国教育学刊》等杂志上发表的文章连缀成"第一章 新优质学校成长概说",冯明撰写了"第二章 理念引领路径",雷云鹤、夏雪梅与余勇波合作完成了"第三章 问题突破路径",胡庆芳、沈兰撰写"第四章 优势带动路径",刘莉、杨杰撰写"第五章 评估促进径",吕星宇、汤林春撰写"第六章 未来发展之路",最后由汤林春负责全书统稿。在各章的撰写过程中,相关新优质学校项目校积极配合,撰写和提供了相关案例资料。在书稿撰写过程中,上海教育学会会长尹后庆、秘书长朱蕾,上海市新优质学校研究所原所长胡兴宏、原副所长李学红，上海市教委基教处副处长刘中正，都给予了极大的支持与关心，提出了许多中肯的建议。尹后庆先生是新优质学校的倡导者、实践者与研究者，为了推动丛书的编撰工作，多次参与研讨，给了许多指导意见，还在百忙中惠赐丛书总序。华东师范大学出版社教心分社社长彭呈军参与了策划，并给予了细心指导。在此，谨向所有关心与支持本书出版的领导与同仁表示衷心的感谢！

《新优质学校成长路径》与《走向新优质——"新优质学校推进"项目指导手册》《新优质学校设计》两书既一脉相承，又有重要区别。一脉相承的是：《新优质学校成长路径》一书更全面、系统地总结了新优质学校的发展历程、价值追求，对新优质学校理论进行了发展，同时与前两本一起构成新优质学校的建设逻辑，第一本是提出理论框架与概念，第二本提出新优质学校设计的策略与方法，第三本则介绍新优质学校的建设路径，形成了从理念到实践的发展脉络。重要区别在于：《新优质学校成长路径》进一步聚焦到新优质学校的发展路径，相比前两本更具操作性与实践性，同时因为随着时间的推移，大家对新优质学校的认识更为深刻与全面，其实践也更为厚重，所以书中内容在理论与实践上有更多的发展。

本书在定位上是从学校整体发展的视角，以"成长"为主线，以学校生命周期理论为依据，总结梳理新优质学校发展的四条基本路径，为研究者特别是一线校长与教师提供参考；分析学校发展的未来趋势，提出新优质学校高质量发展的未来方向，确立新优质学校研究与实践的新任务；要求理论与实践结合，观点与案例匹配，既有理性思考也有鲜活案例，具有可读性。基于这一定位，在写作风格上体现通俗鲜活的特征。如语言风格要直白鲜活，接地气；在写作切入点上，都要选取校长和教师熟悉且能够操作的内容，如课程、教学、教师、管理与文化等影响学校发展的关键要素来进行撰写；为了便于校长、教师理解且在实践中进行借鉴，除导论、第一章和第六章外，其他几章具体介绍四条路径。在具体介绍路径的几章里都采用价值、内涵、路径的陈述框架。在呈现每条路径时又从价值内涵、路径诠释、实践案例三个角度进行阐述。在呈现实践案例时要求与路径相匹配，既简释路径内涵，又具体呈现案例过程，对案例的背景、问题解决的过程进行比较细致的描绘，在案例结尾处，提供案例分析，点出路径的精髓。所以本书适合实践一线的校长和教师阅读，也可作为教育研究者的参考资料。

构建高质量教育体系，促进教育高质量发展，是未来一段时期教育领域的重点任务。新优质学校的发展理念、发展路径与教育高质量发展具有内在的契合性。"上海市新优质学校高质量发展引领计划"已经成为市委、市政府的重大项目,如何进一步凝练新优质学校的办学理念与经验,形成典型样例,带动家门口的每一所学校都走上高质量发展之路,是新优质学校的光荣使命与责任。期待着更多的具有教育情怀的同仁参与进来,一起探索,使新优质学校的发展为上海基础教育优质均衡发展,为促进社会共同富裕作出更大的贡献!

上海市教科院普教所研究员
上海市新优质学校研究所所长　　　汤林春

参考文献

一、中文

(一) 专著

1.《中国教育年鉴》编辑部. 中国教育年鉴(1949－1981)[M]. 北京：中国大百科全书出版社,1984.

2. 胡兴宏主编. 走向新优质——"新优质学校推进项目"指导手册[M]. 上海：上海教育出版社,2014.

3. 胡兴宏,汤林春. 新优质学校设计[M]. 上海：上海教育出版社,2018.

4. 萧宗六. 学校管理学[M]. 北京：人民教育出版社,2008.

5. 赵德成. 学校评估：理论、政策与实践[M]. 上海：华东师范大学出版社,2015.

6. 陈玉琨. 教育评估的理论与技术[M]. 广州：广东高等教育出版社,1987.

7. 李凌艳. 学校诊断[M]. 北京：北京师范大学出版社,2020.

8. 胡庆芳,等. 捕捉教师智慧：教师成长档案袋[M]. 北京：教育科学出版社,2006.

(二) 论文

1. 习近平. 深入实施新时代人才强国战略,加快建设世界重要人才中心和创新高地[J]. 求是,2021(24).

2. 尹后庆. 让每一所家门口学校都优质[J]. 中国教育学刊,2012(03).

3. 尹后庆. 新优质学校的价值追求与现实关照[J]. 上海教育,2021(21).

4. 尹后庆. 每一所学校都要走向新优质[J]. 上海教育科研,2015(3).

5. 尹后庆. 回归教育本原,促进新优质学校新一轮发展[J]. 上海教育,2023(9).

6. 尹后庆. 新优质学校的底色与深化实践的路径[J]. 上海教育科研,2023(8).

7. 胡兴宏. 把学校带向何方[J]. 上海教育,2012.4(A).

8. 胡兴宏. "新优质学校"追求什么[J]. 上海教育科研,2015(3).

9. 刘莉. 新优质学校高质量发展的使命与路径[J]. 上海教育,2023(9).

10. 汤林春. 破解上海"新优质学校"的密码[J]. 上海教育,2021(21).

11. 汤林春. 试论新优质学校的建设路径[J]. 全球教育展望,2022(12).

12. 汤林春. 新优质学校的发展逻辑[J]. 教育发展研究,2022(8).

13. 汤林春. 试论新优质学校的价值追求[J]. 中国教育学刊,2023(3).

14. 孙绵涛. 内引发展式:学校改革发展的内在诉求[J]. 中国教育学刊,2016(12).

15. 桑国元. 国外 21 世纪学生发展核心素养的讨论及启示[J]. 教育科学论坛,2016
(12).

16. 褚宏启,张咏梅,田一. 我国学生的核心素养及其培育[J]. 中小学管理,2015(9).

17. 张新平. 义务教育优质学校的建设路径[J]. 教师教育学报,2016(2).

18. 张新平,陈粤秀. 何谓优质学校——基于 40 位教管人员的访谈研究[J]. 教育发展
研究,2011(10).

19. 周峰,贾汇亮. 英、美优质学校创建的基本趋势及启示[J]. 中国教育学刊,2009(3).

20. 周峰,高慎英. 优质学校成因及其创建路径[J]. 教育科学研究,2009(4).

21. 周峰,苏鸿,郑向荣. 论优质学校的内涵及特征[J]. 教育发展研究,2009(12).

22. 邬志辉,陈学军,王海英. 优质学校的概念、建设过程与指标框架研究[J]. 东北师
大学报,2004(4).

23. 马云鹏,谢翌. 优质学校建构的取向、模式与策略[J]. 东北师大学报(哲学社会科学
版),2004,209(3).

24. 谢翌,马云鹏. 优质学校建设的背景、理念与维度[J]. 教育发展研究,2007(5B).

25. 唐荣德. 学习生活质量:学生发展的本质与路径[J]. 教育研究,2012(11).

26. 丁桂凤. 教师对学生的行为控制定向与学校生活质量的相关性研究[J]. 内蒙古师
范大学学报(教育科学版),2001(2).

27. 冯志刚. 研究型、创新型学校的课程体系建设[J]. 上海课程教学研,2016(7).

28. 陈鸿雁. 中小学教育研究型学校的成长策略研究[J]. 青岛职业技术学院学报,2012
(6).

29. 陈珊. 建设研究型学校:从经验走向理性的变革[J]. 中小学管理,2013(7).

30. 翁光明. 成长型学校问题自我诊断式管理的实践探索[J]. 江苏教育,2015(4).

31. 张雪. 云南省本科护生非专业技术技能现状调查及相关因素研究[J]. 当代护士,
2019(2).

32. 郭元祥. 新课程背景下课程知识观的转向[J]. 全球教育展望,2005(4).

33. 李本友. 过程哲学视域下传统课程范式转型[J]. 中国教育学刊,2011(5).

34. 王红宇. 未来课程模式[J]. 外国教育资料,1996(4).

35. 郝德贤. 第斯多惠的教师学习思想对教师培训的启示[J]. 教学与管理,2015(18).

36. 裴淼. 成人学习理论视角下的"教师学习"解读:回归教师的成人身份[J]. 教师教育研究,2014(6).

37. 李响. 基于教师专业化发展的教师学习研究[J]. 中国成人教育,2015(12).

38. 王丽华. 教师学习的内涵及对教师教育的启示[J]. 浙江教育学院学报,2007(5).

39. 陈霞. 以教师学习为中心的教师培训课程重构路向[J]. 教育发展研究,2017(9).

40. 张晓蕾. 什么样的教师学习是有效的?[J]. 比较教育研究.2016(9).

41. 杜小双. 教师学习与改变研究的复杂理论转向[J]. 教育学术月刊. 2021(4).

42. 赵罗英. 社会工作理论与实务的"优势视角"模式[J]. 国际关系学院学报,2010(2).

43. 陈友华,祝西冰. 中国社会工作实践中理论视角的选择——基于问题视角与优势视角的比较分析[J]. 山东社会科学,2016(11).

44. 赵明思. 优势视角:社会工作理论与实践新模式[J]. 社会福利(理论版),2013(8).

45. 孟洁. 优势视角理论内涵探究[J]. 社会工作,2012(4).

46. 李凌艳. 从自醒到自主:由内部评价走向自我诊断[J]. 中小学管理,2018(2).

47. 张爽. 重新认识学校 推动学校改进[J]. 中国教育学刊,2006(8).

48. 徐菁菁. 重点学校政策的嬗变及其启示[J]. 教育研究与实验,2014(4).

49. 曹仲岗. 学校发展的历史沿革及未来趋势[J]. 山西广播电视大学学报,2006(4).

50. 沈阳,田浩,曾海军. 访中国科学院院士梅宏教授:大数据时代的教育—若干认识与思考[J]. 电化教育研究,2020(7).

51. 教育部教育发展研究中心专题组. 近年来世界各国教育政策的趋势及特点[J]. 教育研究,2011(1).

52. 唐荣德. 学习生活质量:学生发展的本质与路径[J]. 教育研究,2012(11).

53. 韩延明. 理念、教育理念及大学理念探析[J]. 教育研究,2003(9).

54. 冯晓敏. 现代学校治理体系的理念框架与内容建构[J]. 现代教育管理,2015(8).

(三) 报刊文章

1. 本报评论部. 共同富裕要靠共同奋斗(人民论坛)——在高质量发展中促进共同富裕[N]. 人民日报,2021 - 10 - 29(4).

2. 中国常驻联合国教科文组织代表团编译. 共同重新构想我们的未来[N]. 中国教育

报,2021－11－11(9).

3. 姚晓丹,杨飒."五大任务"并举 推进基础教育高质量发展[N].光明日报,2020－12－14(4).

4. 中国常驻联合国教科文组织代表团编译.共同重新构想我们的未来[N].中国教育报,2021－11－11(9).

5. 本报评论部.共同富裕要靠共同奋斗(人民论坛)——在高质量发展中促进共同富裕[N].人民日报,2021－10－29(4).

6. 本报评论员.坚持党对教育事业的全面领导——论学习贯彻习近平总书记全国教育大会重要讲话[N].人民日报,2018－09－18(4).

7. 鞠光宇.世界教育的七大趋势[N].中国教师,2021－12－21(4).

(四)学位论文

1. 陶鹏洁.分析与解读美国 21 世纪技能指南[D].西南大学,2018 年:45

2. 谷明非.基于自我决定理论分析中小学教师职后培训中的教师学习动机[D].陕西师范大学,2015:24

3. 谢翌.教师信念:学校教育中的"幽灵"[D].东北师范大学,2006.

(五)其他

1. 中华人民共和国教育部.2020 年全国教育事业发展统计公报[R/OL]. http://www.moe.gov.cn/jyb_sjzl/sjzl_fztjgb/202108/t20210827_555004.html.

2. 中华人民共和国教育部教育督导局.全国县域义务教育基本均衡发展国家督导评估认定收官[EB/OL]. http://www.moe.gov.cn/s78/A11/s8393/s7657/202205/t20220505_624731.html.

二、英文

(一)著作

1. [加]迈克·富兰.变革的力量:续集[M].中央教育科学研究所,加拿大多伦多国际学院,译.北京:教育科学出版社,2004.

2. [美]马克·汉森.教育管理与组织行为[M].冯大鸣,唐宗清,王立新,译.上海:上海教育出版社,1993.

3. [美]赫尔雷格尔,J.W.斯洛克姆,R.W.伍德曼.组织行为学[M].俞文钊,等,译.上海:华东师范大学出版社,2001.

4. [美]詹姆斯 G. 马奇,赫伯特 A. 西蒙. 组织[M]. 邵冲,译. 北京:机械工业出版社,2020.

5. [美]凯瑟琳·加洛蒂. 认知心理学:认知科学与你的生活[M]. 吴国宏,等,译. 北京:机械工业出版社. 2018.

6. [美]约翰·杜威. 我们如何思维[M]. 伍中友,译. 北京:新华出版社. 2010.

7. [美]Dennis Saleebey. 优势视角——社会工作实践的新模式[M]. 李亚文,杜立婕,译. 上海:华东理工大学出版社,2004.

8. [美]巴格莱. 教育与新人[M]. 袁桂林,译. 北京:人民教育出版社,1996.

9. [英]麦克·杨. 未来的课程[M]. 谢维和,译. 上海:华东师范大学出版社,2003.

10. Richardson, V. & Placier, P. Teacher change[A]. In V. Richardson (Ed.), Handbook of Research on Teaching (4th ed.) Washington, DC: American Educational Research Association,2001:905 - 947.

(二) 论文

1. Opfer, V. D. & Pedde, D. Conceptualizing teacher professional learning[J]. Review of Educational Research, 2011, 3.

2. Opfer, V. D., Pedder, D. & Lavicza, Z. The role of teachers' orientation to learning in professional development and change: A national study of teachers in England [J]. Teaching and Teacher Education, 2011, 2.